독립행정기관에 관한 헌법학적 연구

김 소 연

景仁文化社

서 문

1970년대 이래 많은 민주국가에서 종래의 전통적 행정계서제로부터 벗어나 독립적인 임무와 자율권을 부여받은 정부 기관이 증가하였다. 이 글은 이같은 독립행정기관의 설립 및 운영에 관한 헌법적 쟁점을 살펴보기 위한 것이다. 구체적 분석을 위하여, 먼저 권력분립원칙과 독립행정기관 제도의 조화를 위한 이론적 논의를 하고, 최근 독립행정청에 관한 논의가 활발한 프랑스의 사례를 검토한 다음 우리나라에의 시사점을 분석하는 방식에 의하였다.

독립행정기관이 권력분립의 원칙과 조화될 수 있는지에 관하여, 권력분립원칙이 국민의 기본권 보장을 목적으로 함과 동시에 효율적인 국가작동을 위한 원리라는 점에 비추어 볼 때 행정, 입법, 사법권의 일부가 융합되거나, 행정부가 전통적 조직원리를 탈피하는 것만으로는 기능적 권력분립원칙에 반한다고 볼 수 없다.

프랑스와 우리나라의 법리를 분석함에 있어서는 동일한 분석의 틀에 의하였다. 먼저 연원 및 현황 등 일반적인 사항을 살핀 다음 독립행정기관 신설여부의 결정, 독립행정기관의 독립성, 독립행정기관의 책임성의 세 측면으로 크게 나누어 고찰하였다. 먼저 신설여부의 판단과 관련하여, 필자는 그 업무가 전통적, 전형적인 행정업무가 아니라는 의미의 '업무의 비전형성 요건', 그 업무가 불편부당한 중립적인 판단을 필요로 하는 것이라는 의미의 '업무의 중립성 요건'을 제시하였다. 권력분립의 취지 중에는 각 기관에 가장 적합한 기능을 분배한다는 효율성의 추구도 포함되어 있는바, 위 두 요건은 이를 반영하는 의미도 있는 것이다. 이를 기준으로 볼 때, 프랑스의 독립행정청은 대체로 비전형적인 기본권 보장을 업무로 하는 기본권 보장기관으로서의 독립행정청과 새로운 규제업무를 담당하는 경제활동 규제기관으로서의 독립행정청이 존재하고 있다. 우리나라의 경우 무소속위원회인 국가인권위원회, 중앙위원회인 국민권익위원회, 공정거래위원회, 방송통신위원회, 금융위원회는 위 신설요건을 충족한다고 할 수 있으나, 원자력안전위원회, 구 국가과학기술위원회의 경우 신설요건을 충족하는지 의문이 든다.

일단 독립행정기관을 도입하기로 하는 경우, 그 실체형성과 운영을 통틀어 고려되어야 하는 원리로서 필자는 독립성과 책임성의 조화를 제시하였다. 독립성이 취약하면서도 '독립' 행정기관을 표방한다면 이는 대통령 및 행정부의 책임을 면하기 위한 도구로 악용될 수 있다. 전문적 분야에 관한 자체적 판단과 업무추진은 효율적인 업무추진을 위하여 필수적인 것이기도 하다. 반면 이같은 독립성만을 강조한다면 민주적 정당성이 전혀 없는 기관이 정부조직을 장악하는 위헌적 상황이 발생할 수도 있다. 위 조화의 구체적인 실천 방안으로 여기에서 제시된 것은, 특히 독립행정기관의 실체 형성 과정에서는 독립성을 강화하여 대통령 및 행정부의 선임관여의 여지를 축소하고, 실제 운영과정에서는 사후적인 통제, 그 중에서도 특히 의회에 대한 책임성을 강화하자는 것이다. 프랑스의 경우와 비교할 때, 우리나라 대통령의 중앙위원회 위원에 대한 선임권은 과도한 면이 있다. 이를 다원화하는 것은 독립행정기관의 독립성 확보 측면에서 뿐아니라 제왕적 대통령제의 문제점을 완화하는 측면에서도 필요하다고 생각된다. 같은 차원에서 독립행정기관의 운영에 있어서 통제의 주된 관점은 일상적인 업무지시가 아니라 사후적인 감독이어야 하고 그 주된 업무는 국회가 담당하는 것이 바람직한 것으로 보인다. 이러한 국회에 의한 감독은 궁극적으로는 독립행정기관의 독립성을 강화하는 데에도 일조할수 있을 것이다.

목 차

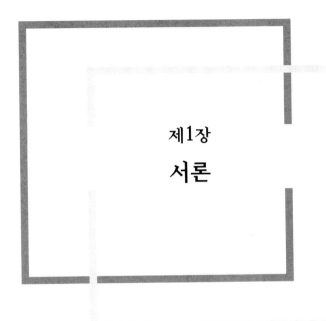

제1장

서론

제1절 연구의 목적

1970년대부터 많은 민주국가에서 종래의 전통적인 행정체계에는 포섭되지 않는 별도의 독립적인 임무와 자율권을 부여받은 정부 기관(agences gouvernementales), 즉 독립행정기관들이 증가하기 시작하였다.[1] 이는 전통적인 국민의 자유에 관한 부문에서도 그러했지만, 특히 경쟁분야, 방송분야 등 새로운 경제현상에 관한 규제가 문제되는 부문에서 두드러졌다. 문제는 어떤 나라에서도 이러한 새로운 기관의 법적 지위(statut juridique)에 대하여 종래의 전통적인 행정체계와 관련하여 명확히 규정하지 못하고 있는 점이다.

독립행정기관의 등장은 헌법학적 관점에서 여러 문제를 남기고 있다. 대표적인 것이 권력분립원칙과의 관계이다. 기존 행정계서질서의 외부에 위치한 독립행정기관은 전통적인 삼권분립에 반하는 것이 아닌가? 그리고 이같은 독립행정기관에 입법적, 사법권 권한을 부여하는 것 역시 권력분립의 취지에 반하는 것이 아닌가? 또한 정부형태론 내지 행정부의 조직 형태 측면에서도 논란의 소지가 있다. 독립행정기관이 한편으로는 행정부의 비대화 현상에 대한 견제장치로 활용될 수 있을 것이다. 특히 현대 대통령제 국가에서는 행정부의 업무영역이 확대되는 현상이 나타나는 바, 기존의 행정 계서질서로부터 벗어난 독립행정기관의 등장은 대통령 및 행정부에의 권력 집중현상을 완화하는 기능을 수행할 수 있다. 그러나 반대로 독립행정기관은 행정부의 권한을 강화하는 도구로 활용될 여지도 있다. 대외적으로 독립기관을 표방하고 각종 준입법적, 준사법적 권한을

---

[1] René Dosière et Christian Vanneste, Rapport d'information n° 2925 fait au nom du comité d'évaluation et de contrôle des politiques publiques sur les autorités administratives indépendantes, TOME I (2010), p.34.

부여받으면서도 실제로는 기존 행정조직과 마찬가지로 대통령 및 기존 행정질서에 종속되어 있다면 오히려 행정권의 비대화를 촉진시킬 수 있는 것이다. 이러한 관점에서는 독립행정기관의 독립성(indépendance)을 어떻게 효과적으로 보장할 수 있는지가 문제될 것이다. 마지막으로 독립행정기관의 독립성을 강조하다 보면 오히려 그 무책임성(irresponsabilité)이 문제될 여지도 있다. 독립행정기관이 그것이 갈라져 나온 행정부뿐 아니라 그것을 창설한 입법부 등 일체의 국가기관 및 국민의 통제로부터 자유로운 기관이 되는 것은 결코 바람직하지 않다. 독립행정청이 행사하는 권한의 한계와 그 통제방식 역시 합리적인 범위에서 설정될 필요가 있는 것이다.

프랑스는 2008년 헌법을 개정하여 권리보호관(Défenseur des droits) 제도를 도입하였는데, 이는 특히 기본권보장에 있어서 새로운 지평을 연 것으로 평가받고 있다.[2] 권리보호관은 1973년에 도입한 공화국 중재관(Médiateur de la République) 등 네 개의 기관[3]을 통합하여 합리적으로 발전시킨 것인데, 이른바 최초의 헌법상 독립행정청(AAI: autorités administratives indépendantes)으로서 그 도입을 전후하여 독립행정청의 법적 지위와 체계화에 관한 활발한 논의가 이루어지고 있다.[4] 프랑스의 독립행정청은 통상적인 국가기관(opérateurs de l'État)과 달리 행정적인 위계(hiérarchie administrative)의 범위 밖에 존재하는 독립적인 행정관청이다. 따라서 독립행정청은 부여받은 권한을 독립적으로 행사하며, 그 권한 중에는 종래의 행정청이 갖지 못했던 입법적, 사법적 권한이 다수 포함되어 있다. 프

---

2) Olivier Dord, Le Défenseur des droits ou la garantie rationalisée des droits et libertés, AJDA 16 mai 2011 (2011), p.958.

3) 공화국 중재관, 국가안전윤리위원회(CNDS), 아동보호관(Défenseur des enfants), 반차별 및 평등을 위한 고등청(HALDE)의 네 가지 기존 독립행정청을 승계, 통합하였다.

4) 대표적인 것으로서, Conseil d'État, Rapport Public 2001 (Études & Documents N° 52): Les autorités administratives indépendantes (2001) (이하 'Conseil d'État, Rapport Public 2001'이라 한다), p.257 이하.

랑스의 전통적인 행정법은 이러한 독립적 행정관청의 개념과 친숙하지 않았지만, 다른 나라와 마찬가지로 현대국가에 있어서의 필요성(nécessité)과 가능성(hazard)을 바탕으로 하여 독립행정청이 태동하였고,5) 최근의 헌법개정을 통해 독립행정청의 중요성이 더욱 크게 주목받고 있다. 이러한 독립행정청은 권리보호관과 같이 헌법상 규정된 기관도 있고, 위원회제가 아닌 독임제의 형태를 가지는 경우도 있으며, 상하원 의원이나 법관과의 겸직이 허용되는 경우도 있는 등 매우 다양한 형태로 나타나고 있다. 이와 아울러 독립행정청의 행위에 대한 사법적 통제와 입법적 통제에 관하여도 상당한 논의가 있다.

우리나라에서도 독립행정기관에 대한 관심이 높아지고 있다. 대통령 선거 후 반복되는 정부조직의 개편 중에 빠지지 않는 것이 어떠한 업무를 어떠한 부, 처, 청에 맡기고, 어떠한 업무를 독립행정기관에 맡길지에 관한 논의이다. 다만 기존 행정기관에 부수하여 설치되면서도 상당한 독립성을 인정받는 이른바 정부위원회(예컨대 규제개혁위원회, 소청심사위원회), 별도 법령에 의해 독립성이 명시되고 독자적인 사무조직을 갖고 있는 중앙행정기관으로서의 위원회(예컨대 공정거래위원회, 방송통신위원회) 등이 함께 논의되면서 정작 독립행정기관의 헌법상 지위 및 체계에 관한 심도 있는 논의는 부족한 형편이다. 각종 독립적 위원회 조직이 장기적인 논의 및 계획 없이 그때그때의 필요에 의하여 창설된 경우가 많기 때문에 전체적인 헌법체계에서 정합성의 문제를 노정하고 있다고 생각된다. 이 글은 이러한 문제점을 인식하고 특히 정부위원회를 제외한 후자, 즉 진정한 독립행정기관으로서의 위원회에 초점을 맞추어 위 헌법상의 제문제에 답하는 것을 연구의 목적으로 한다. 이를 위하여 독립행정청(AAI)이라는 이름 하에 일찍부터 독립행정기관에 관한 논의를 발전시켰고 최근 헌법개정 과정에서 다시 그 중요성이 부각된 프랑스의 사례를

---

5) Conseil d'État, Rapport Public 2001, p.267; Aude Rouyère, La constitutionnalisation des autorités administratives indépendantes: quelle signification? RFDA Sept.-Oct. 2010, n°5 (2010), p.887.

참조하고자 한다. 근래 헌법상, 법률상 독립행정청의 설치와 통합 등을 둘러싸고 활발하게 이루어졌던 프랑스에서의 논의는 우리나라에서 깊은 연구와 논의 없이 영향력을 키워가고 있는 독립행정기관에 관한 법적 논의에 도움이 될 것으로 생각된다.

제2절 연구의 범위와 방법

기존의 독립행정기관에 대한 연구는 크게 세 가지 유형의 것으로 분류할 수 있다. 첫 번째는 행정법적 관점에서 프랑스의 독립행정청 등을 검토한 글이다.[1] 이러한 글들은 주로 독립 '행정기관'의 면에 초점을 맞추어 조직법적 차원과 작용법적 차원에서의 기존 행정법리와의 차이점을 부각시키는데 중점을 두고 있다. 두 번째가 합의제 독립기관으로서의 '행정위원회' 제도를 다룬 글이다.[2] 후술하듯이 행정기능을 수행하는 합의제 기관으로서의 위원회에는 다양한 유형이 있을 수 있는바, 기존의 글은 대부분 정부조직법 제5조 및 '행정기관 소속 위원회의 설치·운영에 관한 법률'에 의해 설치된 행정위원회에 주된 초점을 맞추고 있다. 따라서 프랑스의 독립행정청 또는 우리나라 정부조직법 제2조에 의하여 별도 법률로 설치된 공정거래위원회, 방송통신위원회, 금융위원회 같은 독립행정기관을 일괄하여 집중적으로 다룬 글은 없다.[3] 마지막으로 '미국의 독립규

---

1) 김혜진, 프랑스법상 독립행정청에 관한 연구: 개념과 조직, 권한을 중심으로, 서울대학교 법학석사학위논문 (2005); 전훈, 독립행정청에 관한 소고: 프랑스 독립행정청(AAI) 이론을 중심으로, 토지공법연구 제49집 (2010) (이하 '전훈, 독립행정청에 관한 소고'라 한다); 정하명, 미국 행정법상의 독립규제위원회의 법적 지위, 공법연구 제31집 제3호 (2003)

2) 권용수 외, 정부위원회의 조직개편방향, 국회 입법조사처 연구용역보고서 (2007); 김동련, 정부위원회 제도의 법리적 검토, 토지공법연구 제52집 (2011); 김상겸, 정부자문위원회에 관한 헌법적 연구, 헌법학연구 제11권 제2호 (2005); 김호정, 대통령 소속 위원회 운영과 행정조직법정주의, 외법논집 27집(2007); 정상호, 한국과 일본의 정부위원회 제도의 역할과 기능에 대한 비교연구, 한국정치학회보 제37집 제5호 (2003); 한종희 외, 해외 주요국의 위원회제도와 운영현황, 국회 입법조사회 연구용역 보고서 (2007).

3) 물론 공정거래위원회, 방송통신위원회, 금융위원회를 개별적으로 다룬 글들은 찾

제위원회'를 국내에 소개한 글이다.[4] 그 과정에서 일부 미국에서의 권력 분립의 관점 등이 소개되기는 하지만, 어디까지나 미국의 주간통상위원 회(Interstate Commerce Commission) 등을 중심으로 미국의 법리 및 제도 를 국내에 소개한다는 데에 중점이 있었다. 따라서 우리 헌법구조와 비교 한 체계적인 검토에는 미치지 못하였다.

이 글은 독립행정기관에 관한 헌법적 쟁점에 초점을 맞추고 있다. 이 글에서 전제로 하는 정부형태는 프랑스식의 반대통령제(이원정부제) 또 는 우리나라의 대통령제이다. 따라서 제도적 접근도 영국 등 의원내각제 국가에 관한 논의는 최소화하고 프랑스와 우리나라를 중심으로 하되, 미 국의 제도는 관련되는 한도에서 언급될 것이다.

이 글의 전개는 다음과 같다. 먼저 제2장은 전체 논문의 이론적 틀로 서, 독립행정기관이 기존의 헌법적 질서와 어떻게 조화를 이룰 수 있는지 를 분석한다. 정부형태론의 관점에서 독립행정기관이 현대국가의 행정부 비대화에 대응하는 보완책이 될 수 있는지를 살펴보고, 권력분립이론과 독립행정기관이 어떻게 조화를 이룰 수 있는지를 검토한다. 아울러 독립 행정기관 신설시 갖추어야 할 요건과 독립행정기관이 권력분립원칙과 조

아볼 수 있다. 홍대식, 공정거래법 집행자로서의 공정거래위원회의 역할과 과제: 행정입법에 대한 검토를 소재로, 서울대학교 법학 제52권 제2호 (2011); 조소영, 독립규제위원회의 전문성 제고를 위한 시스템에 관한 연구: 방송통신위원회의 기능과 역할을 중심으로, 공법학연구 제10권 제1호 (2009); 계경문, 방송통신위 원회의 법적 지위와 권한, 외법논집 제33권 제2호 (2009); 이광윤, 독립행정청의 법적 성격: 금융감독위원회를 중심으로, 행정법연구 제9호 (2003) (이하 '이광윤, 독립행정청의 법적 성격'이라고 한다); 박찬운, 국제인권법으로 본 국가인권위 회의 의의와 독립성, 법학논집 제 26집 제3호, 한양대학교 법학연구소 (2009); 박 영범, 국가인권위원회에 관한 법적 연구: 조사 및 권고작용을 중심으로, 서울시립 대학교 법학박사학위논문 (2010) 등.

4) 주대성, 미국의 행정기관에 관한 연구: 지위와 권한을 중심으로, 서울대학교 법학 석사학위논문 (2011); 강승식, 미국에서의 독립규제위원회와 권력분립, 한양법학 제13집 (2003) (이하 '강승식, 미국에서의 독립규제위원회와 권력분립'이라고 한 다); 김유환, 행정위원회 제도에 관한 연구: 미국의 독립규제위원회에 관한 논의 를 배경으로, 미국헌법연구 제5호 (1994).

화를 이루기 위해 갖추어야 할 요소를 탐구한다.

제3장은 프랑스의 새로운 정부조직 형태로서의 독립행정청(AAI)에 관하여 검토한다. 먼저 프랑스 독립행정청의 연원 및 발전배경 등 총론적인 사항을 살펴본 다음, 독립행정청과 프랑스 헌법, 특히 제20조 제2항, 제3항과의 충돌 문제를 검토한다. 그 다음으로는 제2장에서의 이론적 틀에 따라 프랑스 독립행정청의 구성 및 기능 원리를 살펴본다. 분석의 관점은 크게 세 가지이다. 먼저 독립행정청의 신설 및 기관의 형태가 제2장에서 제시한 신설요건에 부합하는지를 살펴본다. 다음으로 독립행정청의 기본적 특성으로서의 독립성이 어떻게 발현되고 있는지를 조직상의 독립성과 기능상의 독립성으로 나누어 검토한다. 마지막으로 독립행정청의 책임성이 입법부, 사법부, 행정부에 의한 통제를 통하여 어떻게 확보되고 있는지를 분석한다.

제4장은 위 일반적 분석 및 프랑스에서의 분석이 우리나라에 시사하는 점을 살펴보는 부분이다. 제3장에서의 논의 구조와 마찬가지로 먼저 총론적 사항을 살펴본 다음 우리 헌법상 이른바 독립행정기관의 위헌논의를 검토한다. 다음으로 독립행정기관의 구성 및 기능의 원리를 신설여부의 판단, 독립성, 책임성의 세 부분으로 나누어 분석하고 개선방안을 제시한다.

마지막 제5장은 논문 및 필자의 견해를 요약, 정리하는 결론이다.

구체적인 서술에 앞서 몇 가지 용어를 정의해 두고자 한다. 원래 공법상 행정청이라는 용어는 다양한 의미로 쓰일 수 있다. 이 논문에서 '행정청' 또는 '행정관청'이라고 할 때에는 넓게 행정주체를 위하여 의사를 결정하고 이를 국민에게 표시하는 권한을 가진 행정기관으로 정의하기로 한다.5) 여기에는 각 부의 장, 지방자치단체장 등이 포함된다. 또한 프랑스 독립행정기관의 명칭으로서 독립행정청(AAI: autorités administratives indépendantes)이 일반적이지만 그 구체적인 호칭 내지 양식(formulations)

---

5) 이는 김동희, 행정법 Ⅱ(제17판), 박영사 (2011), 8-9면에 의한 것이다.

이 달리 사용되는 경우도 있다. 예컨대 시청각최고위원회(Conseil supérieur de l'audiovisuel)와 같이 근거법령에 독립관청(AI: autorités indépendantes)이라는 표현을 사용하는 경우도 있고, 나아가 법인격이 부여되어 있는 독립행정청인 경우 특별히 독립공적관청(API: autorités publiques indépendantes)이라는 용어가 사용되기도 한다. 오늘날 이러한 조직들 모두 널리 독립행정청의 범주 안에서 검토되고 있으므로,[6] 이하 독립행정청을 위 독립관청 및 독립공적관청을 모두 포함하는 개념으로 사용하기로 한다. 마지막으로 프랑스의 레글르망(règlement)을 '행정입법'으로 번역하는 경우도 있으나, 여기에서는 이를 '법규명령'으로 번역한다. 위 레글르망은 원칙적으로 국민과 행정청을 구속하는 것인바, 위 행정입법이라는 용어를 사용하면 행정주체가 발령하는 모든 일반적인 규범, 즉 법규명령의 성격의 것뿐 아니라 행정기관 내부를 규율하는 행정규칙 성격의 것을 포함하는 것으로 오인될 우려가 있기 때문이다.[7]

---

6) Jacques Chevallier, Le statut des autorités administratives indépendantes: harmonisation ou diversification? RFDA Sept.-Oct. 2010, n°5 (2010), p.898.
7) 성낙인, 프랑스 헌법학, 법문사 (1995) (이하 '성낙인, 프랑스 헌법학'이라 한다), 721면도 법규명령이라는 용어를 사용하고 있다.

제2장

국가조직원리와 독립행정기관

제1절 현대국가에서의 행정 비대화와 이에 대한 견제

I. 행정부의 영향력 강화

권력의 분립(séparation des pouvoirs; separation of powers; Gewalten teilung)이란 국가작용의 원활한 수행과 개인의 기본권 보장을 위하여 국가의 기능을 입법, 행정, 사법의 기능으로 나누고 이들간에 상호 독립성을 유지하게 하고, 각기 상이한 기관이 각 기능을 담당하게 하는 것이다.[1) 권력분립의 원리는 아리스토텔레스부터 인식되기 시작되어, 존 로크와 몽테스키외를 거치면서 근대 국가의 원리로 정립되었다. 아리스토텔레스는 일찍이 국가작용의 상호 다른 기능을 심의권, 집행권, 사법권으로 인식한바 있고, 그로티우스, 볼트, 푸펜도르프도 이러한 권력의 차이에 주목한바 있다. 하지만 구체적인 권력분립 이론은 로크가 그의 "정부에 관한 두 개의 논문(Two Treatises of Government, 1690)"에서 국가 권력을 입법권(legislative power), 집행권(executive power), 외교권 내지 동맹권(federative power), 예측하기 어려운 사태에 대응하여 공공복리를 위해서만 행사할 수 있는 대권(prerogative power)으로 구분한 데서 심화되어 나타났다. 위 이론을 이론적으로 체계화한 몽테스키외는 권력을 입법권(puissance legislative), 집행권(puissance executive), 사법권(puissance du juger)으로 구분하였다. 권력분립 이론은 힘에 의한 힘의 견제만이 시민의 자유를 보장할 수 있다는 전제하에 권력의 분리를 넘어 분리된 권력간의 통제가 필요하다는 이른바 '견제와 균형의 이론(theorie des freins et des contre-poids)'이다.[2)

---

1) 성낙인, 헌법학, 법문사 (2012) (이하 '성낙인, 헌법학'이라 한다), 874면.

구체적으로 권력분립의 원칙은 (i) 국가권력의 분할, (ii) 분할된 국가권력간의 균형, (iii) 국가작용의 기능적 배분, (iv) 국가권력간의 통제를 그 내용으로 하게 된다.3) 권력분립은 권력에 대한 제한과 자유와 권리의 보장이라는 점에서 정치적 자유주의의 내용을 형성하고 법치주의의 내용을 이루게 되었다.4) 헌법재판소가 "우리 헌법은 국가권력의 남용으로부터 국민의 기본권을 보호하려는 법치국가의 실현을 기본이념으로 하고 있고, 근대 자유민주주의 헌법의 원리에 따라 국가의 기능을 입법·행정·사법으로 분립하여 상호간의 견제와 균형을 이루게 하는 권력분립제도를 채택하고 있다"고 판시한 내용도 이와 동일한 인식을 바탕으로 하고 있다.5)

그런데 문제는 현대 국가에서 이러한 권력분립 이론에 따른 분할된 국가권력간의 균형이 동요되는 현상이 나타나고 있는 점이다. 원래 국가권력의 작용에서 권력분립이 작용하는 때에는 사법권은 국가를 전면적으로 지배하거나 국민의 삶을 직접 장악하는 것은 아니므로 입법권이나 행정권과 분리된다는 점은 분명하지만, 실제 권력의 작용에서는 주로 입법권과 행정권의 관계가 문제된다.6) 예컨대 권력분립원칙의 조직적 실현형태인 정부형태도 주로 입법권과 행정권의 관계에 관한 것이다.

현대국가에서는 행정부의 영향력이 강화되고 있는바, 이러한 현상은 다음 사유에 기인한다. 첫 번째로 사회성숙에 따른 국민들의 복지에 대한 수요증가로 행정관리 기능이 늘어남에 따라 현대국가는 간섭적인 행정국가(interventionist administrative state)화하고 있다.7) 둘째로 세계화의 진전

---

2) 정종섭, 헌법학원론 (제7판), 박영사 (2012) (이하 '정종섭, 헌법학원론'이라 한다), 918면; 성낙인, 헌법학, 699면 참조.
3) 정종섭, 헌법학원론, 920면.
4) 정종섭, 헌법학원론, 917면.
5) 헌재 1992. 4. 28. 90헌바24; 헌재 2004. 2. 26. 2001헌마718.
6) 정종섭, 헌법학원론, 920면.
7) 黃勝興, 權力分立論から逸脱した行政權肥大化への抑制, 國家と自由の法理: 大谷正義先生古稀記念論文集, 啓文社 (1996), 285면; 윤명선, 권력분립원리에 관한 재조명, 미국헌법연구 제18권 제1호 (2007), 23면.

으로 국제무대에서 기업들 뿐 아니라 정부간에도 시스템 및 효율성에 관한 경쟁을 하게 되었다.[8] 셋째로 각종 경제위기 및 영토분쟁 등에 따른 위기정부가 상시화함으로써 행정부의 전반적 권한 및 재량의 범위가 넓어지고 있다.[9] 이처럼 국가 전체의 효율성을 높이는 차원에서 집행기능을 담당하는 행정부가 일사분란하게 움직이면서 그 보폭을 넓히는 현상은 세계 각국에 공통된 것으로서 어느 정도 불가피한 측면이 있다. 그러나 이러한 '행정부 강화의 필요성 내지 효율성'과 조화를 이루어야 하는 것이 '비대화한 행정부의 견제'라는 이슈이다. 앞서 언급한대로 권력분립의 원칙은 권력의 분할 뿐 아니라 분할된 권력간의 균형을 추구하는바, 만약 행정부가 가장 강력한 권한을 장악하면 국가기능이 사실 행정부에 의해 좌우될 가능성이 높아지기 때문이다.[10]

II. 행정부의 분권과 정부형태

정부형태(régime politique)란 권력분립원리의 조직적인 실현형태로서 권력분립원리에 포함되어 있는 기능과 조직의 분리, 견제와 균형의 메커니즘, 통제의 원리를 구체적으로 실현시킨 조직원리·형태이다.[11] 광의로는 헌법상 정치제도 전반을 가리키지만, 협의로는 입법부와 행정부의 관계를, 최협의로는 행정부의 조직과 구성을 가리키는 용어로 사용되고 있다.[12]

여기에서 정부형태론을 통해 다루고자 하는 것은 앞서 본바와 같이 행정권의 비대화 현상을 어떻게 견제할지의 제도론 관점이다. 다만 정부형

---

8) 성낙인, 헌법학, 880면
9) 최병우, 현대적 권력분립론의 재구성: 거버넌스 이론에 기초한 권력분립의 새로운 모델 모색, 고려대학교 법학석사학위논문 (2005), 13면; 김철수, 헌법학개론, 박영사, (2007), 1212-1213면; 권영성, 헌법학원론, 법문사 (2010), 739-740면 참조
10) 정종섭, 헌법학원론, 921면.
11) 정종섭, 헌법연구(3), 박영사 (2004) (이하 '정종섭, 헌법연구(3)'이라 한다), 173면.
12) 성낙인, 헌법학, 887면.

태론 중에서도 통상 많이 논의되는 대통령제, 의원내각제, 이원정부제간의 비교에 관하여는 상론하지 않고, 우리나라가 취하고 있는 대통령제를 전제로 한다. 여기에서의 초점은 대통령 및 행정부의 견제에 맞추어져 있지만, 이를 행정부의 조직과 구성에 초점을 둔 정부형태 관점에서 검토하고자 하는 것이므로 탄핵, 국정감사 등 기존의 통제장치는 논의대상이 아니다. 이하에서 다룰 것은 대통령제 하에서 행정부의 기능을 일부 분리하는 방식의 가능성 및 타당성 여부이다.

비대화한 행정권 중 일부를 제도적으로 분리하여 견제하는 방식으로는 크게 다음 네 가지를 생각할 수 있다. 첫째로 대통령의 통제 하에 행정부를 일원적으로 구성하지 않고, 그 중 일부의 수장을 별도 선거를 통해 선출함으로써 다원적으로 구성하는 방식이다(복수행정부제). 둘째로 의회의 하부기관으로서 또는 기존의 입법부, 행정부 및 사법부와 구분되는 제4의 부(府)로서 특별조직을 신설하고 새로운 행정영역을 맡기는 방식이다(의회의 기관 또는 제4의 부). 셋째로 행정부의 일부 기능을 민간에게 이양하는 방식도 상정할 수 있다(민영화). 마지막으로 행정부의 소속이면서 기존의 행정위계질서로부터의 독립성을 갖는 독립행정기관을 신설하는 방안이다(행정부 소속의 독립기관). 이하에서는 위 네 가지 접근방식의 장단점을 살펴보기로 한다.

1. 복수행정부제

대통령제에 의하는 나라는 미국, 우리나라의 예에서 보듯이 대통령을 정점으로 한 일원적인 행정부 조직을 갖추는 것이 보통이다. 이러한 단일행정부제(unitary executive system)하에서 대통령은 강력한 리더쉽을 갖추고 위계질서에 따라 효율적으로 행정부를 이끌 수 있다. 이에 대하여 행정부 견제 차원에서 특정 행정영역을 구분하고 국민들이 직선으로 그 행정분야의 수장을 선출하여 담당업무를 독립적으로 수행하도록 한다면 오히려 권력의 기능적 분립에 부합할 뿐 아니라 단일행정부를 견제할 수

있다는 복수행정부제(Divided Executive System)를 적극 옹호하는 견해가
제기된바 있다. 미국에서는 주 검찰총장(state attorney general)은 대부분
선거에 의하여 선출되는바, 이처럼 공정성이 강조되는 분야에서는 연방
차원에서도 별도의 독립적 기관을 선거에 의해 선출해야 한다는 견해가
제기되고 있다.13) 우리나라에서 교육감을 주민의 직선으로 선출하는 것
도 이와 같은 복수행정부제의 한 유형으로 보는 견해도 있다.14)

  미국의 경우에는 건국 초기부터 행정부의 구조를 단일체제로 할 것인
지 행정부를 분권하여 복수체제로 할 것인지에 관한 문제를 놓고 상당한
논의가 있었다. 당시 단일행정부 체제로 결론 맺어진 데에는 Alexander
Hamilton의 주장이 기여한 바가 크다. Hamilton은 좋은 정부(good government)
의 필수적 요소는 힘(energy)이라고 하면서, 행정부의 힘을 이루는 첫 번
째 요소로 단일성(unity)을 꼽았다. 그리고 이 단일성의 실현을 위해서는
행정부의 힘이 한 사람에게 주어져야 하며, 만약 그 힘이 다수의 행정관
에게 동등하게 집중될 경우에는 (i) 에너지와 효율성을 분산시킬 것이
고, (ii) 행정의 책임주체를 모호하게 함으로써 책임행정을 어렵게 할 것
이며, (iii) 행정부에 관하여만 그 권력을 분산시킴으로써 다른 입법부, 사
법부에 대한 지위를 열악하게 할 것이라고 지적하였다.15) 이에 대한 반론
으로서, ① 신속이라는 명분하에 비공개적으로 이루어지는 단일행정부제
의 업무처리 방식과 달리 복수행정부제 하에서는 국민참여 및 정보 공개
가 더 원활하며,16) ② 특정 분야의 업무성과를 주민들이 직접 선거를 통
해 심판할 수 있으므로 오히려 더 민주적이며 책임성의 원리에 부합하
고,17) ③ 현대 국가에서는 행정과잉을 우려할 것이므로 행정부의 지위

---

13) William P. Marshall, Break Up the Presidency? Governors, State Attorneys
   General, and Lessons from the Divided Executive, 115 Yale L.J. 2446 (2005).
14) 강승식, 대통령제와 복수 행정부제 결합의 문제점과 그 한계, 미국헌법연구 제21
   권 제1호 (2010), 32면.
15) Alexander Hamilton, James Madison & John Jay, The Federalist Papers,
   Filiquarian Publishing, LLC. (2007), No.70.
16) William P. Marshall, p.2475.

약화는 크게 문제되지 않는다는 주장이 제기되고 있다.[18]

2. 의회의 기관 또는 제4의 부로서의 독립기관 설치

대통령 및 행정부의 권한을 견제하기 위해 제기되는 또다른 방식은 특정분야의 규제업무 등을 의회 관할의 기관이 담당하도록 하거나 아니면 입법, 행정, 사법과 분리되는 제4의 부(府)에서 담당하도록 하는 것이다. 실제로 미국의 주간통상위원회(Interstate Commerce Commission) 등 독립규제위원회(Independent Regulatory Commission)에 관한 초기 논의에서는 이를 의회의 한 기관으로 보는 견해가 주창된바 있다. 즉 의회가 법률에 의해 이를 창설한 것이므로, 이는 의회의 창조물(creatures of Congress)이고 따라서 입법부의 일부(part of the legislative branch)라는 것이다.[19] 마찬가지로 독립규제위원회를 상원, 하원, 대통령, 법원과 어깨를 나란히 하는 독립된 하나의 부(府, branch)로 보는 견해들도 등장하고 있다.[20]

이에 대하여는 국가작용의 편의를 위해서 임의로 헌법상의 기능을 재분배하거나 권력의 통합을 실시하는 것이 과연 헌법상 권력분립의 원칙에 부합하는지 의문이 제기될 수 있다. 물론 행정부의 권한확대를 견제할 필요성은 있지만, 이를 위하여 의회가 법률을 통해 실질적으로 행정기능을 수행하는 기관을 자의적으로 창설하는 행위가 허용될 수는 없다. 이렇

---

17) Christopher R. Berry & Jacob E. Gersen, The Unbundled Executive, 75 U. Chi. L. Rev. 1385, 1394-1396 (2008).

18) William P. Marshall, p.2477.

19) Cushman, The Independent Regulatory Commissions 114 (1941) ("the ICC is a creature of Congress···. It is certainly an erroneous statement to say that the Commission is a creature of the President···. It is an independent body, created by act of Congress of the United States"). (Geoffrey P. Miller, Independent Agencies, 1986 Sup. Ct. Rev. 41, 64 (1986)에서 재인용).

20) Geoffrey P. Miller, p.65 참조.

듯 법률에 의해 행정권을 담당하는 의회의 기관(Arms of Congress) 또는
제4의 부(Fourth Branch)를 창설하는 행위가 허용된다면, 극단적으로는
대통령 및 행정부가 의회에 예속되는 결과를 가져올 수 있다.

3. 행정기능의 민영화

행정부의 권한을 견제하기 위한 장치로 언급되는 또다른 방식은 행정부
의 일부 규제기능을 민간에 넘기는 민영화(Contracting-out 또는 Privatization)
의 방식이다. 이때 민간기구는 일종의 준행정기구(quasi- governmental
administrative structures)처럼 기능하지만,21) 그 자체로는 입법, 행정, 사법
의 어느 한 조직에 속하지는 않는다. 미국의 통합병원평가위원회(JCAH:
Joint Committee on Accreditation of Hospital)는 민간의 전문가 집단으로
구성된 비영리회사인바 각 병원들을 평가하여 그들 병원에 입원하고 있
는 환자들이 의료보험금이나 사회보장혜택을 받을 수 있는지를 결정할
권한을 갖는다.22) 죄수들에 대한 교정업무를 민간에 위임하는 것 역시 이
같은 민영화의 한 사례가 될 수 있을 것이다.23) 사인 또는 사적단체에 규
제기능을 넘기는 경우 행정부의 비대화를 견제할 수 있을 뿐 아니라 효
율성 측면에서도 정보수집비용 등을 줄이는 효과가 있다.24)

효율성 및 탄력성의 측면에서 볼 때 민간의 경쟁력 및 전문성을 활용
하는 위 민영화 방식은 큰 장점이 있다. 하지만 위 민간에 이양되는 권한
의 대부분은 특정집단의 규율 및 규제에 관한 것인바, 공적 지위가 없는 민
간기구나 민간인의 경우 규제대상인 이해당사자들에 의하여 포획(capture)

---

21) Marshall J. Breger & Gary J. Edles, Established by Practice: The Theory and
    Operation of Independent Federal Agencies, 52 Admin. L. Rev. 1111, 1227
    (2000).
22) 정하명, 157면.
23) David N. Wecht, Breaking the Code of Judicial Deference: Judicial Review of
    Private Prisons, 96 Yale L. J. 815 (1987).
24) 정하명, 158면.

될25) 위험성이 입법부나 행정부에 비해 더 높은 것이 사실이다.26) 또한 책임성의 측면에서도 문제가 발생하는 것은 위 복수행정부제의 경우에서와 마찬가지이다. 이와 같은 민영화 논의가 가장 활발한 미국에서도 법원은 그 가능성을 한정적으로만 인정하고 있다.27)

4. 행정부 소속의 독립기관의 설치

마지막으로 논의할 수 있는 것이 기존의 위계질서로부터 탈피하여 독립행정기관을 행정부의 소속으로 도입하는 방안이다. 이를 통하여 늘어나는 행정수요를 탄력적으로 관리하는 한편, 해당 기관에 독립적 지위를 부여함으로써 기존 행정부의 비대화를 어느 정도 견제하는 효과를 기대할 수 있다. 또한 이같은 독립기관의 설치는 행정부가 임의로 하는 것이 아니고, 의회를 통과한 법률에 의하는 것이므로 법률안의 논의 과정에서 독립성과 책임성 확보 방안을 강구할 수 있다. 이렇듯 신설 과정에 의회가 개입할 수 있으므로 행정부의 권한 견제라는 목적에도 부합한다.

행정부 소속의 독립기관(Independent Executive Agency)의 경우에도 대통령의 구체적인 지시권(presidential directory power)이 없는 것은 앞서의 대안들과 유사하다. 위 대안들과 구분되는 점은 행정부 소속의 독립기관에 관하여는 대통령의 소통 및 가이드(communication and guidance)를 위

---

25) 포획이론(capture theory)이란, 어떤 산업에 관한 규제의 필요성으로 인해 규제가 시작되었지만, 점차 해당 산업에 소속되어 있는 전문가들의 영향력이 커져서 오히려 규제당국의 규제권이 해당 업체들에 의해 포획된다는 이론이다. 전훈, 독립행정청에 관한 소고, 420면.

26) Steven P. Croley, Regulation and Public Interests: The Possibility of Good Regulatory Government, Princeton Univ. Press (2008), p.45.

27) Airports Auth. v. Citizens for Noise Abatement 501 U.S. 252 (1991)은 소비자대표들이 참여하는 심사위원회가 Dulles 공항당국의 예산, 기획안에 대하여 비토권을 행사할 수 있도록 한 법령이 합헌적인 것인지가 문제된 사안인바, 연방대법원은 이를 위헌이라고 보았다.

한 창구가 어떠한 형태로든 열려 있다는 점이다. 일반적으로 대통령이 넓지만 비정형적인 지시권한(wide but informal directory power)을 갖는 것은 이러한 조정기능에 의하여 정당화되는 것이다.[28] 그 구체적인 형태는 그 임명방식을 통해서 일수도 있고 결산보고 또는 정책방향의 설정 등을 통해서 일수도 있다. 만약 대통령이 이같은 독립기관에 대하여 아무런 권한을 갖지 못한다면 이는 단지 의회의 창설 및 폐지권한 범위 내에 있는 기관의 숫자를 늘리는 것에 불과하므로[29] 여기서 말하는 '행정부 소속의 독립기관'이라고 보기는 어렵다.

5. 소결론

만약 행정부의 비대화를 견제하는 것이 유일한 목적이라고 한다면 (i) 복수행정부제를 택하거나 (ii) 의회의 기관 또는 제4부로서의 독립기관을 설치하거나, (iii) 규제기능의 일부를 민영화하는 방안이 효과적일 수 있다. 그러나 앞에서 보았듯이 행정부의 견제는 하나의 측면일 뿐이고 행정부의 효율성 역시 현대사회에서 무시할 수 없는 가치가 되어가고 있다. 이러한 관점에서 볼 때 행정부를 다원화하거나 분할하는 방안에 대하여는 선뜻 찬성하기 어렵다. 더욱이 Alexander Hamilton이 날카롭게 지적한 바와 같이 이같은 복수, 분리된 행정기능하에서는 행정의 책임성을 담보하기도 쉽지 않다. 물론 권한을 세분화하고 의사결정 과정을 공개함으로써 책임성을 높일 수는 있겠지만, 이러한 개선방안은 굳이 복수행정부제 등에 의하지 않은 단일행정부 체제 하에서도 충분히 실천가능한 방식인 것이다.

따라서 행정부의 효율성을 추구하는 한편 행정부에 대한 견제를 실현할 수 있는 현실적인 방안은 법률에 의해 행정부 소속으로 독립행정기관

---

28) Peter L. Strauss, The Place of Agencies in Government: Separation of Powers and the Fourth Branch, 84 Colum. L. Rev. 573, 667 (1984).

29) Peter L. Strauss, pp.641-642.

을 설치하는 것이라고 할 것이다. Arthur S. Miller도 일찍이 대통령의 권한에 대한 견제는 실제로는 의회보다는 관료제에 의해 더 효율적으로 이루어질 수 있다고 하면서 독립적 행정위원회에 의한 권한견제의 실효성을 강조한바 있다.30)

다만 지금까지의 논의는 행정부 소속의 독립행정기관 설치가 다른 대안들에 비해 상대적으로 우월하다는 것을 밝힌 것뿐이고, 그 자체의 합헌성 및 타당성을 검증한 것은 아니다. 대통령제 하에서 기존의 입법, 행정, 사법의 세 권력의 분립 상태에서 구태여 이같은 독립행정기관 제도를 새로이 도입하려면 다음 두 가지 검증 과정을 거쳐야 한다고 생각된다. 첫번째로 독립행정기관 제도가 헌법상의 권력분립 원칙에 위반되는 것은 아닌지의 여부이다. 만약 위헌적인 제도라면 비록 그 타당성이 인정된다 하더라도 헌법을 개정하지 않는 이상은 함부로 도입할 것이 아니다. 두번째로 만약 권력분립 원칙에 부합한다고 하더라도 이를 어떠한 경우에 수용할 것인지에 관한 논의이다. 이 제도가 합헌적이고 필요성이 인정된다 하더라도 행정의 모든 영역을 독립행정기관에 넘기는 것이 정당화되는 것은 아니다. 이러한 두 관점에 관하여는 항을 바꾸어 상술하기로 한다.

마지막으로 덧붙이고 싶은 것은 행정부 소속 독립행정기관 설치의 양면성이다. 위의 논의는 주로 행정부 비대화를 견제하기 위한 측면을 중심으로 서술하였다. 반대로 행정부 소속 독립행정기관의 신설, 확장이 (행정부 일부 기능의 의회기관화, 민영화 등과 달리) 오히려 행정부 비대화를 심화시킬 가능성도 존재한다. 독립행정기관을 표방하면서 일부 준입법적, 준사법적 권능을 부여받았으나 실제로는 기존의 행정조직과 큰 차이가 없는 기관이 신설, 확장되는 경우, 결과적으로 행정부에 의해 입법, 사법 영역이 잠식되는 결과를 초래할 수 있는 것이다. 이러한 점은 독립행정기관의 설치 및 운영에 있어서 고려되어야 할 부분이다.

---

30) Arthur S. Miller, Separation of Powers: An Ancient Doctrine under Modern Challenge, 28 Admin. L. Rev. 299, 323 (1976).

제2절 권력분립론과 독립행정기관의 조화

I. 독립행정기관 위헌론과 그 검토

1. 독립행정기관에 대한 위헌론

전통적인 권력분립 원칙은 권력 그 자체를 시스템적으로 분리시키는 것에 관심을 갖는다. 즉 의회만이 입법을 담당하고, 대통령 또는 수상이 일반적 의미의 법을 집행하고, 법원은 개별적인 사안에 법을 적용하는 것이다. 이를 통해서 얻고자 하는 가장 중요한 목표는 압제적인 정부(tyrannical government)의 출현을 막는 것이다.[31] 몽테스키외도 입법부와 행정부간의 균형(balance between powers)에 초점을 맞춤으로써 한 기관에의 권력이 집중되지 않도록 하는 데에 권력분립의 중요한 의의를 두었다.[32] 이러한 고전적인 입장은 헌법의 적용 또는 해석에 있어서 문언주의 또는 형식주의(formalism)를 취하게 된다. 즉 헌법이 이미 정해놓은 카테고리에 의하지 않은 채, 헌법상 권력의 행사주체인 기관(exercising institution)과 행사되는 권력(exercised power)간 불일치가 발생하면 곧 권력분립에 반하는 것이 된다. 이에 따르면 헌법은 각 권력들간의 융합(blending)을 허용하지

---

31) Peter L. Strauss, p.577.
32) 반면 루소는 권력분립을 주장하면서 행정부의 입법부에 대한 종속(subordination of the executive to the legislative power)을 강조하였다. 루소는 입법부에 권력이 집중되는 것에 대한 거부감이 크지 않았으며, 오히려 시민의 권력이 행정권 등의 다른 권력에 의해 제한받는 것을 우려했다. Holger Ross Lauritsen, Democray and the Separation of Powers: A Rancièrean Approch, Distinktion: Scandinavian Journal of Social Theory 11:1 (2011), pp. 7, 11.

않는다고 해석하게 된다.[33]

독립행정기관이 헌법상의 권력분립 원칙과 충돌한다는 주장은 여러 각
도에서 제기되고 있다. 첫 번째로 독립행정기관이 행정권한 뿐 아니라 준
사법적, 준입법적 권한을 행사하는 데에 따른 비판이다. 후술하는 프랑스
를 비롯하여 독립행정기관 제도를 채택한 거의 모든 나라에서 나타나는
일반적 현상은, 일정한 경우 독립행정기관에게 법규명령을 발하는 입법적
권한, 제재권 등의 사법적 권한을 부여한다는 점이다.[34] 예컨대 미국의 독
립규제위원회는 사법적 제재권을 그 본질적 속성의 하나로 갖추고 있으
며,[35] '미완의 법(unfinished law)'을 집행 이전에 완성할 입법적 의무를 갖
고 있는 것으로 이해된다.[36] 이같은 권력의 일부이양(démembrement)에 따
른 권력의 통합은 권력분립의 기본사상에 배치되는 것이다. 특히 입법권
의 이양과 관련하여, Theodore J. Lowi는 독립행정기관에 광범위한 재량권
을 부여하는 경우 모든 헌법적 관계에 혼동을 가져오고 권력의 제한, 실
제적 및 절차적 예측가능성(substantive and procedural calculability) 등 헌
법이 성취하려는 목표를 좌절시킬 것이라고 비판한 바 있다.[37]

두 번째로 독립행정기관이 '행정'을 담당하면서도 행정부의 위계질서
로부터 '독립'되어 있다는 점에서 나오는 비판이다. 미국, 우리나라에서
채택하는 대통령제하에서 행정권은 대통령을 수반으로 하는 행정부에 귀
속되는 것이다. 비록 행정부에 소속되어 있다고는 하지만 위계질서로부터
독립된 기관에 행정기능을 부여하는 것은 헌법이 예정하고 있지 않은 위
헌적 상태라는 것이다. 미국 루즈벨트 행정부의 대통령 행정관리위원회

---

33) 형식주의에 관한 설명으로서 Gary Lawson, Territorial Governments and the
    Limits of Formalism, 78 Cal. L. Rev. 853, 859 (1990) 참조.
34) Humphrey's Executor (Rathbun) v. United States, 295 U. S. 602 (1935) 참조.
35) 이는 전문적, 기술적 판단을 요하는 분야에 처음부터 법원이 개재되는 것은 바람
    직하지 못하다는 사고가 반영된 것이다. 김유환, 136면.
36) FTC v. Ruberoid Co., 343 U. S. 470 at 485 (1952) (Jackson J., Dissenting).
37) Theodore J. Lowi, Two Roads to Serfdom: Liberalism, Conservation and
    Administrative Power, 36 Am. U. L. Rev. 295, 296 (1987).

(President's Committee on Administrative Management: 일명 Brownlow 위원회)는 그 보고서에서 미국의 독립행정기관(즉 독립규제위원회)은 행정권을 행사하지만 실질적으로는 입법, 행정, 사법의 어느 영역에도 속하지 않는 무책임하고 불분명한 기관이라고 비판하였다.[38]

2. 위헌론에 대한 검토

가. 권력분립론의 기능과 현대적 의미

비판론자들의 위헌론을 구체적으로 검토하기에 앞서 그 전거로 내세우고 있는 권력분립론을 다시 한번 음미해볼 필요가 있다. 권력분립론이 권력의 분할, 분할된 권력의 균형, 국가작용의 기능적 배분, 국가권력간의 통제를 요구하는 근본적인 목적은 무엇인가? 가장 중요한 것은 국민의 기본권을 보장하는 것이다. 권력분립은 소극적으로는 압제적인 정부의 출현을 억제하지만, 적극적으로는 국가권력간 기능과 한계를 설정하는 국가권력의 창설원리로서 기본권 실현에 기여하게 된다.[39] 다른 측면으로서 권력분립이론은 효율적인 국가작동 원리이기도 하다.[40] 각 부(府)에는 그 기관의 특성상 가장 잘 처리할 수 있는 업무가 부여되고, 일단 부여된 업무에 대하여는 다른 부의 관여를 받지 않고 전념할 수 있도록 보장된다. 일찍이 스칼리아 대법관은 Morrison v. Olson 사건에서[41] "권력의 분립 및 균형의 목적은 … 효율적인 정부를 보장하기 위한 것 뿐 아니라 개인의 자유를 보전하는 데에도 있다(purpose of the separation

---

38) Frederick C. Mosher, Basic Documents of American Public Administration: 1776-1950, Holmes & Meier (1983), pp.106-120. (강승식, 미국에서의 독립규제위원회와 권력분립, 293면에서 재인용).

39) 허영, 헌법이론과 헌법, 박영사 (2011), 710면.

40) Richard A. Posner, The Constitution as an Economic Document 56 Geo. Wash. L. Rev. 4, 10-12 (1987)

41) 487 U.S. 654, 727 (1988).

and equilibrium of powers …, was not merely to assure effective government but to preserve individual freedom)"라고 하여 이같은 두 측면을 강조한바 있다.

몽테스키외 시절에는 국가의 세 가지 기본권력을 분리하고 그 기능을 담당할 국가조직을 분립하기만 하면 위 권력분립의 기능과 목적을 달성할 수 있다고 믿었다.[42] 이러한 원전에 충실한 형식주의(formalism)적 입장에서는 헌법상의 명문조항을 중시하면서 권력분립의 실현에 있어서도 헌법상의 규칙에 얽매이는 이른바 규칙 중심의 접근법(rule-based approach)을 택하게 된다. 그러나 위 기본권 보장 및 정부의 효율성을 달성하는 방법이 꼭 한 가지만 존재하는 것은 아니다. 고전적 삼권분립이 지향했던 권력의 자의적 행사의 부정(non-arbitrariness)이 현대에도 중요한 가치를 지니고 있기는 하지만, 권력분립의 궁극적 목적을 달성하는데 도움이 된다면 그 형태적 변용은 기꺼이 수용되어야 하는 것이다. 이 점에서 볼 때 현대에서 삼권분립을 둘러싼 논의는 이를 폐기하는 것이 아니라 재포장 (repackaging)하는 것이라는 주장도 제기되고 있다.[43]

이러한 관점에서 현대적 권력분립이론은 국가권력의 단순한 분립에서 더 나아가 '기능의 분립(separation of function)'을 중심으로 전개되고 있다.[44] 신이론의 대표적인 학자들 중 뢰벤스타인(Loewenstein)은 국가권력의 분립이라는 개념이 국가기능의 배분이라는 개념으로 대체되어야 한다

---

42) 허영, 699면.
43) Eoin Carolan, The new separation of powers: a theory for modern state, Oxford University Press (2009), p.256.
44) 원래 "기능의 분립"은 여러 의미로 사용될 수 있다. 예컨대 정종섭, 헌법학원론, 992면은 원래의 권력분립이 국가권력의 문제를 다룸에 반해 기능적 권력통제이론은 국가영역에 속하지 않지만 국가영역에 영향을 미치는 요소까지 포함하여 권력통제를 국가의 기능적인 관점에서 보는 것을 가리킨다고 설명한다. 반면 프랑스에서는 고전적인 권력분립을 대체하는 다양한 국가기능의 분배(répartition des fonctions)의 의미로 '기능의 분립'을 사용하고 있다. Pierre Pactet et Ferdinand Mélin-Soucramanien, Droit constitutionnel (28e éd.), Sirey (2009), p.110. 이하에서는 후자의 의미로 사용하고자 한다.

고 보았다.[45] 그에 따르면 국가기능에는 기본적인 정책을 결정하는 정책결정기능(policy-decision function), 결정된 정책을 집행하는 정책집행기능(policy-execution function), 모든 기관의 권력을 통제하는 정책통제(policy control-function) 기능이 있다. 또한 뢰벤스타인은 통제의 유형을 '수평적 통제'(e.g. 대통령의 법률안거부권)와 '수직적 통제'(e.g. 연방정부와 주정부 사이의 통제, 기관 내의 통제, 정당, 언론, 여론 등에 의한 통제)로 분류하기도 하였다. 한편, 케기(W. Kägi)는 권력분립의 형태는 시대에 따라 달라질 수 있음을 전제로 이른바 포괄적 권력분립론을 주장하면서 고전적 권력구분 이외에 헌법제정, 개정권과 일반입법권의 2원화, 입법부의 양원제, 집행부 내부에서의 권력분립, 국가기능담당자의 임기의 한정, 복수정당제의 확립과 여야의 대립, 민간권력과 군사권력의 분리 등을 강조한바 있다.[46]

여기에서 알 수 있듯이 현대적인 권력분립론은 탄력성을 큰 특징으로 하면서,[47] 규칙 중심의 고전적 이론과 달리 '기준 중심 또는 원칙 중심의 접근법(standard-based approach; principle-based approach)'에 의한다고 평가할 수 있다.[48] 이에 따르면 만약 고전적인 삼권 분립이 오히려 기본권 보장 및 정부효율성에 저해가 된다면, 헌법 개정 이전이라도 탄력적인 해석을 통해 운용의 묘를 살릴 수 있다. 물론 국가작용의 편의를 위하여 아무렇게나 기능을 배분하거나 권력통합을 시도하는 것은 위헌적이다.[49] 하지만 효율적인 업무수행을 위해 행정, 입법, 사법권의 일부가 융합되거나, 행정부가 전통적 조직의 궤를 벗어나는 일이 절대적으로 금지되는 것은 아니다.

---

45) K. Loewenstein, Political Power and the Governmental Process (Univ. of Chicago Press, 1965), pp. 36, 42-52.
46) 권영성, 755-756면.
47) 장영수, 239면.
48) John F. Manning, Separation of Powers as Ordinary Interpretation, 124 Harv. L. Rev. 1939, 1950 (2010).
49) 정종섭, 헌법학원론, 923면.

나. 권력융합과 행정부의 재편

독립행정기관이 일부 입법적, 사법적 권한을 갖는 것은 권력분립 원칙
상 허용될 수 없는 현상인가? 앞서 살펴본 바와 같이 권력분립을 기능적
으로 이해하는 경우, 권력의 형식적 분리 여부에 천착하기 보다는 그 기
능 및 목적에의 적합성을 중시하게 된다. 물론 권력의 융합은 권력분리의
반대현상으로서 일반적 관점에서 볼 때 기본권 보장에 역행할 우려가 있
는 것이 사실이다. 하지만 이같은 우려를 불식시킬 수 있는 안전장치가
갖추어진다면, 또한 일부 입법, 행정, 사법권한의 융합이 정부기능의 효
율성에 크게 기여할 수 있다면 이를 절대적으로 백안시할 필요는 없다.

실제로 권력융합적 기관으로서의 독립행정기관의 탄생과 일맥상통하는
것이 입법부, 행정부, 사법부간의 상호협조에 관한 최근의 논의이다. 근래
에 들어서 각 국가기관간의 엄격한 대립보다는 관계(relationships)와 상호
연결(interconnections)을 강조하는 견해가 많다.[50) 각 국가기관들은 분리되어
있지만 권력을 공유하는 입장이므로(separated institutions sharing powers), 권
력의 행사는 각자의 독립성과 상호의존성을 효율적으로 지속시키기 위하여
(continuation of their effective independence and interdependence) 이루어져야
한다는 것이다.[51) W. Leisner에 따르면 권력의 일부융합은 효과적인 권력
간 통제를 보장하기 위한 수단이기도 하다.[52) 물론 각 기관들의 독자성과
상호견제(institutional identities and professional jealousies)에 따른 긴장감
이 발생할 수 있겠지만, 그럼에도 최종 의사결정에 있어서 각 기관간의
조정 및 참여절차(coordinated and participatory process)의 필요성은 부인

---

50) 허영, 713면에 의하면 많은 국가작용은 그 기능의 성격이 모호하여 이를 입법,
    행정, 사법의 하나의 국가기능으로 분류하기 어렵게 되었고, 같은 성질의 국가기
    능이 여러 국가기관에 의하여 함께 행해지는 것을 의미하는 이러한 상황 하에서
    는 기관간의 협동적인 통제관계는 국정수행의 당연한 패턴이 되었다고 한다.
51) Peter L. Strauss, p.577.
52) 이부하, 권력분립에서 기능법설에 대한 평가, 헌법학연구 제12권 제1호 (2006),
    441면.

할 수 없다는 것이다. 예컨대 법원은 각 이해관계의 균형을 추구함으로써 개인의 이해관계에 대한 자의적 개입 가능성을 줄이려고 하게 되고, 의회를 비롯한 정치적 기관들은 각 이해관계를 충분히 반영하고자 노력하게 되며, 행정부는 지역적 정보, 경험, 전문성(local information, experience, expertise)에 대한 접근을 중시하게 되는 것이다.53)

다음으로 대통령 및 기존 행정조직으로부터 독립한 행정기관을 설립하는 것은 권력분립에 반하는 것인가? 이 역시 권력분립의 기능 내지 목적의 측면에서 검토되어야 할 것이다. 특히 강력한 대통령제 국가에서 법원과 의회는 대통령의 권한을 실질적으로 통제하지 못하는 경우가 많으며,54) 이에 따라 관료제를 통한 견제방식인 독립행정기관의 설치가 오히려 더 효과적일 수 있다. 의회에서의 법률을 통해 대통령과 행정부의 권한을 잠식하는 측면이 있기는 하지만, 견제와 균형 측면에서 볼 때 현대국가에서의 행정부는 그 업무영역의 과다가 문제되는 상황이므로 독립행정기관으로 인해 권력간의 균형이 무너지는 것은 아니다. 더구나 독립행정기관은 대통령 또는 행정부 소속으로서, 그 구성 및 운영에 관한 대통령의 관여권이 완전히 차단되어 있는 것도 아니다. 미국의 FTC v. Ruberoid Co. 판결55)은 직접적으로 미국식의 독립규제위원회의 성격과 삼권분립 원칙과의 관계를 판단한바 있다. 이에 따르면 삼권분립의 원칙이 독립행정기관의 설립 및 증대를 가로막을 수는 없다고 본다. 그밖에 SEC v. Blinder, Robinso 판결56)도 연방헌법이 대통령에게 그가 직접 법률을 집행할 것을 요구하는 것은 아니며, 단지 법률이 올바르게 집행되는지에 대해 감독할 것을 요구할 뿐이라고 설시하였는바, 이는 독립규제위원회 및 설치, 운영의 정당성을 뒷받침하는 근거로 활용되고 있다.

결국 이렇게 볼 때 위헌론이 제기하는 주장들은 특히 권력분립론의 목

---

53) Eoin Carolan, p.258.
54) William P. Marshall, p.2470.
55) 343 U.S. 470 (1952)
56) 855 F.2d 677 (10th. Cir. 1988) cert. denied, 489 U.S.1033 (1989)

적과 현대적 권력분립론에 비추어 볼 때 큰 설득력이 없다. 다만 지금까
지의 검토는 독립행정기관이 당연히 권력분립론에 반하는 것은 아니라는
정도의 의미이다. 즉 권력융합적인 행정기관이 허용되는 것은 당연히 기
본권 보장에 역행하지 않는다는 전제가 뒤따라야 하고, 대통령으로부터
독립된 행정기관이 허용되는 것 역시 이러한 형태의 필요성 등에 관한
논의가 뒤따라야 하는 것이다. 독립행정기관이 권력분립의 원칙과 조화
를 이룰 수 있는 구체적인 요건은 무엇인가? 이에 관하여는 항을 바꾸어
상세히 설명한다.

다. 권력분립 원칙과의 조화를 위한 요건 : 책임성 및 독립성의 충족

　독립행정기관의 위헌성 여부가 주로 문제되는 것은 전통적이지 않은
새로운 행정업무를 기존의 행정계서제로부터 탈피하는 조직에게 맡기고
자 하는 경우이다. 이러한 새로운 행정업무를 제4부(府), 의회의 기관, 민
영조직에 맡기는 경우 권력분립의 원칙에 반하는 위헌 문제가 생긴다
[<그림 1>의 (3)]. 그러나 행정부 소속인 독립행정기관으로 하여금 이러
한 업무를 담당하게 하는 것은, 독립행정기관의 구성 및 운영에 있어서
독립성 및 책임성이 담보되는 한도에서 권력분립의 원칙에 부합한다고
생각된다[<그림 1>의 (2)].

〈그림 1〉 독립행정기관과 권력분립 원칙

연번	새로운 행정 업무시 대처방안	권력분립 원칙과의 관계
(1)	일반행정기관 담당	부합
(2)	독립행정기관 신설	부합 (독립성과 책임성의 조화 필요)
(3)	제4부의 신설, 민영화 등	위배

　먼저 독립성(independency)의 문제이다. 앞서 언급한 것과 같이 독립행
정기관의 독립성은 대통령의 독주 및 행정부의 비대화에 대한 대안이 되

는 것이고 궁극적으로는 권력분립 이론의 목적인 권력간 견제 및 균형을
통한 기본권 보장을 실현하는 방편이기도 하다. 또다른 측면으로는 업무
의 독자성이 인정되는 영역에서 외부 간섭 없이 업무를 추진함으로써 업
무성과를 높이는 수단이기도 하다. 이는 바로 권력분립의 현대적 의미라
고 할 수 있는 기능의 분리를 통한 정부효율성 달성을 뜻하기도 한다. 따
라서 독립행정기관의 독립성 보장은 권력분립에 반하는 것이 아니라 오
히려 권력분립이론과의 조화를 위한 필수적인 요소라고 생각된다. 보다
쉬운 이해를 위하여 독립성이 취약한 독립행정기관을 상정하여 본다. 이
경우 대통령 및 기존 행정관청은 외부적으로는 독립적이지만 내부적으로
는 종속적인 기관을 활용하여 손쉽게 정치적 책임을 회피하는 자의적 결
정을 내릴 수 있다. 즉 국민의 기본권에 관한 중요한 사항을 명목상 독립
적인 기관의 권한으로 상정하고 해당 기관의 형식적인 의결절차를 밟은
다음 국민의 여론에 호소하는 방식을 통해 입법부의 통법부화를 초래하
고 결국 행정의 비대화를 초래할 수 있다. 이같은 외형상의 독립행정기관
의 구성 및 운영은 오히려 권력분립의 이상에 역행하는 것으로서 결코
바람직하다고 볼 수 없다. 실제로 미국의 연방의회에서 1946년 행정절차
법을 제정하여 모든 위원회의 행위에 통일적으로 적용되는 절차를 규정
하고, 1996년에는 이를 일부 개정하여 행정입법에 대한 정치적 규제권을
신설하는 등 독립규제위원회의 행위의 공개성과 책임성을 강화한 것은
이러한 점을 고려한 측면이 있다. 즉 독립규제위원회의 독립성이 단순히
허울에 불과하고 실질적으로는 통상적인 행정기관과 마찬가지로 대통령
의 지휘에 따라 운영된다는 문제의식이 담긴 것이다. '독립성' 요건의 최
소한은 대통령 및 기존 행정조직의 일상적인 지휘, 감독을 받지 않는다는
것이다. 다만 그 구체적인 발현형태는 각 나라의 형편 및 담당 업무의 특
성에 따라 예산상의 독립, 위원의 임기보장 등 여러 형태로 나타날 수 있
다. 그 독립성의 정도는 구체적으로 의회의 법률에 의해 구현되는바, 위
독립성의 본질을 침해하지 않는 한도에서 상당한 입법적 재량이 인정된
다고 할 것이다. 만약 어떠한 독립행정기관이 입법부 또는 사법부에 예속

되어 있다면 이는 곧 권력분립에 반하여 위헌이다. 만약 행정부에 예속되어 있다면 (어찌되었든 행정부에 행정권이 귀속되는 것이므로) 이를 위헌적 상태라고 보기는 어렵지만, 적어도 이 글에서 논하는 독립행정기관은 아니고 단지 통상의 행정조직에 불과한 것이 된다[그림 1의 (1)].

다음으로 책임성(accountability)에 관하여 살펴본다. 독립적 기관들의 행위에 의한 결과가 국가에 귀속된다는 점을 고려할 때, 이러한 기관들은 어떤 형태로든 독립성에 따른 책임을 부담하여야 한다.[57] 논의의 핵심이 되는 것은 입법부에 대한 책임성 문제이다. 만약 독립행정기관이 강력한 독립성만을 부여받고 국민에 대하여 아무런 책임을 지지 않는다면, 이는 국민의 기본권 보장에도 위협이 될 뿐 아니라 국가기능의 효율성도 떨어뜨릴 위험성이 크다. 국가기관에 책임성을 부과하는 것은 민주주의 원리에 부합할 뿐 아니라 자의적인 판단을 억제하도록 기능함으로써 더 좋은 의사결정을 가능하게 한다.[58] 명색은 행정부 소속이지만 실질적으로 대통령, 행정부조직으로부터 아무런 통제도 받지 않는다면 이는 곧 제4부(府)의 창설이고 대통령제의 틀 자체를 흔드는 것이다. 정책적으로 보아도 이러한 책임성의 지배를 받지 않는 행정기관의 설립은 바람직하지 않다.[59] 물론 사법부의 경우 명시적 민주적 정당성 부여 없이 운영된다는 점에서, 전문적 테크노크라트(technocrat)에 의한 독립행정기관의 운영이 긍정적으로 검토될 수 있다는 견해가 제기될 수 있다. 그러나 소극적 수동적인 재판업무를 담당하는 사법부와 비교할 때 국민에 미치는 파급력이 훨씬 큰 행정업무를 민주적 정당성, 책임성으로부터 절연된 행정기관에 맡기는 방식은 찬성하기 어렵다. 그렇다면 어떠한 방식으로 책임성을

---

57) Aude Rouyère, p.893.
58) Marshall J. Breger & Gary J. Edles, p.1198.
59) Marci Hamilton는 독립행정기관의 무책임성에 따른 문제점을 강도높게 비판한바 있다. 독립행정기관은 그 활동을 직접 국민에게 보고해야 할 헌법상 의무를 지지 않으므로 이에 대한 입법권 위임은 대통령에로의 위임에 비해 훨씬 위험하다는 취지이다. Marci Hamilton, Representation and Nondelegation: Back to Basics, 20 Cardozo L. Rev. 807, 820 (1999).

확보할 것인가? 독립행정기관에 민주적 정당성을 부여하기 위하여 선거 절차를 밟도록 하는 방안은 앞서 복수 행정부제에 관한 논의에서 검토한 바와 같이 찬성하기 어렵다. 따라서 독립행정기관의 구성측면 보다는 그 운영측면에서 책임성을 확보하기 위한 각종 장치가 마련되어야 할 것이다. 먼저 그 권한행사 과정에서 절차적인 공정성(procedural fairness)이 확보되어야 한다. 특히 준입법, 준사법권과 같이 예외적인 권한을 행사할 때에는 절차의 객관성과 공정성(objectivity and impartiality)이 필수적인 전제조건이 된다.[60] 또한 권한 행사의 결과에 대하여는 입법부, 사법부의 모니터링이 뒤따라야 한다. 특히 책임성과 관련하여 핵심적인 것은 '입법부에 의한 통제'이다. 행정부 소속으로서의 독립행정기관을 논하는 것이니만큼 대통령에 의한 어느 정도의 사후적 감독은 인정되어 있다고 할 것인바, 독립행정기관에 민주적 정당성을 부여하기 위해서는 입법부에 의한 견제가 반드시 선행되어야 하는 것이다. 입법부에 대한 책임성은 독립행정기관이 의원내각제하의 정부에서처럼 어떠한 정치적 책임을 부담한다는 뜻은 아니다. 오히려 의회에 대한 정기적인 보고 및 평가, 위원 선임에의 입법부 관여, 의회에 의한 달성 목표 설정 등을 그 통제 수단으로 한다. 이러한 통제장치를 통하여 책임성이 확보된다는 전제 하에서만 독립행정기관이 입법, 행정, 사법적 권력을 융합적으로 행사하는 것이 정당화된다고 할 것이다.

〈그림 2〉 독립행정기관의 독립성과 책임성

		입법부에 대한 책임성 정도	
		약함	강함
독립성 정도	약함	I	IV
	강함	II	III

독립행정기관의 독립성과 책임성의 조화를 그림으로 표시하면 다음과

---

60) Peter L. Strauss, p.577.

같다. <그림 2>에서의 가로축은 책임성의 핵심요소인 의회에 대한 책임성 수준을 가리키고, 세로축은 독립행정기관의 입법, 행정, 사법부로부터의 독립성의 정도를 가리킨다.

<그림 2>의 제I사분면은 행정기관의 행정부 등으로부터의 독립성이 낮고 의회에 대한 책임성 역시 낮은 상태이다. 일반행정기관의 상태라고 할 수 있다. 반대로 제III분면은 위 독립성 및 책임성이 모두 높은 수준으로서 독립행정기관이 나아가야 할 길이라고 할 수 있다. 이러한 독립성 및 책임성을 전제로 준입법권, 준사법권 등 강력한 권한을 부여받을 수 있는 것이다. 특히 의회에 대한 책임성이 담보되는 이상, 기능적 권력분립론에 비추어 볼 때 위헌의 문제가 생길 가능성도 낮다.

그러나 대외적으로는 제III분면의 독립행정기관을 표방하면서도 실제로는 I, II의 상태에 머물러 있는 경우도 있을 수 있다. 제IV분면으로의 이동도 개념상 가능하겠으나, 이는 곧 독립성, 권한 등은 낮은 상태인 행정기관이 의회에 대한 책임성만 높이는 것이므로 현실적으로 상정하기 어렵다. 어떠한 행정기관이 제II사분면에 위치하는 경우 독립성은 상당히 보장되지만 의회에 대한 책임성이 낮으므로 권한 행사의 민주적 정당성이 문제될 수 있다. 더욱 문제되는 것은 대외적으로 제III분면에 위치할 것을 표방하고 이에 걸맞는 준입법권, 준사법권을 부여받고 있음에도, 실질적으로는 제I사분면에 위치하고 있는 경우이다. 이 경우 독립성이 없는 일반행정조직임에도 불구하고 독립행정기관의 확대된 권한을 부여받게 되므로, 앞서 언급한 행정부의 권한 확장 내지 비대화를 심화시키는 도구가 될 수 있는 것이다.

따라서 독립행정기관이 권력분립원칙에 어긋나지 않으면서 행정권의 비대화를 억제하려면 그 독립성과 책임성을 적절하게 조화시킬 필요가 있다. 이러한 두 요소의 조화는 독립행정기관의 구성 및 운영에 있어서의 관건이 된다고 하겠다.

Ⅱ. 독립행정기관의 신설기준

1. 문제의 소재

독립행정기관이 헌법상 권력분립의 원리에 어긋나지 않기 위해서는 그 구성 및 운영에 있어서 독립성과 책임성이 조화를 이룰 필요가 있다는 점은 앞서 언급한 바와 같다. 여기에서 다루고자 하는 쟁점은 과연 어떠한 경우에 독립행정기관을 신설하는 것이 바람직한지의 문제이다. 전자가 적법성(합헌성)의 문제라고 하면, 후자는 타당성의 문제라고 할 수 있다. 독립행정기관의 창설에 관하여도 입법적 재량이 인정된다고 할 것인바, 헌법에 위배되지는 않지만 부적절한 독립행정기관의 신설 가능성은 언제나 열려 있다. 그에 따른 비효율과 부담은 국민 전체가 부담할 수밖에 없기 때문에, 독립행정기관의 인정을 위한 새로운 패러다임을 모색할 필요성이 있는 것이다.

2. 각국의 기준

새로운 행정수요가 발생한 경우에 이를 기존 행정조직에 맡기는 방법과 새로운 독립적 행정조직을 창설하는 방법 중 어느 방식에 의할지의 기준에 관하여는 논의가 많지 않다. 예컨대 미국의 경우에도 독립규제위원회의 합헌성 또는 대통령의 위원해임권에 관한 논의만 무성할 뿐 어떠한 경우에 독립규제위원회를 신설하는 것이 정당화되는지에 대한 논의는 많지 않다. 프랑스의 경우에도 후술하듯 권력분립원칙과의 관계에서의 논의가 있을 뿐 이러한 각도에서의 접근은 많지 않다. 아마도 이러한 정책적 판단의 문제는 쟁송의 대상이 되기 어려울 뿐 아니라, 설립필요성에 대한 판단에 관하여는 입법을 통해 이를 창설하는 의회에 상당한 재량이 부여되어 있기 때문인 것으로 보인다.

다만 16세기부터 이른바 비정부적 자율조직(Quango: quasi-autonomous non-governmental organization) 또는 비정부적 공기관(NDPB: non-departmental public body)이 활용되어 온 결과 이같은 독립적 기관의 남설이 심각한 문제로 된 영국의 경우에는 이같은 조직의 신설, 폐지기준에 관하여 상당한 검토가 이루어진바 있다. 2009년 9월 보수당의 David Cameron 총리는 비정부 자율조직의 신설 또는 폐지를 위한 다음 세 가지 기준을 제시한바 있다.[61] 첫째가 해당 조직이 정교한 기술적인 업무(precise technical operation)를 담당하고 있는지 여부이다. 둘째로 불편부당한 결정(impartial decision)이 내려져야 하는 사안인지 여부이다. 마지막으로 사실관계가 정치적 영향력과 무관하게 투명하게 결정되어야 하는지(facts to be transparently determined, independent of political interference) 여부이다. 만약 비정부자율조직이 위세 가지 중 하나에도 해당하지 않으면 이는 굳이 신설하거나 유지할 필요가 없다는 입장이었다.

이후 2010년에 재무성은 "독립적 기관(ALB: Arm's Length Bodies)의 개혁방안"이라는 보고서를 통해 이같은 독립기관들은 그 설립 단계에서부터 뚜렷한 목표와 책임성 하에서 설립될 필요가 있음을 역설한바 있다.[62] 실체적 기준을 제시하고자 한 위 총리의 발표문과 달리 위 보고서에는 실체적 기준과 절차적인 기준이 혼합되어 있다. 이를 요약하면 ① 새로운 독립기관의 창설은 최후의 선택지(last option)여야 하고, ② 창설조항과 함께 반드시 그 폐지일을 담은 일몰조항(sunset clause)을 두어야하며, ③ 새로운 독립기관의 창설로 인해 업무영역이 사라지게 되므로 관련 옛 법령(outdated legislation) 및 옛 기관(obsolete bodies)을 폐지하고, ④ 기존부서와 새로운 독립기관간의 중복을 방지하며, ⑤ 새로운 독립기관은 반드시 포괄적인 재무정보 및 사업보고를 해야 한다는 것 등이 제

---

61) Lucinda Maer, Quangos, House of Commons U.K. research paper SN/PC/05609 (2011), p.4.
62) HM Treasury, Reforming Arms Length Bodies (2010), p.13

시되고 있다.

이와 같은 논의는 2011년 12. 14. 공공기관법(Public Bodies Acts 2011)이 통과됨으로써 결실을 맺어, 각 부의 장관에게 수많은 독립적 기관들의 통폐합권이 부여된바 있다.

우리나라의 경우 2008. 12. 31. 제정된 행정기관 소속 위원회의 설치·운영에 관한 법률(이하 '행정위원회법'이라 한다) 제5조에서 정부조직법에 따른 행정위원회를 설치할 때의 요건을 규정하고 있다. 이에 따르면 (ⅰ) 업무의 내용이 전문적인 지식이나 경험이 있는 사람의 의견을 들어 결정할 필요가 있을 것, (ⅱ) 업무의 성질상 특히 신중한 절차를 거쳐 처리할 필요가 있을 것, (ⅲ) 기존 행정기관의 업무와 중복되지 아니하고 독자성이 있을 것, (ⅳ) 업무가 계속성·상시성이 있을 것의 네 가지 요건이 요구되고 있다.

3. 신설 기준의 검토

이상에서 살펴본 바와 같이 새로운 업무영역이 출현했을 때 이를 기존의 일반행정조직에 맡길 것인가, 아니면 독립행정기관에 맡길 것인가 여부를 판단하는 기준을 일의적으로 정하는 것은 쉬운 작업이 아니고, 각 나라의 논의도 일관되어 있지 않다. 예컨대 우리나라의 행정위원회법이 제시하는 판단의 신중성, 계속성 및 상시성을 독립행정기관에 적절한 업무의 징표로 삼기에는 미흡한 점이 있다. 전 국민에의 파급효과가 큰 행정업무의 결정에는 신중함을 요하겠지만, 그렇다고 하여 이를 꼭 독립행정기관에 맡겨야 하는 것도 아니다.

앞서 살펴본 영국에서의 논의 및 우리나라의 독립행정기관이라고 할 수 있는 선거관리위원회, 감사원의 업무 등을 종합적으로 고려할 때, 필자가 제시하고자 하는 업무의 특성은 (ⅰ) 업무의 비전형성과 (ⅱ) 업무의 중립성이다.

먼저 업무의 비전형성이란, 업무성격상 전문적인 기술 분야에 관한 것이거나, 행정부 내부의 이해관계의 충돌이 있는 등 전통적인 행정영역과는 다른 특성을 가질 것을 요한다. 전문성 또는 기술성의 요청은 위 영국 총리의 발표문과 우리 행정위원회법에 공통적으로 나타나는 것이다. 우리나라의 선거관리위원회나 감사원이 담당하는 선거관리업무와 행정감사 업무는 전통적인 행정업무와는 상당한 차이가 있다. 실제로 금융, 시장경쟁, 원자력 등 각종 전문분야에 대하여 업무독자성을 인정하여 기존 행정조직 이외의 별도조직에 의한 규제를 활용하는 것은 전 세계적인 현상이다. 한편 정부 내부의 이해관계가 충돌하여 어느 특정 부서의 결정을 신뢰하기 어려운 경우에도 업무의 비전형성이 인정된다고 하겠다. 이해관계 충돌의 회피는 법치주의의 본질적 내용이라고 할 수 있는바,[63] 이러한 경우에는 독립행정기관에 의한 처리가 바람직한 경우라고 볼 수 있다.

두 번째로 업무의 중립성은 해당 업무의 성격이 불편부당한 중립적인 판단을 요하는 것을 뜻한다. 특히 정치적인 중립성이 중시된다. 가령 특허처럼 전문적, 기술적 성격이 강한 업무인 경우, 위 비전형성 요건을 충족하지만 정치적인 중립성이 필요한 업무라고 보기는 어렵기 때문에 일반행정조직에 의하여도 무방한 것이다. 반면 선거관리위원회, 감사원의 업무는 정치적 의도에 의해 오염될 수 있기 때문에 그 업무의 중립성이 매우 중요하다. 이같은 업무 중립성은 앞서 본 영국 David Cameron 총리의 발표문 중 불편부당성 및 정치적 영향력으로부터의 자유와 관련이 있다고 하겠다.

이러한 신설기준을 반영하여 전체적인 행정부 조직을 어떻게 구성할 것인지를 조망해 보면 다음의 그림과 같다.

---

63) 정종섭, 헌법연구(5), 박영사 (2005) (이하 '정종섭, 헌법연구(5)'라 한다), 293-294면 참조. 이 글은 특별검사제도에 관하여 설명하면서 이해관계 충돌의 회피를 통하여 사건처리의 공정성을 기하고 행정부의 법집행 남용을 피하는 효과를 언급하고 있다.

〈그림 3〉 업무 성격에 따른 독립행정기관 신설여부 판단

| | | 업무의 비전형성과 중립성의 정도 | | 입법/ 사법 영역 |
		약함	강함	
행정계서 질서로부터의 탈피정도	약함 (일반 행정기관)	적절함(A)	권력분립 위반은 아니지만 부적절함(D)	
	강함 (독립행정기관)	권력분립 위반은 아니지만 부적절함(B)	적절함(C)	
	매우강함 (제4부 등)	권력분립 위반		

　<그림 3>의 가로축은 업무영역을 표시하고 있다. 원칙적으로 입법, 사법의 영역을 행정부 소속의 기관이 담당하게 된다면 이는 권력분립의 원칙위반이 된다. 행정 영역에서는 업무를 그 특성에 따라 비전형성과 중립성의 정도가 약한 것과 강한 것으로 일응 분류할 수 있을 것이다. 반면세로축은 담당기관을 행정계서질서로부터의 탈피 정도를 기준으로 분류하고 있다. 행정부 소속이라고 볼 수 없을 정도로 탈피의 정도가 강한 경우 이러한 기관에 행정업무를 담당하도록 하는 것은 권력분립 위반이 된다. 여기에는 앞서 살펴본 제4부(府)의 창설, 의회기관에 의한 행정업무담당, 민영화 등이 포함될 수 있을 것이다. 가로축과 마찬가지로 세로축도 계서질서의 탈피정도가 약한 것과 강한 것으로 양분하였다. 위 세로축은 앞서 본 그림 1의 세로축과 관련된다.

　앞서 언급한 바와 같이 여기에서 논의되는 것은 적법성이 아니라 타당성의 문제이다. 즉 그림 3 중 A, B, C, D 어느 영역에 행정기관을 위치시키더라도 그것이 행정영역인 이상 권력분립 위반의 문제는 발생하지 않고, 적절한 기관형태인지의 문제가 발생할 뿐이다. 그림 3에서 A 영역, 즉 업무의 비전형성과 중립성의 정도가 낮은 경우 기존 행정조직이 이를 담당하는 것이 타당하다. C 영역의 경우 독립행정기관이 해당 업무를 담당하는 것이 적절한 선택지라고 할 수 있다. 문제는 B, D 영역의 경우이

다. B의 경우 업무의 비전형성, 중립성이 낮음에도 불구하고 독립행정기관을 신설하여 해당 업무를 맡기는 것을 뜻한다. 전술한 독립성과 책임성이 충분히 보장된다는 전제 하에서라면, 이러한 독립행정기관의 등장을 무조건 배척할 필요는 없을 것이다. 행정의 비대화가 문제되는 상황에서 행정권의 일부를 기능적으로 제한하는 의미가 있기 때문이다. 다만 이러한 독립행정기관은 정치적 제스처에 의한 기관신설에 따른 불필요한 예산 낭비로 이어질 가능성이 높기 때문에, 효율성 측면에서 부적절한 경우가 많다. 특히 국가운영에 있어서는 생산성과 효율성을 높이고 불필요한 비용의 지출을 줄여야 하는 바,[64] 독립적 기관의 남설은 이러한 방향에 역행하는 것이다. 한편 D의 경우 업무성격상 독립행정기관이 담당해야 마땅함에도 기존 행정조직이 이를 다루고 있는 경우이다. 이러한 경우 정파적 이해관계에 따른 결정이 내려질 우려가 있으므로 해당업무를 관장하는 기존 행정조직의 기능을 축소하고 새로운 독립행정기관을 구성, 운영할 필요가 있다.

그림 3의 경우에도 어떤 기관의 대외적인 표방과 실질적인 운영에 차이가 나는 현상은 발생할 수 있다. 대표적인 것으로서 대외적으로 C 영역의 독립행정기관을 표방하고 있으나, 실질적으로 행정조직의 계서제를 탈피하지 못한 결과 D 영역에 머물고 있는 경우이다. 이러한 기관에게 독립행정기관으로서의 강한 권한을 부여하는 것은 신중할 필요가 있다.

---

64) 정종섭, 헌법연구(5), 299면; 한편 앞서 본 영국 재무성의 보고서는 독립행정기관의 설치가 최후의 선택지(last option)여야 한다고 표현하고 있다.

제3절 소결론

이 장에서는 독립행정기관의 헌법상 기본 쟁점을 살펴보았다. 먼저 권력분립원칙에 관한 "적법성(위헌성)" 논의와 관련하여, 독립행정기관이 행정부의 계서질서 외부에 위치하고 준입법적, 준사법적 권한을 갖는다고 하더라도, 특히 기능적 권력분립이론과 권력분립의 목적에 비추어볼 때 위헌으로 볼 수 없다는 점을 밝혔다. 다만 권력분립원칙과 조화되기 위해서는 독립행정기관의 독립성과 책임성이 조화를 이루어야 한다는 점을 강조하였다.

다음으로 독립행정기관의 설치 여부에 관한 "타당성" 논의와 관련하여 국내외의 논의를 기반으로 나름의 기준을 제시하였다. 즉 해당 행정업무가 비전형적인 것이고, 중립성을 필요로 하는 것인 경우에 비로소 독립행정기관 신설의 타당성이 인정될 수 있다는 점을 제시하였다.

이하에서는 이러한 논의를 바탕으로 하여 프랑스 및 우리나라의 독립행정기관에 관하여 차례로 살펴보고자 한다. 다만 향후 논의의 방식에 관하여 덧붙이자면 다음과 같다. 본 장에서는 논의의 편의상, 또한 보다 중요한 '적법성' 문제를 '타당성' 논의보다 먼저 다룬다는 차원에서 위 순서에 의하였으나, 실제 논리 흐름상으로는 먼저 독립행정기관의 설치 여부를 판단함이 우선이다. 업무의 비전형성, 중립성을 근거로 독립행정기관의 신설 도입이 결정된 이후에 비로소 그 구성 및 운영의 독립성 및 책임성이 문제되는 것이기 때문이다. 이러한 점을 감안하여 이하에서 프랑스와 우리나라의 독립행정기관을 분석할 때에는, 먼저 총설적 고찰로서 각 독립행정기관의 등장배경 등을 먼저 검토한 후에 독립행정기관의 설치기준을 분석한 다음 마지막으로 독립행정기관의 독립성과 책임성을 검토하는 방식에 의하도록 하겠다.

제3장
프랑스의 독립행정청

제1절 총설

Ⅰ. 독립행정청의 태동

독립적 판단을 하는 행정적 기관의 연원을 정확히 따지는 것은 쉽지 않다. 예컨대 국가 내부적으로 위치한 기관에게 자율성 또는 독립성을 부여하는 자치분권화, 통상적인 계층구조와 달리 인정되는 공무원의 중립의무 등을 들어 독립행정청의 기원이 되었다고 보는 입장도 있을 수 있다. 꽁세유데따의 2001년 보고서에 인용되어 있는 Rigaud의 글에 따르면, 국가 내의 행정부(administration)와 구분되는 독립기관(autorités autonomes distinctes)의 존재는 오랜 역사를 갖는다. 예컨대 각종 심사위원회(jurys de concours), 토지구획위원회(commissions de remembrement), 검토위원회(conseils de révision) 등도 어느 정도의 독립성을 갖고 업무를 수행해왔다는 점에서는 널리 독립행정청의 단초가 되었다고 볼 여지가 있다.

그러나 여기에서는 이러한 일반적 의미에서의 독립적 기관이 아닌, 프랑스에서 좀더 구체적으로 독립행정청의 골격을 갖추게 된 연원을 살펴보고자 한다. 구체적으로는 독립행정청이라는 새로운 개념과 범주를 명확하게 인식하게 된 1970년대 이후를 중심으로 보게 될 것이다.

이러한 의미에서의 프랑스 독립행정청은 고유한 제도라기보다는 해외 제도의 영향을 크게 받은 것으로 이해되고 있다.[1] 프랑스 독립행정청에 크게 영향을 미친 것으로는 다음 두 가지가 언급되고 있다. 첫 번째로 스웨덴에서 1809년경 시작된 옴부즈만 제도이다. 당시 스웨덴은 왕정이었는데, 스웨덴 의회(Riksdag)는 국왕이 의회가 제정한 법률을 존중하도록

---

1) René Dosière et Christian Vanneste, p.16.

유도하려면 국왕으로부터 독립된 기관이 있어야 한다고 판단했다. 즉 옴 부즈만의 탄생은 의회가 집행부(exécutif)를 통제하기 위한 수단적 측면이 강했다. 따라서 스웨덴의 옴부즈만은 계속 의회에서 선출되고 있다. 이후 옴부즈만은 2세기가 지나도록 공적 자유와 정치적 생활의 영역에서 활동 하면서, 법원과 정부공무원, 그밖에 공적권위를 갖고 일하는 모든 이들의 직무수행을 견제하는 역할을 수행하게 되었다. 두 번째는 영미법계 국가 에 있어서의 독립행정기관이다. 1887년 미국에서 창설된 주간 통상위원 회가 그 대표적 사례로 인용되고 있다. 이렇듯 영미법계 국가에서 연원한 독립행정기관은 특히 경제규제 영역에서 많이 찾을 수 있다.

최초의 명시적인 독립행정청은 1978. 1. 16. 법률에 따라 설치된 국가정 보자유위원회(CNIL: Commission nationale de l'informatique et des libertés) 였다. 위 법률 제11조는 이 새로운 형태의 기관이 독립행정청(AAI)임을 선언하였다. 독립행정청의 개념적 징표인 계서적 통제로부터의 독립 등을 갖춘 기관들은 그 이전에도 존재하였지만 이를 최초로 명문화한 것은 국가 정보자유위원회가 처음이었다. 행정권력은 항상 단일해야만(monolithique) 하는 것은 아니고, 다양한 기관들의 총합으로 구성되는 것 역시 헌법 범 주 내에서 충분히 가능한 방식이기도 하다.2) 그 이후 독립행정청은 상당 기간 2년에 1개 정도씩 신설되다가 현재 매년 1개 정도의 비율로 그 숫 자가 늘어나는 추세이다.3)

---

2) Aude Rouyère, p.891.
3) René Dosière et Christian Vanneste, p.27.

Ⅱ. 독립행정청의 발전

1. 독립행정청 발전의 배경

프랑스에서 독립행정청이 비교적 단기간 내에 급격하게 발전하게 된 배경에 관하여는 여러 가지 설명이 있다. 발전배경으로서 종종 언급되는 것은 프랑스에 있어서 법원 또는 전통적 행정에 대한 불만족 또는 불신이다. 프랑스 행정은 비밀주의이고 폐쇄적인(secrète et fermée) 것으로 널리 알려져 있다. 프랑스 행정은 공익(intérêt général)이 사익(intérêts privés)에 의해 오염되지 않도록 많은 신경을 써 왔고,[4] 영미식의 다양한 행정서비스에 대하여는 그다지 관심을 갖지 않았다. 독립행정청은 이렇듯 전통적인 법원이나 행정기관에 의하지 않는다는 점에서 실질적인 국민의 권익 구제에 기여할 것으로 기대되었다. 예컨대 반차별 및 평등을 위한 고등청(HALDE: Haute autorité de lutte contre les discriminations et pour l'égalité)의 창설은 법정(tribunaux)에서 시민들이 그 권리를 보호받기 어렵다는 점에서 정당화되었다.

이러한 프랑스의 전통적인 배경 이외에 기능적, 특성적인 차원에서 독립행정청이 프랑스 행정에 뿌리내리게 된 배경으로는 다음 다섯 가지를 들 수 있다.[5]

첫째, 독립행정청은 독립성(indépendance), 공정성(impartialité)이 보장되는 행정을 가능하게 했다. 또한 정책 또는 정권의 변화에도 불구하고 규제의 지속성을 유지하는 방편이기도 했다. 일찍이 꽁세유데따는 이 점을 주목하여, 2001년 결정에서 독립행정청은 국가 간섭으로부터 공평한

---

4) 프랑스의 행정행위에 있어서는 행정행위의 중립성 원칙(principe d'impartialité de l'action administrative)이 매우 강조되고 있다. Cons. const., décision n° 89-260 DC du 28 juillet 1989 참조.

5) René Dosière et Christian Vanneste, p.61.

의견을 제공할 수 있다는 점, 정부가 지나치게 정치화되는 것을 막아 주는 점에서 중요한 기능을 수행한다고 판시한바 있다.

둘째, 독립행정청은 효율성, 반응성(efficacité, réactivité)의 측면에서 기존의 행정기관들을 압도할 수 있었다. 특히 사업을 영위하는 주체들은 치열한 경쟁환경에 불구하고 행정적, 사법적 판단은 이를 따라잡지 못해 종종 의사판단이 지연되는 것에 큰 불만을 토로해 왔다. 이에 반해 많은 독립행정청은 그 조직법(loi organique) 자체에 엄격한 결정기간을 두고 있기 때문에 독립행정청의 관여에 따른 절차 지연을 최소화할 수 있다. 예컨대 영화중재관(Médiateur du cinéma)은 매주 모임을 가지면서 영화 등급 등의 사항에 관하여 조속한 결정을 내리고 있다.

셋째, 독립행정청은 기술성, 전문성, 규제대상 분야와의 근접성(technicité, professionnalisme, proximité avec les secteurs régulés) 측면에서도 강점을 보여왔다. 세분화되어가는 산업분야에서 규칙을 입안하고 집행하기 위하여는 전문성이 필요하다. 이러한 필요성은 특히 관련 결정이 시급하게 내려져야 할 때 더욱 커진다. 규제기관은 변화하는 시장에 스스로를 적응시키면서, 사업자의 행위를 감시하고 그 창의력을 증진시키는 방향으로 규칙을 개선해야 한다. 이러한 관점에서 볼 때 독립행정청은 전통적인 행정기관 또는 법원에 비해 비교우위에 서 있었다.

넷째, 독립행정청은 새로운 공적 운영형태(formes nouvelles de mana gement public)에 부응하는 새로운 권력행사의 수단이다. 여기에서 새로운 공적 운영형태라고 하는 것은 경제적, 사회적 분야에서의 중재(médiation), 분쟁의 해결(règlement des différends), 협상(compromis négocié), 권고(recommandations), 법률이 아닌 형평법에 의한 결정(décisions en équité plutôt qu'en droit) 등을 뜻한다. 이러한 유연한 권력행사를 위해서는 독립행정청과 같이 새로운 조직과 권능을 가진 행정청이 보다 적합하였고, 이에 따라 점차 그 숫자가 늘어나고 있는 것이다.

마지막으로 유럽연합의 의무(Obligation communautaire) 측면이다. 일부 유럽연합 지침(directives)은 통상적인 행정 지휘감독으로부터 자유로운 독립한 규제기관을 요구하고 있는바, 이를 프랑스 국내법으로 반영한 결과가 독립행정청의 설립으로 이어지는 경우가 있다. 또한 유럽연합 지침 등에서 명시적으로 독립된 기관의 설치를 요구하지 않는다 하더라도, 프랑스 이외 다른 국가와의 협조 차원에서 비슷한 유형의 기관을 설치하다 보니 독립행정청의 신설에 이르는 경우도 있다. 최근에 이렇듯 유럽연합 차원의 규제를 국내법에 반영하는 문제가 고려되고 있는 것으로서, 사고조사 및 분석위원회(BEA: Bureau d'enquêtes et d'analyses)의 예를 들 수 있다. 원래 환경부의 중앙조직에 관한 2008. 7. 9. 데크레[6])에 따르면 위 위원회는 환경부의 단순한 서비스 기관이다. 그런데 유럽 공동체 지침 {La directive communautaire (n° 94/56/CE)}은 이러한 조사 및 분석위원회에 관하여 "사고와 심각한 재해에 관한 시스템적 조사는 전문적이고 계속적인 기관 또는 그러한 기관의 감독 하에 이루어져야 하며, 이러한 조직은 이러한 사고에 관해 책임 있는 기관으로부터 기능적으로 독립된 것이어야 한다"고 규정하고 있다. 이러한 지침은 자국 이기주의, 예컨대 프랑스 국적기의 사고원인 조사에 관하여 철저한 독립성이 보장되지 않으면 프랑스 제조사, 비행사에 유리한 조사결과가 나올 수 있다는 우려에 따른 것이었다. 위 유럽 공동체 지침의 발표 이후 2010년 2월 하원의 유럽위원회(commission des Affaires européennes de l'Assemblée nationale)에 의해 발표된 보고서는 "프랑스는 행정부가 하는 것보다 종합적 그물망을 잘 구성할 독립적인 관청의 통제 하에 있는 사고조사 및 분석위원회를 설치함으로써 유럽의 규율을 따를 필요가 있다"고 주장한 바 있다.

---

6) Décret du 9 juillet 2001 lors de l'organisation de l'administration centrale du ministère de l'Écologie.

2. 발전단계의 구분

가. 제1기[7]

앞서 언급한 바와 같이 법률상 최초의 독립행정청은 1978년의 국가정보자유위원회이다. 이 때로부터 입법자들은 법률을 통해 특별한 임무를 부여받은 독립행정청을 설립하기 시작하였다. 그 직후에 행정문서접근위원회(CADA: Commission d'accès aux documents administratifs)가 1978. 7. 17. 법률에 따라 설립되었다. 이렇듯 1970년대에 설립된 독립행정청은 대부분 기본권 보호를 주된 사명으로 하고 있었다. 이후 1980년대에 접어들면서 기본권 보호 이외에 시장규율 내지 산업규제 기능이 독립행정청의 주요한 역할로 대두되었다. 예컨대 1986. 9. 30. 법률[8]에 의해 도입된 시청각최고위원회(CSA: Conseil supérieur de l'audiovisuel)는 방송분야를 규제하면서 공적자유의 행사 보호를 위해 중요한 역할을 수행하고 있다. 위 제1기는 이후 시장규율 내지 산업규제 기능을 담당하는 행정청의 확산에 따라 1990년대 후반까지 지속되었다.

나. 제2기

2000년대에 들어와서 독립행정청은 약간 다른 측면에서 발전하기 시작하였다. 이때로부터 새로운 기관들의 출현은 국제법, 공동체법 인준에 따른 결과이거나 공중의 기대에 따른 경우가 많았다.[9] 먼저 2000. 3. 6.

---

7) 이러한 단계의 구분은 Patrice Gélard, Rapport n°482, au nom de la commission des lois constitutionnelles, de législation, du suffrage universel, du Règlement et d'administration générale sur le projet de loi organique relatif au Défenseur des droits et sur le projet de loi relatif au Défenseur des droits, SÉNAT (2010. 5. 19.), p.19 이하에 따른 것이다.

8) la loi du 30 septembre 1986 relative à la liberté de communication.

9) Patrice Gélard, Rapport n°482, au nom de la commission des lois constitutionnelles, de législation, du suffrage universel, du Règlement et d'administration

법률에 의해 창설된 아동보호관(Défenseur des enfants)은 유럽위원회
(Conseil de l'Europe)의 아동권리에 관한 권고안에 맞추어 그 도입이 결정
된 것이었다. 2000. 6. 6. 법률에 의해 창설된 국가안전윤리위원회(CNDS:
Commission nationale de déontologie de la sécurité)는 시민들에게 보다 실
효성 있는 구제수단을 부여하기 위하여 설립된 것이다. 또한 2004. 12.
30. 법률에 의해 창설된 반차별 및 평등을 위한 고등청(HALDE)은 EU 공
동체법의 요구에 따라 도입된 것이다. 나아가 국제연합 차원에서의 요청
에 따른 것도 있다. 자유박탈장소 통제관(CGLPL: Contrôleur général des
lieux de privation de liberté)의 창설은 2002. 12. 18.에 발표되었던 국제연
합 프로토콜[10)에 따른 것인바, 위 프로토콜은 각 국가가 고문을 방지하기
위하여 자유가 박탈되는 교도소, 감호시설 등을 통제할 국가적인 기구를
둘 것을 요청하고 있었다.

Ⅲ. 독립행정청을 둘러싼 비판론과 그 검토

1. 독립행정청에 대한 비판론

프랑스에서 독립행정청이 점차로 확산되어 가는 것에 대하여 우려의
목소리도 높아지고 있다. 실제로 최근에 독립행정청이 구설수에 오르내
리는 예가 많아졌다.[11) 최근의 사안으로서 내부자거래가 문제되었던 이

générale sur le projet de loi organique relatif au Défenseur des droits et sur le
projet de loi relatif au Défenseur des droits, SÉNAT (2010. 5. 19.), p.19.

10) le protocole facultatif se rapportant à la convention des Nations unies (18
décembre 2002) contre la torture et autres peines ou traitements cruels,
inhumains ou dégradants.

11) Jean-Louis Autin, Le devenir des autorités administratives indépendantes, RFDA

른바 'EADS 사건'에서 이를 3년간 조사한 금융시장청(AMF: Autorité des marchés financiers)의 조사관들은 제재의 필요성을 권고하였으나, 금융시장청의 제재위원회(commission des sanctions)는 위 사안을 무시하였다가 나중에 알려지게 됨으로써 비판의 대상이 되었다.[12] 반면 독립행정청이 제재권한을 과도하게 행사한데 따른 비판도 있다. 구 경쟁위원회(Conseil de la concurrence)는 철강무역 카르텔에 5억 7천 5백만 유로의 과징금 (amende)을 부과하였는바, 파리항소법원은 위 액수 중 오직 1/8 정도만이 적절하다고 판단하였다.[13] 그밖에 대통령에게 TV 방송시간을 특별하게 배려할 수 있는지에 관한 시청각최고위원회(CSA)의 결정을 행정법원이 정면으로 뒤집은 사안 역시 독립행정청의 지위 및 권한을 둘러싼 논란을 불러일으킨바 있다. 시청각최고위원회는 TV방송시간에 있어서 대통령에게 특별한 배려를 할 수는 없다는 입장이었는바, 이는 정부, 여당, 야당의 삼분법 원칙{principe des trois tiers (gouvernement, majorité, opposition)} 에 따른 것이었다. 행정법원은 반대입장을 취하였는데, 그 근거는 시청각 미디어의 다원주의 존중의 일환으로서 대통령의 모든 형태의 관여를 배제할 수는 없다는 점에 있었다.[14] 이렇듯 독립행정청의 확산 및 강화는 다양한 비판에 직면해 있으나, 이하에서는 그 중 주요한 몇 가지 논점만을 살펴보도록 하겠다.

가. 권한의 불명확성과 중복

독립행정청은 장기적 계획에 따라 치밀한 사전논의를 거쳐 단계적으로 도입된 것이 아니라 그때그때의 행정수요에 맞추어 창설되는 예가 많다. 따라서 새로 창설된 독립행정청과 기존 국가기관 또는 다른 독립행정

Sept.-Oct. 2010 n°5 (2010), p.878.
12) Affaire EADS: l'AMF blanchit les anciens dirigeants du groupe, in Le Monde, 19 déc. 2009.
13) Le Monde, 17 déc. 2009 et 23 janv. 2010 ; Les Échos, 21 janv. 2010.
14) CE, 8 avr. 2009, M.H. et M.M., n° 311136.

청간의 관계 설정이 모호한 경우가 많다. 일례로 금융분야에서의 규제기
관인 은행위원회(Commission bancaire), 보험 및 상호기금 통제청(ACAM:
Autorité de contrôle des assurances et des mutuelles)과 금융시장청(AMF)
간의 관계가 논란이 된 적이 있다. 특히 금융상품의 발전에 따라 새로운
상품에 관한 광고를 어떤 기관이 어떤 방식으로 규제할 것인지가 많이
논의되었다. 이후 2010년초[15] 인가기관인 보험위원회(CEA: Comité des
entreprises d'assurance), 신용기관 및 투자회사 위원회(CECEI: Comité des
établissements de crédit et des entreprises d'investissement)와 통제기관인
위 은행위원회, 보험 및 상호기금 통제청이 통합되어 은행, 보험에 관한
인가 및 통제권을 갖는 통제자문청(ACP: Autorité de contrôle prudentiel)
이 설립되었지만[16] 위 권한의 불명확성이 완전히 해소되지는 않고 있었
다. 최근에 이르러서야 Jean‐Pierre Jouyet(금융시장청 의장)와 Christian
Noyer(통제자문청의 의장이자 프랑스 은행총재)이 2010. 4. 30. 금융상품에
대한 규제를 합리화하기 위한 합의서에 서명하였다. 다만 위 합의서에도
불구하고 각 기관의 고유권한은 변경되지 않고 각 기관은 기존의 제재권
을 그대로 갖게 되었으므로 다툼의 소지가 완전히 제거된 것은 아니다.[17]
　　독립행정청의 증대는 공적행위의 세분화(émiettement de l'action pu
blique)를 가져오고 오히려 거시적인 시각에서의 접근을 어렵게 하는 문
제점이 있다. 일반 시민의 관점에서 볼 때에도 이러한 기관구조의 복합화
와 권한 중복은 큰 혼란을 초래하게 된다. 이른바 기관조직의 복잡화 위
험성(risque de complexité du dispositif institutionnel)에 관한 문제이다. 예
컨대 권리보호관(Défenseur des droits) 창설에 따른 관련기관 통합 이전에
는, 공적기관에서의 차별로 피해를 입었다고 생각하는 시민이 공화국 중
재관(Médiateur de la République), 반차별 및 평등을 위한 고등청(HALDE)

---

15) Ordonnance du 21 janvier 2010 (n° 2010-76) et projet de loi de régulation
　　bancaire et financière déposé le 16 décembre 2009.
16) http://www.acp.banque-france.fr/lacp/quest-ce-que-lacp.html 참조.
17) René Dosière et Christian Vanneste, p.37.

중 어느 곳에 가야할 것인지, 또한 아동의 인권관련 사항을 공화국 중재관과 아동보호관(Défenseur des enfants) 중 누가 주로 다룰 것인지 논란이 된바 있다. 이같은 문제는 현재 진행형이다. 일례로 부당한 교정 행위로 인해 피해를 입은 재소자가 국가안전윤리위원회(CNDS)와 자유박탈장소통제관(CGLPL) 중 어디를 접촉해야 하는 것인지 애매한 점이 있다. 그밖에도 독립행정청간 권한 중첩이 문제되는 것으로서 행정문서접근위원회(CADA)와 국가정보자유위원회(CNIL) 등 많은 예가 있다.

다만 더욱 문제되는 부분은 특정영역에서 이미 권한을 행사하고 있던 기존 국가기관과 새로이 등장한 독립행정청간의 권한중복의 문제이다. 이는 주로 경쟁분야, 보건분야, 핵안전분야, 비디오감시분야 등에 있어서 문제가 되고 있다.

나. 권한의 무절제한 확산

독립행정청이 다수 신설되어 기존 행정조직과 마찰을 일으키는 것 못지않게 일단 설립된 독립행정청이 다양한 방식으로 그 권한을 넓히는 것에 대하여도 비판이 제기된다. 일찍이 Baruch de Spinoza가 지적하였던 "자기존속의 원칙(principe de maintien) 또는 자기성장의 원칙(principe de croissance)," 즉 모든 사물은 스스로 그 존재를 지키려고 하고 조직을 키우고 싶어한다는 원리가 독립행정청에도 적용된다. 나아가 독립행정청은 통상적인 행정조직보다 강한 독립성을 갖고, 입법적, 사법적 권한을 부여받은 경우가 많으므로 다양한 방식으로 권한을 확산하고 있다는 것이다.

일례가 후술하는 이른바 소프트 로(droit mou, soft law)에 의한 권한 확장이다. 특정 분야의 규제를 위해 창설한 독립행정청은 그 분야의 전문성을 갖기에 규제대상 산업들은 그와 우호적인 관계를 유지하도록 노력할 수밖에 없다. 따라서 처음에는 뚜렷한 법적 근거 없이 단순히 권고사항으로 제안되었던 독립행정청의 각종 가이드라인 또는 규정이 실질적으로 강한 규범력을 갖게 되는 현상이 나타나고 있는 것이다. 이를 통하여 위 가이드라인 또는 규정을 정하는 독립행정청이 더욱 강한 권한을 행사하게 되는 악순환이 발생한다.

이렇듯 독립행정청의 권한을 확장하면, 결국 전통적인 중앙정부(administration centrale)는 형해화할 것이라는 우려가 있다.[18] 독립행정청의 전문성으로 인해 중앙정부는 각종 산업의 규제에 있어 독립행정청에 의존하는 현상이 나타나고 있다. 이를 이유로 독립행정청에 더 많은 예산이 배정되는 경우도 있다. 반면 독립행정청은 독립성을 그 본질로 하므로 중앙정부에 정보를 제공하거나, 그 지시에 복종할 의무는 없는 것이 원칙이다. 나아가 이러한 관계가 지속되면 독립행정청에 대한 시스템적인 통제가 매우 어려워질 것이라는 우려도 제기되고 있다.[19]

다. 정치적인 고려를 바탕으로 한 창설

독립행정청이 실질적인 필요성에 의해서가 아니라 단지 정치적인 야합과 타협의 산물에 불과하다는 점을 지적하기도 한다. 이에 따르면 많은 경우 독립행정청의 창설은 정치적 부담을 제3기관에 떠넘기려고 하는 정치적 용기의 부족(manque de courage politique)에서 비롯된 것이다.[20] Marie - Anne Frison - Roche 교수는 2006년 Office parlementaire d'évaluation de la législation (OPEL)에 관한 연구에서 이러한 문제점을 집중적으로 제기한바 있다. 특히 정부는 인기 없는 결정을 가급적 회피하고자 하는 성향을 갖는다. 예컨대 프랑스에서 국가 차원의 민간 에너지 관련 정보수집 필요성은 인정되었으나, 이러한 정보활동은 통상 국민들의 강한 거부감을 불러일으킬 우려가 있었다. 프랑스 정부는 2006년말 이러한 거부감을 회피하는 한 방편으로 국가에너지중재관(Médiateur national de l'énergie)을 창설하여 이 독립행정청에 위 정보수집 활동을 맡겼다.

---

18) René Dosière et Christian Vanneste, p.66.
19) René Dosière et Christian Vanneste, p.67.
20) René Dosière et Christian Vanneste, p.63.

다른 측면의 정치적 고려로서, 현안으로 떠오르는 특정 사안을 다룰 별
도의 독립행정청을 신설함으로써 정치권이 이를 중시한다는 정치적인 제
스쳐(Affichage politique)를 취하는 경우가 있다. 기존의 독립행정청에 그
사안을 담당시킴으로써 정치적 부담을 덜 수 있지만, 여기에 그치지 않고
새로운 기관의 창설에 나서는 것이다. 독립행정청 신설에 따른 비용과 예
산 낭비는 고스란히 국가의 부담으로 돌아오게 된다. 이러한 문제점을 압
축적으로 나타낸 것이 "하나의 문제에 대한 하나의 위원회(Un problème,
une commission)"라는 냉소적 표현이다. 최근 연금개혁에 대한 반대시위가
격화되자 시위대에 대한 쟁점을 다룰 독립행정청(autorité indépendante
pour compter les manifestants)을 창설하는 문제가 긍정적으로 검토된 사례
가 있다. 또한 M. Frédéric Mitterrand은 2010. 10. 4. 국제영상제(Mipcom:
Marché international des contenus audiovisuels) 개막식에서 칸에 영상제작
중재자(médiateur de la création audiovisuelle)를 별도로 둘 것을 제안한 바
있다. 기존의 독립행정청인 영화중재관(médiateur du cinéma)과 상당히 기
능이 중복될 것으로 보이는 새로운 독립행정청을 제안한 배경에는 실질
적인 필요성 보다는 위 정치적 제스쳐 측면이 강하다고 보여진다.

라. 민주적 정당성의 부족

프랑스에서는 독립행정청의 민주적 정당성 부족을 지적하는 견해가
종종 제기되고 있다. 원래 행정권은 선거와 정치적 책임에 의해 정당성이
부여되는 기관이 담당하는 것이 원칙인데 이를 부인하고 있다는 것이다.
독립행정청을 향한 "민주적 권력의 왜곡(entorse au pouvoir démocratique)"
또는 "민주적 시스템 개념에 대한 은밀한 공격(atteinte subreptice à notre
conception du système démocratique)"[21]이라는 표현은 이러한 의미를 담

---

21) Jacques Chevallier, Réflexions sur l'institution des AAI, La Semaine juridique,
   JCP 1986- Ⅱ-3254와 Paul Sabourin, Les AAI dans l'État, in C.A. Colliard et G.
   Timsit, Les Autorités administratives indépendantes, PUF (1988), pp.114, 369
   (Jean-Louis Autin, p.882에서 재인용). 그밖에 독립행정청을 제4의 권력(un

고 있다. 또한 의회가 위임입법을 통해 광범위한 권한을 독립행정청에게
부여하는 것이 민주주의의 의미를 훼손한다는 비판도 제기될 수 있다. 이
는 의회에 의해 결정되어야 할 문제가 독립행정청 또는 그에 대한 이의
를 심사하는 사법부에 따라 결정되는 결과를 초래함으로써 원래 헌법의
의도와 달리 국가권력의 행사가 이루어진다는 것이다.

이같은 민주적 정당성에 관한 논란은 후술하듯이 독립행정청의 위헌
성에 관한 비판으로 이어지고 있다.

2. 비판론에 대한 검토와 독립행정청의
  제도적 수용

가. 비판론에 대한 검토

다양한 각도에서의 비판이 제기되었음에도 불구하고 독립행정청이 확
장되고 있는 것은 그 기능성과 실용성 측면에서 독립행정청이 좋은 평가
를 받고 있기 때문이다. 사실 이렇듯 독립적인 행정기관의 등장이 긍정적
평가를 받고 있는 것은 프랑스에서 고유한 현상은 아니다. 예컨대 미국의
후버위원회(Hoover Commission. 정식명칭은 Commission on Organization
of the Executive Branch of the Government)는 1949년 독립규제위원회의
등장에 대한 비판들 - 대표적으로 독립규제위원회가 대중의 욕구에 너무
둔감하다는 비판과 독립규제위원회가 그들이 규제하는 여러 산업에 의해
사실상 지배되어왔다는 비판 - 에 관하여 (i) 각종 압력으로부터의 독립
성, (ii) 집단적 정책결정, (iii) 전문성, (iv) 정책적 일관성에서 오는 장
점이 위 단점들보다 우위에 있다고 결론지은바 있다. 우리나라도 각종 행
정위원회의 도입에 대하여 (i) 준사법적 기능의 수행, (ii) 행정의 민주

---

quatrième pouvoir)으로 보는 견해로서 Pierre Rosanvallon, La légitimité
démocratique, Impartialité, réflexivité, proximité, Seuil (2008), p.132 (Jean-Louis
Autin, p.880에서 재인용).

화와 이해의 조정(국민을 대표한다고 할 수 있는 위원들이 정책결정에 참여), (iii) 전문적 지식의 도입, (iv) 공정성 확보, (ⅴ) 각종 행정의 복합조정(특정행정영역에 관련되는 행정기관들 사이의 의견조정) 등의 장점을 들어 긍정적으로 보는 입장이 많다.[22]

특히 최근 설치된 프랑스 독립행정청에서 많이 나타나는 기능은 해당 산업에 관한 규제(régulation)이다. 현대사회에 있어서의 산업은 전통적인 형태의 입법(législation), 법규명령(réglementation) 또는 행정(administration)을 통해 적절하게 규제되기 어렵다. 현대적 규제는 어떤 분야의 발전에 발맞추어 이루어지는 시의적절성을 최대의 미덕으로 삼는바, 위 전통적인 방식으로는 이러한 필요성을 충족하기 어렵다. 또한 규제기관은 당해 분야의 전문가여야 하여 규제대상에 적용될 규정 및 결정(des textes ou des décisions)을 빨리 수용하여야 한다.[23] 결국 프랑스 독립행정청은 규제 대상자 입장에서 볼 때, 보다 합리적인 규제를 적절한 시기에 제시받을 수 있다는 점에서 환영할만한 것이다.[24]

위 비판 중 마지막 민주적 정당성에 관한 문제제기는 프랑스 헌법 제20조와 관련하여 별도의 고찰을 요한다. 그밖의 독립행정청에 대한 비판은 크게 두 가지로 요약될 수 있다. 권한의 중복 내지 확장 등 체계상의 문제점과 정치적 고려 등 설립배경상의 문제점이다. 그 중 후자의 비판은 설립배경에 정치성이 있더라도 실제 운용하여 좋은 결과를 가져온다면 설립배경만을 문제삼을 수 없다는 점에서 설득력이 떨어진다. 전자인 권한의 중복 내지 확장 등 체계상의 문제는 향후 독립행정청이 법체계에서 안착되고 안정화되어 감에 따라 해결할 수 있는 문제로 보인다. 그동안의 운영경험을 바탕으로 법률에 각 독립행정청의 업무범위를 보다 명확히 규제할 필요가 있다. 또한 독립행정청들 사이의 또는 독립행정청과 기존

---

22) 김유환, 138면; 최송화, 우리나라의 행정상 위원회제도에 관한 연구, 서울대학교 법학 특별호 제2권, 1972, 250면; 이상규, 신행정법론(하), 법문사 (1988), 106면.
23) René Dosière et Christian Vanneste, p.61.
24) René Dosière et Christian Vanneste, p.56.

행정기관간의 충돌을 막기 위해서는 상호 인원교환, 의견교환, 정보교환을 활성화시킬 필요가 있을 것이다.[25]

이렇듯 위 비판점들은 경청할 가치가 있고 독립행정청이 부정적으로 평가받은 사례들도 있으나, 반면 독립행정청이 긍정적 역할을 한 사례도 무수히 많다. 일례로 (i) 증권위원회(COB: Commission des opération de bourse)는 1980년대 말 최초로 내부자거래를 적발하여 제재를 가하였는데 이는 종전의 행정기관 및 법원이 쉽게 할 수 없는 일이었고, (ii) 방송규제당국은 1985년 Berlusconi 그룹이 인수한 채널 1(종전의 채널 5)을 상대로 과감하게 제재권을 발동한바 있으며, (iii) 경쟁위원회(Conseil de la concurrence)는 시장 자유주의 지배와 경쟁 활동 개방에 큰 역할을 수행한 것으로 평가받고 있다.[26] 이러한 실정을 고려할 때, 위 비판들에도 불구하고 독립행정청의 설립 및 운용을 합리화하고 개선함으로써 문제점들을 시정하는 것이 보다 타당한 접근법으로 보인다.

오늘날 독립행정청이라는 독립된 범주와 그 유효성을 부정하는 견해는 적어도 프랑스의 실무에서는 찾아보기 어렵다. 즉 독립행정청을 어떻게 기본법리와 충돌 없이 안착시키는가에 논의가 집중되고 있는 것이 프랑스의 현실이다.[27]

나. 프랑스 법 체제 내의 수용

프랑스 의회가 점차로 확대시켜왔던 독립행정청에 관하여 의회 이외의 다른 헌법기관들이 강하게 제동을 걸지는 않았다. 특히 사법기관들은 새로운 제도의 연착륙을 희망하면서 이렇듯 입법자의 의사에 기해 형성된 독립행정청을 새로운 법률적 기관 내지 범주(nouvelle catégorie juridique)로 수용하였다. 헌법위원회는 1984년 구 시청각통신고등청(HACA: Haute

---

25) René Dosière et Christian Vanneste, p.61.
26) Jean-Louis Autin, p.879.
27) René Dosière et Christian Vanneste, p.48.

autorité de la communication audiovisuelle)에 관한 사건에서 독립행정청이 헌법과 배치되지 않음을 밝힌바 있다.28) 그 이후에도 헌법위원회는 각종 독립행정청의 설립에 관한 헌법적 이슈가 제기되었을 때마다 그 창설이 합헌임을 밝혀온바 있다.29) 나아가 헌법위원회는 후술하듯이 엄격한 제한을 받는다는 전제 하에 독립행정청을 창설하는 법률이 독립행정청에 법규명령권(pouvoir réglementaire)을 부여할 수 있다고 하여, 독립행정청이 제대로 기능할 수 있도록 법리적으로 뒷받침하였다.30) 이러한 헌법위원회의 해석에 따라 국가정보자유위원회(CNIL), 시청각최고위원회(CSA), 금융시장청(AMF) 등은 법규명령권을 부여받게 되었다.

이에 따라 꽁세유데따의 부의장이었던 M. Jean‑Marc Sauvé은 공개적으로 다음과 같이 천명한바 있다.31) "이 기관(독립행정청)은 오늘날 쉽게 다툴 수 없는 제도적인 정당성(légitimité institutionnelle)을 갖게 되었다. 독립행정청의 창설은 단순한 형태에만 의하지 않고 다양한 실제상 필요성에 응하는 것이다. 그들의 법적 성격은 헌법위원회 또는 행정법원의 판사들에 의해 승인되었고, 그들의 창설은 공적 행위가 필요한 특정 영역에서의 효율성에 관한 명백한 요청에 대한 대답이다."

물론 아직도 독립행정청이라는 고유의 범주를 정확히 정의하는 것이 쉽지 않은 것은 사실이다. 상원에서는 2009년에 독립행정청에 관하여 논의하기보다는 규제관청(autorité de régulation)이라는 범주를 논해야 한다는 입장이 개진되기도 하였다.32)

---

28) Cons. const., décision n° 84-173 DC du 26 juillet 1984.

29) 구 국가통신자유위원회(CNCL: Commission nationale de la communication et des libertés에 관하여 Cons. const., décision n° 86-217 DC du 18 septembre 1986; 구 경쟁위원회(Conseil de la concurrence)에 관하여 Cons. const., décision n° 86-224 DC du 23 janvier 1987; 시청각최고위원회(CSA: Conseil supérieur de l'audiovisuel)에 관하여 Cons. const., décision n° 88-248 DC du 17 janvier 1989 등.

30) 독립행정청의 입법적 권한 중 법규명령권 참조.

31) http://www.conseil‑etat.fr/cde/fr/discours‑et‑interventions/les‑autorites‑administratives‑independantes.html

32) Senat, le 28 octobre 2009 de la proposition de loi n° 210 (2007‑2008) 참조.

Ⅳ. 독립행정청의 개념과 유형

1. 독립행정청의 개념

가. 개념요소

(1) 관청, 행정 및 독립성

현재 정립되어 있는 프랑스의 독립행정청을 논할 때 "autorités admini stratives indépendantes"라는 용어 자체에서 개념적 요소를 추출하는 것이 보통이다. 즉 독립행정청은 '관청(autorité)'으로서 '행정에 관한(administrative)' 것을 '독립(indépendant)'적으로 담당하는 기관이다. 다만 이들 단어들은 얼핏 보기에 상당히 상호 충돌적이거나 모순적이라는 반론도 있다.[33] 특히 독립행정청은 행정규율의 목적을 달성하기 위하여 통상의 관청과 다른 규제권을 부여하는 것을 전제로 하며, 이에 따라 입법의 권한, 사법적 판단권한, 감시 및 통제권한을 융합하는 것을 정당화하고 있다. 그럼에도 불구하고 이는 행정의 역할을 담당하는 것으로 인정되고, 나아가 후술하듯이 원칙적으로 행정법원의 통제를 받게 된다. 또 한편으로는 위 권력의 융합에 대한 적절한 견제보다는 독립성을 강조하는 것을 개념적 요소로 한다는 점에서 그 명칭 자체에 모순점을 내포한다는 견해가 제기되고 있는 것이다.

이 글은 앞서 언급한 바와 같이 독립행정기관의 구성 및 운영원리로서 독립성과 책임성의 조화에 초점을 맞추고 있으므로, 일응 위 개념요소 중 '관청'과 '행정'에 관하여만 간단히 언급하고자 한다. 첫째로 독립행정청은 '관청'이다. 독립행정청을 가장 포괄적으로 보는 견해는 이를 국가의

---

33) Jacques Chevallier, Le statut des autorités administratives indépendantes : harmonisation ou diversification? RFDA 2010 Sept.-Oct. 5/2010 (2010), p.896.

한 기관(un organe de l'État)으로 보는 것이다.[34] 프랑스 헌법 제20조 제2
항에 따르면 정부(gouvernement)는 행정 및 군사의 권한을 가지는바, 이
러한 권한을 행사하는 것으로서 국가의 기관 이외의 존재는 인정되지 않
는다. 그러나 이러한 개괄적 정의는 그 보편성에도 불구하고 독립행정청
의 의미를 이해하는데 큰 도움을 주지 않는다. '관청'으로서의 독립행정
청은 권한을 보유하고 결정권한을 행사하는 제도(institution)로서[35] 단순
한 시설(instrument) 등과는 구분된다.[36] 다만 위 결정권한의 여부를 관청
으로서의 독립행정청의 지표로 삼을지에 관하여는 논란이 있다. 후술하
듯이 독립행정청의 범주로 파악될 수 있는 기관 중에서 결정권을 갖고
있다기 보다는 단순한 권고의 권능만을 갖는 것으로 보이는 것들도 있기
때문이다. 즉 독립행정청은 결정권한의 측면에서 볼 때 전통적인 의미에
있어서의 관청보다는 그 판단기준이 완화되어 있다고 하겠다.

둘째로 독립행정청은 '행정'을 담당한다. 독립행정청이 준입법적, 준사
법적 기능을 수행한다 할지라도 이를 의회와 법원의 하부조직이나 소속
기관으로 볼 수는 없다. 독립행정청이 내리는 결정에 구속력이 있다 하더
라도 이를 곧 사법적 결정(décisions juridictionnelles)이라고 보기도 어렵
다.[37] 독립행정청이 행정을 담당한다는 의미는 독립행정청이 행정부 내
에 또는 행정부로부터(au sein ou auprès de l'Exécutif) 존재한다는 것이
다.[38] 즉 공권력에 의해 창설된 관청이 입법부의 일부도 사법부의 일부도
아닐 경우 행정부의 영역에 속하게 되는 것이다. 다만 독립행정청이 담당
하는 업무의 행정적 성격(nature administrative)이 항상 명확한 것은 아니

---

34) Aude Rouyère, p.892.
35) Clément Chauvet, La personnalité contentieuse des autorités administratives
    indépendantes, Revue de Droit Public no 2-2007 (2007), p.380
36) D. Truchet, Droit administratif (2e éd.), PUF (2009), p.101에서도 프랑스의 행정
    청은 일방적으로 행정행위를 할 수 있는 기관(organe) 또는 공무원(argent)으로
    이해되고 있다.
37) Aude Rouyère, p.888.
38) Aude Rouyère, p.889.

다.[39] 이는 특히 독립행정청의 권한범위, 독립행정청에 대한 통제와 관련하여 판례, 학설상 다툼이 발생하는 원인이 되고 있다. 그리하여 독립행정청에 있어서의 '행정'의 의미는 가장 단순하면서도 불명료한 요소로 인식되기도 한다.[40]

(2) 법인성의 문제

전통적인 프랑스의 공법이론에 따르면 국가는 법인격(personnalité juridique)을 갖지만 그 내부에 있는 다양한 국가기관들은 법인격을 갖지 못하는 것으로 이해되어 왔다. 이에 따르면 "국가는 법인격 없는 다양한 서비스들로 구성된 유일한 법인이다(L'Etat est une personne juridique unique, composée d'une grande variete de services dépourvus de la personnalité juridique)."[41] 다만 법인격이 없음에도 불구하고 국가의 기관들, 예컨대 상하원, 각 부(ministères) 등은 법정에 출두할 권리(capacité d'ester en justice), 즉 소송상 당사자적격이 있는 것으로 이해되고 있었다.

독립행정청 역시 비록 계서적 질서의 외부에 있기는 하지만 행정청의 하나이므로 법인격이 없는 것이 원칙이다. 다만 2000년 대 초반에도 행정법원에 의해 법인격을 인정받은 사례가 예외적으로 나타나기도 했다. 예컨대 꽁세유데따는 금융시장위원회(CMF)가 전문적 기관(autorité professionnelle)으로서 법인격을 갖는다고 판시한바 있다.[42] 2003년 이후에는 법령에서 명시적으로 독립행정청에 일반적인 법인격을 부여하는 경우가 나타나고 있다. 이들은 독립행정청 중에서 특히 독립공적관청(API: autorités publiques indépendantes)이라고 호칭되고 있다. 그 예로서 금융시장청(AMF)의 설립

---

39) 예컨대 Clément Chauvet, p.380은 행정적 성격에 대하여 고유의 법인격을 갖지 못하는 것(ne disposant pas de personnalité juridique propre)을 핵심으로 한다고 보기도 한다.
40) Aude Rouyère, p.889.
41) Clément Chauvet, p.380.
42) Conseil d'État, Rapport Public 2001, p.305.

근거를 부여하고 있는 통화 및 금융법 제621-1조는 "금융시장청은 법인격을 부여받은 독립공적관청으로서(L'Autorité des marchés financiers, autorité publique indépendante dotée de la personnalité morale)…"라고 법인격을 명시적으로 규정한다. 이같은 예는 보건고등청(HAS: Haute autorité de santé), 반도핑청(AFLD: Agence française de lutte contre le dopage) 등에서도 찾아볼 수 있다.[43]

독립공적관청은 과거 형태상 공법인이지만 행정상 후견(tutelle administrative) 하에 있었던 영조물법인(établissement public)을 독립행정청 법리에 따라 발전시킨 것으로 평가받고 있다.[44] 그러나 이처럼 법인격을 부여받은 독립공적관청은 아직 소수에 불과하다. 따라서 아직도 대부분의 독립행정청은 법인격이 없으며, 따라서 고유재산도 없고 별도의 책임을 부담하거나 소송을 수행할 수도 없는 것이 전통적인 원칙이다.

나. 구별 개념

(1) 국가기관

국가기관(opérateur de l'État)은 각 부(ministère)의 지휘감독 하에서 국가의 업무를 처리함에 반하여, 독립행정청은 어느 특정 행정부서의 소속이 아니다.[45] 통계에 따르면 2010년말을 기준으로 볼 때 650여개의 국가기관이 있는 반면, 독립행정청은 40개를 전후한 숫자가 존재한다.

---

43) 그밖에 과거 보험 및 상호기금 통제청(ACAM: Autorité de contrôle des assurances et des mutuelles)의 경우에도 독립한 법인격이 인정되고 있었다. Grégory Maitre, Autorités administratives indépendantes: l'état des lieux, Regards sur l'actualité: Les autorités administratives indépendantes, La documentation Française (2007), p.21.

44) 전훈, 독립행정청에 관한 소고, 422면.

45) René Dosière et Christian Vanneste, p.35.

(2) 공영조물

공영조물(établissement public)이란 널리 국가 또는 지방자치단체 이외의 공법상 법인을 가리킨다. 우리 행정법상의 공법상 사단, 영조물법인, 공법상 재단은 프랑스 행정법상 공영조물에 해당된다고 할 것이다.[46] 공영조물은 독립된 법인격을 갖고 있기는 하지만, 행정청의 계서적 지휘감독 체계에 편입되어 있다. 실제로 비슷한 업무를 처리하면서도 어떤 기관은 공영조물로 구성되고, 어떤 것은 독립행정청으로 규정되어 있기도 하여, 독립행정청의 체계정비와 관련하여 혼란을 초래하고 있기도 하다. 이와 관련하여 소비자 보호업무를 담당하는 소비자 보호위원회(CSC: Commission de sécurité des consommateurs)는 법령상 독립행정청으로 규정되어 있는바, 그 중 일부 기능이 통합되어 프랑스 국립소비자원(INC: Institut national de la consommation)이 설립되었다. 위 국립소비자원의 법적 성격은 공영조물로 이해되고 있다.[47]

(3) 자문위원회 또는 행정위원회

자문위원회(commission consultative) 또는 행정위원회(commission administrative)는 수범자들에게 구속력이 있는 결정을 내릴 권한이 없다는 점에서 국가기관이나 독립행정청과 구분된다. 어떠한 경우에는 이러한 행정위원회의 기능이 확대, 통합되어 국가기관이나 독립행정청으로 발전되기도 한다. 예컨대 위 살펴본 소비자 보호와 관련하여 남용약관 위원회(CCA: Commission des clauses abusives)는 행정위원회로서 소비자에 관련한 업무를 수행하고 있었는바, 이후 2010년에 소비자신용에 관한 법률(La loi du 1er juillet 2010)을 통하여 일부 기능이 통합되어 프랑스 국립

---

46) Chapus, Droit administratif général(14e éd). Tome 1 (2000), p.523 (오병권, 국가 행정기관의 영조물법인 전환에 관한 연구, 서울대학교 법학석사학위논문 (2009), 21면에서 재인용).

47) René Dosière et Christian Vanneste, p.68.

소비자원의 감독을 받게 되었다.

2. 독립행정청의 유형

프랑스법상 다양한 독립행정청을 어떻게 유형화(typologie 또는
catégorisation)할 것인가? 독립행정청은 본디 전통적인 정부의 기능을 보
완, 확장하는 역할을 수행하기 위해 고안되었기 때문에 다양한 기능과 목
적을 수행하고 있다. 예컨대 각종 옴부즈만 형태의 독립행정청의 일차적
인 목적은 기본권(liberté fondamentale)을 잘 보호하기 위한 것인 반면, 경
쟁영역에 있어서 독립행정청의 존재의의는 시장에서의 경쟁보장이다. 나
아가 규제를 받는 자들 사이의 또는 규제를 받는 자와 규제를 하는 자
사이의 중재(médiation)가 독립행정청의 중요한 기능으로 되어 있는 경우
도 있다.

이렇듯 다양한 형태와 기능을 갖는 독립행정청들로부터 공통분모
(dénominateur commun)를 찾아내고 이를 그룹별로 유형화하는 것은 쉬운
일이 아니다.[48] 그동안 독립행정청의 창설은 특정한 때에 주어진 어려움
에 대응하는 방안(réponse ponctuelle à une difficulté se présentant à un
moment donné)으로 이루어졌으며, 따라서 각 독립행정청의 지위는 이질
적이고(hétérogénéité des statuts), 각 기관에 주어진 권한의 다양성은 무질
서하다는 인상(impression de désordre)을 주고 있다.[49] 그리하여 유형화에
별다른 의의를 부여하지 않는 경우도 있다. 예컨대 꽁세유데따에 의한 보
고서들의 경우에도 구체적으로 그룹별로 유형화하기보다는 단지 각 기관
들의 다양한 기능을 열거하는 방식에 의하고 있다.[50] 그러나 독립행정청

---

48) Jacques Chevallier, p.897.
49) Martin Collet, La création des autorités administratives indépendantes: symptôme
ou remède d'un État en crise?, Regards sur l'actualité: Les autorités
administratives indépendantes, La documentation Française (2007), p.6; Grégory
Maitre, p.15.

들 중에서 어떠한 논리적인 질서(ordonnancement logique)를 찾는 것이 불가능하지는 않다.[51] 이러한 유형화를 통하여 독립행정청의 개념을 명확히 하고, 무질서한 독립행정청들을 체계적으로 재편성할 수 있게 된다. 나아가 향후 독립행정청의 발전방향을 모색하는 데에도 도움이 될 수 있을 것이다.

독립행정청의 유형화는 여러 방식으로 이루어진다.[52] 첫 번째로 권한의 성격에 따른 분류이다. 이에 따르면 ① 독립행정청에 스스로 결정권이 있는 경우와 ② 독립행정청에 자문적(consultatives) 역할만이 부여된 경우로 나눌 수 있다. 독립행정청의 대부분은 전자의 유형에 속한다. 후자는 업무성격상 사회적 중재(médiation sociale) 기능이 강조되는 독립행정청에 한한다. 그 대표적인 예로서 생명보건 과학윤리 국가 자문위원회(CCNE: Comité consultatif national d'éthique pour les sciences de la vie et de la santé)가 있다.

둘째로 영역의 범위에 따른 분류이다. 이에 따르면 ① 특정분야의 기관(autorités sectorielles)으로서의 독립행정청과 ② 일반기관(autorités à vocation générale)으로서의 독립행정청으로 나뉜다.[53] 전자의 예로서 전자통신과 우편 규제청(ARCEP: Autorité de régulation des communications électroniques et des postes)은 통신 분야만을 규율하고, 시청각최고위원회(CSA: Conseil supérieur de l'audiovisuel)는 시청각 분야만을 관할하고 있다. 그러나 독립행정청은 이러한 특정업종보다는 보다는 전반적인 업종에 있어서 윤리, 시장질서 등을 전반적으로 관장하는 일반기관 형태를 띠는 경우도 많다. 처음에 특정분야의 기관으로 출발하였다가 나중에 일반기관으로 변화하는 경우도 많다. 종래 공화국 중재관의 경우에도 원래 행정부와 시민

---

50) Jacques Chevallier, p.897. 예컨대 즉 중재(médiation), 공적자유의 보호(protection des libertés publiques), 공적 권력의 중립성 보장(garanties d'impartialité de la puissance publique) 등이다.
51) Conseil d'État, Rapport Public 2001, p.266.
52) Grégory Maitre, p.18.
53) Jacques Chevallier, p.897.

과의 관계에 대하여만 관할이 있었지만 그 후 관할범위가 크게 확대된바 있다.[54]

셋째로 업무의 내용에 따른 분류이다. 이에 따르면 독립행정청은 ① 시민의 권리보호를 위한 기관(autorités ayant en charge la protection des personnes) ② 경제적 규제임무를 수행하는 기관(autorités exerçant une mission de régulation économique)으로 양분할 수 있다.[55] 전자가 시민의 근본적인 공적자유를 실효성 있게 보장하는 것을 주된 임무로 하는 반면, 후자는 각종 전문적인 경제영역에 적합한 규제를 가하는 것을 주된 임무로 하는 점에서 차이가 있다.

위 분류방식 중 가장 전통적으로 알려져 있는 것으로서 가장 근본적인 (summa divisio) 구분 방식은 세 번째의 것이다.[56] 이하 위 업무의 내용에 따라 독립행정청을 (i) 기본권 보호기관으로서의 독립행정청과 (ii) 경제활동 규제기관으로서의 독립행정청으로 나누어 차례로 살펴보기로 한다.

가. 기본권 보호기관으로서의 독립행정청

(1) 개관

기본권 보호기관으로서의 독립행정청은 본질적으로 공적자유의 보호 (défense des libertés publiques)를 위하여 탄생하였고 이러한 관점에서 운영되고 있다. 경제활동 규제기관으로서의 독립행정청과 비교할 때 기본권 보호기관은 그 역사가 더 깊다고 할 수 있다. 최초의 독립행정청으로 불리는 국가정보자유위원회(CNIL)의 경우 정부가 각 시민들을 고유번호에 의하여 행정파일로 연결시키고자 하는 프로젝트를 발표한 이후 시민들의

---

54) Grégory Maitre, p.18.
55) Grégory Maitre, p.18. 한편 Conseil d'État, Rapport Public 2001, p.266은 이를 (i) 경제영역(en matière économique)에 관한 독립행정청과 (ii) 공적자유의 보호(garantie des libertés publiques)에 관한 독립행정청으로 분류하고 있다.
56) Grégory Maitre, p.18.

정보에 관한 자유를 보호한다는 취지로 창설된 것이다.[57)]

프랑스의 독립행정청 중 이러한 기본권 보호기관으로 분류될 수 있는 것은 국가정보자유위원회 이외에 권리보호관(Défenseur des droits), 영화중재관(Médiateur du cinéma), 국가인권자문위원회(CNCDH: Commission nationale consultative des droits de l'homme) 등이 있다. 여기에서 특징적인 것은 유럽의 다른 나라에서처럼 프랑스에서도 옴부즈만 형태의 기본권 보호기관을 적극 활용해 왔다는 점이다. 위 권리보호관, 영화중재관이 그 예이고, 과거에도 아동보호관(Défenseur des enfants), 공화국 중재관(Médiateur de la République) 등 다양한 사례가 있다.

(2) 조직 및 운영상의 특성

프랑스의 기본권 보호기관의 경우 강제력 있는 결정을 내릴 수는 없지만, 중재(médiation)기능을 통하여 또는 관련 부처 장관에게 관련처분을 요청하는 방식을 통하여 그 임무를 수행하는 경우가 많다. 물론 모든 기본권 보호기관이 중재기능에 주로 의존하는 것은 아니다. 일례로 개별 사안의 중재가 아니라 시민들의 불만을 일괄적으로 접수한 다음 이를 반영한 공식적인 의견 및 권고안(des avis ou des recommandations)을 발표하는 것을 주된 업무수행 방식으로 삼는 경우도 있다. 생명보건과학윤리 국가자문위원회(CCNE), 예전의 국가안전윤리위원회(CNDS)의 경우가 여기에 해당하였다. 다른 예로서 법적인 강제 처분권까지 활용할 수 있도록 권한을 부여받은 기관들도 있다. 국가정보자유위원회(CNIL), 구 반차별 및 평등을 위한 고등청(HALDE)이 이러한 권한을 갖고 있다.

기본권 보호기관인 경우 그 결정과정에서 충돌하는 이해관계를 반영할 필요성이 경제활동 규제기관보다 덜하다. 따라서 후술하듯이 경제활동 규제기관으로서의 독립행정청이 관련 업종의 다양한 전문가들로 구성되는 것과 달리, 기본권 보호기관은 독임제 등 그 구성이 복잡하지 않은

---

57) Martin Collet, p.6.

경우가 많다. 또한 기본권 보호기관은 이미 정립되어 있는 헌법상 기보권 보호장치의 보완재로 등장하게 되는 것이 일반적이다. 따라서 새로운 경제현상에 대응해야 하는 경제활동 규제기관과 비교할 때, 그 도입과정에서 상대적으로 많은 논의가 이루어지고 그때그때의 상황에 즉응적이지 않은 경우가 많다(moins circonstancielle). 마지막으로 시민의 기본권 침해는 주로 집행권(pouvoir exécutif)에 의해 이루어지므로 무엇보다 행정부로부터의 독립이 중요시된다는 점도 독립성을 전제로 하면서도 관련 행정부서와의 긴밀한 협조 및 정보공유 역시 필요할 수 있는 경제활동 규제기관과는 다소 차이가 있다고 하겠다.

나. 경제활동 규제기관으로서의 독립행정청

(1) 개관

경제활동 규제기관으로서의 독립행정청은 경제적 활동의 통제(contrôle de l'activité économique)를 주된 임무로 한다. 물론 이러한 기관들도 장기적으로는 경제주체의 정당한 권리를 보호하고자 하는 것이므로 기본권 보호기관으로서의 성격을 일부 갖는다. 다만 그 일차적인 목적이 경제활동 규제(régulation des activités économiques)라는 점에서 앞서 본 기본권 보호기관들과 차이가 있다. 구체적으로 강행규정(normes impératives) 제정을 통한 시장의 조직, 시장의 감시, 규범 위반에 대한 제재 등 업무를 수행한다. 이에 해당하는 독립행정청으로는 시청각최고위원회(CSA: Conseil supérieur de l'audiovisuel), 경쟁청(Autorité de la concurrence), 금융시장청(AMF: Autorité des marchés financiers), 전자통신과 우편 규제청(ARCEP: Autorité de régulation des communications électroniques et des postes), 핵안전청(ASN: Autorité de sûreté nucléaire), 에너지규제위원회(CRE: Commission de régulation de l'énergie) 등이 있다. 이러한 경제적 규제업무는 특정 분야에 한해 이루어지는 것이 일반적이다. 에너지규제위원회가 에너지 분야를, 금융시장청이 금융분야를 전담하는 것이 그 예이다. 다만 경쟁청 등과 같이

특정 분야에 국한하지 않고 반경쟁행위 일반에 대하여 규제를 가하는 독립행정청도 있다.[58]

이러한 경제활동 규제기관으로서의 독립행정청의 연원은 탄력적 규제의 필요성에서 찾을 수 있다. 시장경제가 곧 시장사회를 뜻하는 것은 아니고(l'économie de marché ne soit pas qu'une société de marché),[59] 어떠한 형태이든 시장참여자들의 자율적인 교섭 이외에 외부로부터의 관여가 필요하게 된다. 국가기관의 관여를 널리 규제(régulation)라고 부를 수 있는데, 이를 좁은 의미의 규제와 넓은 의미의 규제로 분류할 수 있다.[60] 협의의 규제는 전통적인 개념으로서, 규범을 정하는 권력(pouvoir qui fixe les règles)과 사업자(opérateurs)간의 매개를 의미한다. 협의의 규제 개념 하에서 규제기관(autorité de régulation)은 규범을 정하는 권력과 해당 영역의 사업자 사이에 존재하면서, 기본적으로는 규범의 준수를 감시하면서 위법행위에 대하여 필요한 조치를 취하는 것이다. 이에 따르면 국가자체가 규범(règles)을 설정할 수 있고, 규제기관은 이를 적용하는 역할을 담당하게 된다. 반면 넓은 의미의 규제란 어떤 시스템이 존재할 수 있도록 교정하는 메커니즘적 행위(action des mécanismes correcteurs qui maintiennent un système en existence)로 풀이된다. 광의의 규제개념 하에서 규제기관은 미리 규범을 정립하고(normes préétablies), 해당 영역의 현실을 관찰하여 일탈행위에 신속하고 비례적으로 반응(réaction rapide et proportionnée)할 권한과 의무를 갖는다. 즉 광의의 개념은 규제의 목적(but de la régulation)에 초점을 맞춘 탄력적인 개념이라고 하겠다.

경제활동 규제기관으로서의 독립행정청의 출현은 위 광의의 규제와 관련성이 깊다. 현대산업의 복잡화와 신속한 규율의 필요성으로 인해 특히 새로운 경제규제의 필요성(besoins nouveaux de régulation économique)이 대두되었고, 전통적인 규제보다는 목적지향적, 수범자 지향적인 규제가 가해질

---

58) Grégory Maitre, p.18.
59) Conseil d'État, Rapport Public 2001, p.283.
60) Conseil d'État, Rapport Public 2001, p.279.

필요성이 있었다. 즉 제재보다는 압력에 의한(par la pression que par la sanction), 협박보다는 협의에 의한(par la négociation que par la menace), 규제로의 방향전환이 필요했고,61) 비탄력적이고 전통적인 행정조직의 상궤를 벗어난 독립행정청이 이러한 새로운 규제개념에 적합한 행정기관으로 등장하게 된 것이다.

다른 측면에서 볼 때, 경제활동 규제기관으로서의 독립행정청은 출현은 1980년대 이래 계속된 경제분야에서의 자유화 의지(volonté de libéralisation)와 국가의 개입축소(désengagement de l'État)의 산물이라고 볼 수도 있다. 정부는 전기의 생산 및 분배, 통신 등 각종 공적서비스에 관한 국가간섭을 축소할 필요성을 느끼면서도 이를 전적으로 시장 영역에 맡겨두는 것에 대한 거부감을 갖고 있었다. 이러한 접근은 미국에서도 마찬가지였다. 미국에서도 공익(public interest)이 결부된 사안에 있어서 공적 개입(intervention publique)이 필요하다는 생각이 일반적이었고 독립규제위원회(independent regulatory commission)의 도입에는 이러한 생각도 반영된 것이었다.62) 그리하여 다른 방식의 규제, 즉 전통적인 행정기관이 아닌 독립적 기관을 통한 규제방식을 택한 것이다. 따라서 경제활동 규제기관으로서의 독립행정청은 국가의 개입축소의 상징(symbole du désengagement de l'État)인 동시에 중앙정부로부터 벗어난 기관(organismes échappant au pouvoir exécutif central)을 통한 간접적인 규제의지를 보여주는 것이기도 하다.63)

(2) 조직 및 운영상의 특성

경제활동 규제기관의 경우 그 조직구성에 있어서 다수의 전문가들이 참여하는 위원회 조직을 취하는 것이 일반적이다. 예컨대 금융시장청은 16인

---

61) Conseil d'État, Rapport Public 2001, p.279.
62) Conseil d'État, Rapport Public 2001, p.282.
63) Conseil d'État, Rapport Public 2001, p.278은 이를 자발적인 중앙행정권력의 제한(autolimitation de ce pouvoir exécutif central)이라고 부르고 있다.

의 위원으로, 경쟁청은 17인의 위원으로 각기 구성되어 있다. 그 근거는 경제활동의 규제시 그 기술적 성격으로 인해, 전문화(professionnalisation)가 강조될 수밖에 없다는 점이다. 이처럼 다수 위원들에 의한 합의제 방식(이른바 collégialité)은 권리보호관의 독임제 방식과 뚜렷하게 대비된다. 다만 이에 대하여는 경제활동 규제기관에 있어서도 합의제 방식은 너무 느리고 일관성 없는 규제를 초래할 수 있으므로 단독 규제기관(régulateur individuel) 형태가 바람직하다는 일부 반론이 제기되고 있기도 하다.[64] 그럼에도 불구하고 합의제하의 지적인 다양성(pluralisme intellectuel du collège)을 확보한다는 차원에서[65] 프랑스의 경제활동 규제기관의 경우 대체로 위원회 구조를 채택하고 있다.

또한 광의의 규제개념에 기초하여 다양한 권한을 부여받고 있는 것도 특징적이다. 규제를 1차적인 목적으로 하는 이상, 미국의 독립규제위원회, 영국의 Quangos가 그러하듯이 준입법, 준행정, 준사법(quasi- législatif, quasi-exécutif et quasi-juridictionnel)을 갖는 권력의 합체(ensemble des pouvoirs)인 경우가 많다. 또한 효율적 분쟁해결 기관으로서 중재(arbitrage) 등을 활용할 수 있도록 되어 있는 경우도 많다.

마지막으로 경제활동 규제기관으로서의 독립행정청은 국제적인 경쟁 또는 협력관계에 놓여있는 경우가 많다. 국제적 경쟁에 노출되어 있는 사업자를 상대하면서 그 규제기관 역시 외국의 규제기관들과 항상 접촉하면서 규범 및 실무를 비교하게 된다. 국제적인 경쟁에 직면해 있는 시장 상황 하에서, 국내 뿐 아니라 국외의 경제주체에 의하여도 받아들여질 수 있는 합리적 규범을 정립하고 이를 효율적, 탄력적으로 운용할 능력은 독립행정청의 주요한 덕목 중의 하나로 인식되고 있다.[66] 즉 독립행정청은 독자적으로 운용되는 것이 아니라, 경제분야에 있어서의 국제적 신뢰성

---

64) 특히 영국의 Quangos의 경우 경제활동을 규제하면서도 독임제 형태를 취하는 것이 많다고 한다. Conseil d'État, Rapport Public 2001, p.282.
65) Grégory Maitre, p.20.
66) Conseil d'État, Rapport Public 2001, p.281.

의 요청(impératif de crédibilité internationale)을 항상 고려해야 하는 것이
다. 일례로 1996년 유가증권거래소 위원회(Conseil des bourses de valeur)
와 시장위원회(Conseil des marchés)가 결합된 금융시장위원회(CMF)의 설
립으로 인해 프랑스 경제의 신뢰성이 크게 높아졌다고 한다.[67]

다. 검토

프랑스의 경우 앞서 살펴본 바와 같이 기본권 보호기관과 경제활동 규
제기관으로 분류하는 견해가 많다. 이에 따른 분류는 각 조직의 연원, 구
성원리, 권한 등의 차이를 설명하는데 용이하다는 장점이 있다. 조금 거
칠게 말하여 기본권 보호기관은 시민들의 권리보호에 초점을 맞추고 있
다면, 경제활동 규제기관은 시민들의 규제에 초점을 맞추고 있다고 할 것
이다. 어느 것이나 전통적인 행정기관 또는 법리에 따르자면 제대로 대응
할 수 없다는 한계에 직면하여 새로운 조직유형이 발생한 것이다. 이렇듯
다른 배경을 갖고 있는 독립행정청을 이원적으로 구분하여 각 유형별로
다른 구제수단 및 규제원리를 적용하자는 논리는 일응 당연한 것처럼 받
아들여지기도 한다.

그러나 이러한 표면적인 설득력에도 불구하고, 위 이원적 분류에 과도
한 의미를 부여하는 것에는 신중할 필요가 있다. 한편으로는 이원적 구분
자체의 경계가 모호해지고 있다는 점이다. 이론상 명쾌해 보이는 두 구분
은 실제 적용에 있어서 융합의 현상이 뚜렷하다. 각종 경제영역에 있어서
규제의 흠결은 곧 정당한 권리자에 대한 보호의 흠결로 연결되는 경우가
많다. 경쟁제한행위 및 경제질서 교란행위를 막는 것은 '경제규제'의 목
표이기도 하지만 동시에 이로 인해 피해를 입을 다수 경제주체의 '기본권
보호'를 위해 필요한 행정청의 기능이기도 하다. 실제 프랑스에서도 이러
한 이원적 분류법에 의해 유형화가 곤란한 독립행정청이 등장하고 있다.
다른 한편으로는 기본권 보호기관 내부적으로 또는 경제규제기관 내부적

---

67) Conseil d'État, Rapport Public 2001, p.268.

으로도 각 독립행정청들간의 분화가 급격하게 이루어지고 있다는 점이
다. 예컨대 유사한 규제목적을 수행한다면서도 그 권한범위, 구성원의 수
와 지위, 지명방법과 임기 등에서 공통점, 일관성을 찾기 어려운 경우가
늘어가고 있다.[68] 따라서 향후 논의의 편의상 위 이원적 분류를 전제로
검토하되 위 언급된 한계에 관하여는 미리 인식할 필요가 있다.

V. 독립행정청의 현황

프랑스의 정부 공식 웹싸이트인 Legifrance에서[69] 2012. 9. 4. 기준으로
인정하고 있는 독립행정청은 38개이다(별첨자료 1 참조). 독립행정청의
규모는 각 업무에 따라 큰 편차가 있다. 독립행정청 중 권한범위가 넓은
15개 내외 정도에는 많은 직원들이 근무하지만 그 이외에는 20명 미만의
직원들이 근무하고 있다.[70] 예산부(ministère du Budget)의 자료에 따르면
독립행정청에 고용되어 있는 직원의 숫자는 대체로 해마다 약간씩 증가
하여 2010년을 기준으로 약 3,651명에 달하는 것으로 나타난다. 이에 따
라 독립행정청이 사용하는 예산의 크기도 점증하고 있다. 예컨대 독립행
정청에 배정된 예산이 2006년에 3억 380만 유로 정도였던 것이 2009년에
는 3억 8710만 유로로 증액되어 매년 약 8.4%씩 증가하는 추세를 보인
다. 그럼에도 불구하고 프랑스의 전체 정부 규모와 비교할 때 독립행정청
이 외형에서 차지하는 비중이 그렇게 크지는 않은 것으로 평가된다.[71]

---

68) Jacques Chevallier, p.898.
69) www.legifrance.gouv.fr.
70) René Dosière et Christian Vanneste, p.48
71) René Dosière et Christian Vanneste, p.49

1. 법률상의 독립행정청과 그밖의 독립행정청

현재 프랑스의 독립행정청에는 크게 법률상의 독립행정청, 해석상의 독립행정청, 헌법상의 독립행정청이 있다. 독립행정청은 의회에서 제정한 법률(loi)에 의해 창설되는 것이 원칙이다. 특히 어떠한 조직이 공적자유의 보장, 선거, 재산권 제도, 민사적 또는 상사적 의무(obligations civiles et commerciales) 등과 관련된 경우, 그 조직의 주요 구성원리 및 권한범위에 대하여는 법률이 규정하고, 조직의 세부사항은 데크레(décrets)에서 규정하게 된다.[72) 헌법위원회도 1984. 7. 26.의 결정에서 공적자유 행사의 근본적 보장(garantie fondamentale pour l'exercice d'une liberté publique)을 위한 독립행정청 창설시 의회는 배타적인 권한을 갖는다고 판시한바 있다.[73) 특히 독립행정청에 독자적인 제재권을 부여하는 경우 전형적인 법률규정 사항이 된다. 다만 이같은 제재권 등을 갖지 못하는 경우 꽁세유데따 또는 헌법위원회가 해당 기관의 법적 성격, 기능을 고려하여 독립행정청으로 선언하는 경우도 있다. 이를 해석상의 독립행정청이라고 부른다. 그 예로는 ① 전자통신 규제위원회{ART: Autorité de régulation des télécommunications, 전자통신과 우편 규제청(ARCEP)의 전신임}, ② 가격결정위원회(BCT: Bureau central de tarification), ③ 농업수익 항구적 보장 중앙위원회(Commission centrale permanente compétente en matière de bénéfices agricoles), ④ 탈세방지위원회(CIF: Commission des infractions fiscales), ⑤ 대통령선거운동 통제위원회(Commission nationale de contrôle de la campagne électorale relative à l'élection du Président de la République), ⑥ 상사조정위원회(CNAC: Commission nationale d'aménagement commercial), ⑦ 신문출판 대표자위원회(CPPAP: Commission paritaire des publications et agences de presse), ⑧ 민영화위원회(CPT: Commission des partici pations et des transferts), ⑨ 에너지규제위원회(CRE: Commission de régulation de

---

72) René Dosière et Christian Vanneste, p.30.
73) Cons. const., décision n° 84-173 DC du 24 juillet 1984

l'énergie), ⑩ 소비자안전위원회(CSC: Commission de la sécurité des consommateurs), ⑪ 여론조사위원회(Commission des sondages), ⑫ 정치활동의 재정투명성위원회(Commission pour la transparence financière de la vie politique), ⑬ AFP 통신 최고위원회(Conseil supérieur de l'agence France-Presse), ⑭ 영화 중재관(Médiateur du cinéma) 등이 있다. 이들 중 대부분은 꽁세유데따의 2001년 보고서에 의해 독립행정청으로 인정된 것이다. 다만 ① 전자통신규제위원회(ART)의 경우 관련 헌법위원회의 결정(Cons. const., décision n° 96-378 DC du 23 juillet 1996)에 의해 독립행정청으로 인정되었다.

문제는 헌법상의 독립행정청이다. 만약 헌법상 독립행정청 조항을 도입한다면, 후술하는 헌법 제20조와 독립행정청과의 충돌 등 위헌의 소지를 원천적으로 제거할 수 있다. 헌법에 독립행정청을 규정하는 문제는 논란의 대상이 되어 왔다. 과거 미테랑 대통령은 최초로 시청각최고위원회(CSA)를 헌법에 규정할 것을 제안하였으나, 의회의 반대로 결실을 맺지 못하였다. 두번째 시도는 1992년에 있었는데 Vedel을 위원장으로 하는 자문위원회(comité consultatif)의 반대로 실현되지 못하였다.[74] 반대론자들의 주된 논거는 실체가 불분명한 독립행정청을 굳이 헌법에 규정할 필요가 없고, 독립행정청은 그 개념자체로 전문적이고, 탄력적인 조직이어야 하므로 의회의 법률을 통해 설립, 통제하는 것이 바람직하다는 것이었다. 이에 대하여는 일부 중요한 기능을 수행하는 독립행정청은 헌법상 지위로 격상시킬 필요성이 있다는 반론이 제기되고 있었다. 이에 반하여 2008년 개정헌법은 프랑스 헌법상 최초로 명시적인 독립행정청을 규정하고 있다. 제71-1조 제1항은 "권리보호관은 국가행정, 지방자치단체, 공공시설과 공공서비스의 임무를 가지거나 조직법이 권한을 부여하는 모든 조직체의 권리와 자유의 존중을 감시한다"고 규정하고 있다. 위 조문에서 독립행정청(AAI)이라는 표현을 직접 쓰지는 않았지만 권리보호관이 헌법

---

74) Aude Rouyère, p.889.

상 독립행정청이라는 점에 대하여는 이견이 없다. 조문의 위치를 볼 때, 이를 일반적인 정부(gouvernement)에 관한 편(titre)에 포함시키지 않고 제 11편(Le Conseil économique, social et environnemental)과 제12편(Des Collectivités territoriales) 사이의 제11-1편((Titre XI Bis)이라는 독립된 장으로 신설한 것이 특징적이다. 이러한 규정양식도 헌법개정시 위 권리보호관에 부여된 중요성과 기대를 반영하고 있다고 하겠다.[75]

2. 신설추세와 현황

앞서 살펴본 바와 같이 프랑스 최초의 공식적인 독립행정청은 1978. 1. 16. 법률에 따라 설치된 국가정보자유위원회(CNIL)이다. 이후 독립행정청의 효용성과 기능이 널리 인식되고 헌법위원회 결정 등을 통해 법적 지위에 따른 논란이 해소됨에 따라 다수의 독립행정청이 신설된바 있다 (최근의 추세에 관하여는 별첨자료 2 참조).

프랑스의 주요한 독립행정청은 그 초기에서부터 지금에 이르기까지 꾸준하게 신설되어왔다. 이는 한편으로는 행정기능의 확대에 따라 독립행정청이 일부 규제기능을 담당할 필요성이 높아져 왔음을 반증하는 것이기도 하고, 다른 한편으로는 독립행정청의 운용성과에 관하여 비교적 긍정적으로 보는 시각이 많았음을 나타내는 것이기도 한다. 일부 독립행정청의 경우에는 원래 설립 당시에는 독립적인 성격을 갖지 않다가 이후 법령상 또는 해석상으로 독립행정청의 지위를 부여받은 경우도 있다. 첫째 공공토론국가위원회(CNDP: Commission nationale du débat public)는 원래 1995년에 설립될 당시에는 독립행정청이 아니었지만, 2002년 2월 27일 법률에 의하여 독립행정청 지위를 얻게 되었다. 둘째로 국가인권자문위원회(CNCDH: Commission nationale consultative des droits de l'homme)는 원래 1947년에 창설될 당시에는 독립적 지위를 갖지 못했지

---

75) Aude Rouyère, p.889.

만 이후 2007년 3월 5일 법률에 의해 독립행정청으로 명시되었다. 셋째로 소비자안전위원회(CSC: Commission de la sécurité des consommateurs)는 원래 1983년 창설될 때에는 그 법적 지위에 관하여 명시적인 규정이 없었는바, 이후 2001년 꽁세유데따의 해석(étude du Conseil d'État)에 의하여 비로소 독립행정청의 지위를 얻게 되었다.

독립행정청의 효용성 및 기능에 관하여는 긍정적인 견해가 많지만 권한의 중복 및 남설을 우려하는 목소리 또한 적지 않기 때문에, 프랑스에서 유사한 권한을 갖는 독립행정청간의 통합도 많이 발견되고 있다.

가장 대표적인 것이 권리보호관(Défenseur des droits)이다. 권리보호관은 기존 4개의 독립행정청, 즉 공화국 중재관, 아동보호관(Défenseur des enfants), 국가안전윤리위원회(CNDS)와 반차별 및 평등을 위한 고등청(HALDE)을 통합하여 설립되었다. 그 외에 2010년에 통제자문청(ACP)이 창설되었는바, 이는 앞서 언급한 바와 같이 신용기관 및 투자회사 위원회(CECEI), 은행위원회, 보험위원회, 보험 및 상호기금 통제청이 통합된 것이었다. 일찍이 2003년 창설된 금융시장청(AMF)도 실제로는 기존의 증권위원회(COB), 금융시장위원회(CMF: Conseil des marchés financiers), 재정운영규제위원회(CDGF: Conseil de discipline de la gestion financière)를 통합한[76] 것이다. 여기에서 더 나아가 현재 존재하는 38개의 독립행정청 간에도 기능의 중복이 상당부분 존재하므로 독립행정청간의 통폐합이 보다 적극적으로 이루어져야 한다는 견해도 제기되고 있다.[77]

---

76) loi n° 2003-706 du 1ᵉʳ août 2003.
77) René Dosière et Christian Vanneste, pp.89-90.

제2절 독립행정청과 프랑스 헌법 제20조

I. 프랑스 헌법 제20조 제2항과의 충돌 문제

1. 문제의 소재

프랑스 헌법 제20조 제2항은 행정권(administration)은 정부(gouvernement) 에 귀속되는 것으로 명시하고 있다. 즉 국가행정권(administrations de l'État)은 정부에 귀속된다. 여기에서 과연 국가의 행정권을 행사하지만 정부로부터 독립한 독립행정청이 프랑스 헌법 제20조 제2항과 양립할 수 있는지가 문제된다.[1] 또한 다수의 독립행정청은 입법, 행정, 사법의 전통 적 세 권력을 융합하고 있는바(diagonale des trois pouvoirs classiquement distingués) 이러한 권력의 융합이 헌법 제20조 제2항의 취지에 부합하는 지도 문제된다. 특히 프랑스에서는 몽테스키외 이후로 "모든 권력자는 이 를 남용하기 마련이다(tout homme qui a du pouvoir est porté à en abuser)"라는 경고 하에 법규명령, 개별적 적용, 감시, 제재(réglementation, application individuelle, surveillance, sanction) 권한을 함께 가지는 권력기 관의 출현에 거부감을 가져왔다.[2]

---

1) Conseil d'État, Rapport Public 2001, p.284.
2) Martin Collet, La création des autorités administratives indépendantes: symptôme ou remède d'un État en crise?, Regards sur l'actualité: Les autorités administratives indépendantes, La documentation Française (2007), p.12.

2. 검토

이렇듯 프랑스에서는 1980년대 초부터 독립행정청이 헌법에 합치하는
지에 대한 논란이 있었다. 그러나 오늘날 대부분의 학설은 독립행정청이
헌법 제20조 제2항에 어긋나지 않는다는 입장에 서 있다. 그 논거로서 여
러가지가 제시되고 있으나, 이하에서는 세 가지로 나누어 살펴보고자한다.
첫째로 법문 자체에 탄력적으로 해석할 여지가 있다는 입장이다. 이에
따르면 국가의 동일성(unité de l'État)과 행정권의 정부귀속은 다양하게
구현될 수 있다. 정부 내에 장관 또는 후견적 권력(le ministre ou le
pouvoir de tutelle)의 계층적 감독으로부터 상대적으로 자유로운 기관을
둘 수도 있다는 것이 위 조문에 관한 일반적인 해석이었다. 그 과정에서
행정기관의 설립, 운영과정에 입법부가 적절한 제한이나 변형을 가하는
것이 불가능하지는 않다. 예컨대 Gérard Timist는 단일체로서의 행정부
(appareil exécutif monolithiquement)가 책임행정을 구현한다는 것은 일체
성의 신화(mythe de l'unité)에 불과하다고 지적한바 있다.[3] 그리하여 정부
커미셔너(commissaire du gouvernement)[4]인 Rigaud는 독립행정청이 본격
화하기 이전인 1968년에 "근대에는 전통적인 계서제가 타협에 이르고 있
는바, 비록 분권적인 기관(autorités décentralisées)에 이르지는 않더라도
장관 이하의 계서적 명령구조에 전적으로 복종하지 않는 기관이 가능하
다. 이러한 기관들은 고유권한(compétences propres)을 가지면서 … 구속
력 있는 결정권을 가질 수 있다"고 언급한바 있다.[5] 실제 영국에서 심사
위원회(tribunal) 등 행정부와 사법부 간의 중간단계 기관(intermédiaires entre

---

3) Jean-Bernard Auby, Les autorités administratives indépendantes: Remarques
   terminales, RFDA 2010 Sept.-Oct. 5/2010 (2010), p.933.
4) 장관은 각자의 이해를 대변하는 정부 커미셔너(commissaire du gouvernement)를
   독립행정청에 파견, 이를 통하여 독립행정청의 직무에 관한 구속적 또는 비구속
   적 의견을 표명할 수 있다.
5) Conseil d'État, Rapport Public 2001, p.285.

l'administration et la juridiction)들이 많이 운영된다는 점도 프랑스의 이러한 해석론에 영향을 미친 것으로 보인다.[6)]

둘째로 비록 독립행정청이 정부에 속하지는 않지만 어느 정도 통제가 가능하므로 결국 정부에 행정권이 귀속되는 것으로 볼 수 있다는 점이다. 정부는 특정 독립행정청에 관한 실체적 규칙(règles de fond)을 개정하여 이들을 간접적으로 통제할 수 있다. 또한 독립행정청의 구성원 선임과 예산에도 적극 관여하고 있으므로 독립행정청의 자치(autonomie)는 상대적인 것이라고 볼 수 있는 것이다.[7)] 독립행정청에 관한 민주적 통제의 상세한 내용에 관하여는 후술한다.

셋째로 국가의 위기에 대한 대책으로서의 독립행정청이 필요하다는 점이다.[8)] 권력분립의 관점에서 볼 때 현대국가가 오히려 우려해야 할 것은 (i) 정치권력(pouvoir politique)과 행정권력(pouvoir administratif)간의 결탁과 (ii) 행정의 과잉(débordements d'une administration) 문제이다. 정치권력이 행정에 많은 영향을 미치는 현대 행정에 있어서, 행정이 공익보다는 파당주의적, 개인적 목적에 의해 이루어질 가능성이 높아졌다. 특히 정치적으로 예민한 정보, 커뮤니케이션, 여론조사 분야에 독립행정청이 많이 신설된 것은 우연이 아니다. 다른 한편으로는 비대해지는 행정부의 역할에 대하여 제동을 걸어야 한다는 인식이 확산되었다. 이같은 행정권에 대한 불충분한 견제는 곧 불공정성에 대한 우려를 불러일으키기도 했다. 이에 대한 대안으로서 독립행정청은 전문가들의 집단(collèges d'experts)으로 구성된 일종의 현자들의 모임(planète des sages)이라고 할 수 있는 바, 행정권력 나아가 정치권력에 대하여 실질적인 견제와 균형을 가능하게 하는 것이다.

---

6) Jean-Bernard Auby, p.932.
7) Conseil d'État, Rapport Public 2001, p.285
8) Martin Collet, p.8.

II. 프랑스 헌법 제20조 제3항과의 충돌 문제

1. 문제의 소재

권력분립의 원칙은 권력을 분리하는데 그치는 것이 아니라, 각 권력이 민주적 정당성을 갖고 상호 견제와 균형을 통해 잘못된 업무수행에 관한 법적, 정치적인 책임을 부담하는 것을 그 내용으로 한다. 프랑스 헌법 제20조 제3항은 "정부는 제49조, 제50조에서 정한 요건 및 절차에 따라 의회에 대하여 책임을 진다(Il est responsable devant le Parlement dans les conditions et suivant les procédures prévues aux articles 49 et 50)"라고 하여 정부의 책임성 원칙을 밝히고 있다. 즉 행정의 민주적 정당성은 의회의 통제를 받음으로써 민주적 정당성을 가지는 정부가 행사하는 정치적 통제를 기초로 한다.[9]

독립행정의 조직상, 운영상 독립성과 관련하여, 이러한 독립성이 오히려 헌법 제20조 제3항에 반하고 나아가 권력분립의 책임성 내지 민주적 정당성 원칙에 반하는 것이 아닌지 문제된다.[10] 행정행위(action administrative)는 정치적으로 직접 책임(responsabilité directe)을 지는 자들에 의해 이루어져야 한다는 점이 일종의 민주적 원칙(principes démo cratiques)으로 받아들여져 왔다.[11] 반면 독립행정청은 정치성을 제거하고(dépolitiser), 중립

9) Yoan Vilain, Légitimité démocratique et constitutionnalité des autorités de régulation indépendantes: Des incertitudes originelles à la confirmation jurisprudentielle de leur insertion dans le système polotico-administratif français, Le modèle des autorités de régulation indépendantes en France et en Allemagne, SLC (2011), p.28-29.
10) 정치적 책임을 부담하는 행정부로부터의 독립은 민주적 정당성이라고 하는 중대한 헌법상 문제를 불러일으킨다. Jean-Bernard Auby, p.931.

적이면서 불편부당할(neutres et impartiales) 것을 요구받고 있으므로, 개념
상 충돌이 발생할 여지가 있는 것이다.

구체적으로 독립행정청의 도입이 결국 책임성이 담보되지 않은 새로
운 형태의 봉건체제(nouvelle forme de féodalisme)로의 귀환을 뜻하는 것
일 수 있다는 우려가 제기된바 있다.[12] 첫 번째로 민주적으로 선출되지
않은 현인들(sages)에 의한 결정은 곧 귀족주의(aristocratique)를 의미할
수 있다. 통상적으로 그들은 선출된 대표자보다 좋은 결정을 내릴 수 있
겠지만, 국민 전체의 일반적 이익(intérêt général)에 봉사하지 않고 관련
업종의 이익을 위해 판단할 가능성을 배제할 수 없다.[13] 두 번째로 봉건
체제가 그러했듯이, 독립행정청의 결정시 자의성(arbitraire)이 개재될 위
험성이 크다. 독립행정청 행위의 비정형적 성격(caractère informel)은 법
적 안정성 및 예측가능성과 거리가 있고, 많은 규제재량을 부여받게 되므
로 이에 대한 사법적 통제도 쉽지 않다는 것이다.[14] 결국 독립행정청은
대의민주제(démocratie représentative)의 근간을 흔들 수 있다는 문제제기
가 가능하다.[15]

2. 검토

독립행정청은 프랑스 헌법 제20조 제3항에 반한다고 보기 어렵다는
것이 프랑스 학계의 일반적인 입장이다. 즉 독립행정청은 민주적 시스템
(système démocratique) 외부에 존재하는 것은 아니고 책임성을 갖고 있
다. 역사적으로 볼 때에도 반드시 선출된 자들에게만 국가권력이 부여된
것은 아니고,[16] 민주적 정당성의 근원을 투표행위에서만 찾는 것도 지나

---

11) Conseil d'État, Rapport Public 2001, p.286.
12) Martin Collet, p.8.
13) Martin Collet, p.11.
14) Martin Collet, p.11.
15) Jean-Bernard Auby, p.933.
16) Martin Collet, p.13.

치게 협소한 접근이다. 민주국가의 기능은 선출된 기관 뿐 아니라, 법원, 언론 등 전체로서의 권력견제기관에도 의존하여왔기 때문이다.[17] 이하에서는 독립행정청이 프랑스 헌법상 책임성의 원칙에 부합하는 근거를 크게 세 가지로 나누어 살펴보기로 한다.

가. 의회에 대한 책임과 유효성 테스트

독립행정청이 누리는 독립성(responsabilité)이 면책성(impunité)을 의미하지는 않는다. 독립행정청은 의회에 대하여 다양한 형태의 책임을 부담함으로써 제20조 제3항의 요건을 충족한다고 할 것이다. 먼저 의회는 독립행정청을 신설하고 폐지할 수 있다. 구체적인 법률의 제정 및 개정을 통해 운영의 방식, 구성, 업무영역, 폐지시기 등을 정할 수 있다. 또한 의회는 독립행정청의 예산을 결정한다. 정기적인 보고를 받을 수 있고 그 책임자의 증언을 들을 수 있다. 이같은 의회에 의한 통제(contrôle parlementaire)는 개별사안에 대한 지시권을 포함하지 않는다는 점에서 간접적이지만 독립행정청의 업무에 관하여 정치적인 책임(responsabilité politique), 즉 업무의 적법성(conformité au droit) 뿐 아니라 적절성(opportunité)에 대한 책임까지 물을 수 있다는 점에서 실효성이 크다.[18] 실제로 의회가 별 효용이 없는 것으로 보이는 독립행정청을 통합하거나 폐쇄한 사례는 적지 않다. 또한 독립행정청의 업무수행은 제재권과 관련된 엄격한 절차적 요건(rigoureuses exigences procédurales)에서 보았듯이 일련의 유효성 테스트(épreuves de validation)를 거쳐서 이루어지므로, 그러한 의미에서도 독

---

17) Marcel Gauchet는 그의 저서 "Contre-pouvoir, méta-pouvoir, anti-pouvoir"에서 1970년대 이래 법원과 언론은 선출된 권력과 주권자인 국민들 사이에(entre les pouvoirs élus et le peuple souverain) 선거시기가 아닌 때에도 계속적으로 관계를 가질 수 있도록 중요한 매개체 역할을 담당해 왔다고 주장한바 있다. 법원, 언론 등이 수행하는 신뢰상실의 극복(compenser l'érosion de la confiance)이라는 기능은 건강한 민주주의 시스템의 초석이라고 할 수 있다. Martin Collet, p.13.

18) Martin Collet, p.13.

립행정청이 어떤 무책임한, 자의적인 지위(statut d'irresponsabilité et de pure discrétionnarité)를 갖는다고 보기는 어렵다.[19]

나. 새로운 형태의 통제와 참여

프랑스 헌법 제20조 제3항은 정부의 의회에 대한 책임을 규정한다. 의회에 대한 책임은 궁극적으로는 주권자인 국민에 대한 책임을 뜻하는 것인바, 그러한 관점에서 볼 때 독립행정청은 새로운 형태의 통제 및 참여(nouvelles formes de contrôle et de participation) 수단을 제공함으로써 제20조 제3항의 취지에 부합하는 기능을 수행하고 있다. 원래 전통적인 삼권분립의 권력구조 하에서 행정부는 주권 의지(volonté du souverain)를 표현하는 유일한 기관인 입법부가 정하는 일반적인 법규를 엄격하게 또한 있는 그대로(avec rigueur et servilité) 적용하여야 했다. 그러나 행정부에 의한 엄정한 법집행은 탄력성과 실용성(souplesse et de pragmatisme) 측면에서 단점이 많았다.[20] 정치권력이나 행정권력처럼 공정성을 의심받을 정도는 아니지만, 사법부 역시 업무상의 비효율성과 비전문성으로 인해 행정부 못지 않은 단점을 갖고 있다.

반면 독립행정청은 권위주의적이지 않은 행위지시(direction juridique non autoritaire des conduites)를 통하여 유연하면서도 시민들의 참여에 기한 행정을 구현가능하게 한다.[21] 즉 독립행정청은 많은 경우에 강제적 명령 보다는 인센티브를 부여하고 모범규준(normes molles)을 제시하는 등 비강제적인 방법에 의해 업무를 수행한다. 이는 국가불개입(désengagement de l'État)이 아니라 보다 효과가 높은 비강제적인 방식을 활용함으로써 국가개입의 효율성을 극대화하기 위한 것이다. 특히 경제규율 분야에 있어서 독립행정청의 권력 행사는 다양한 이해관계자(personnes intéressées)

---

19) 독립행정청의 민주적 정당성을 판사의 민주적 정당성(légitimité démocratique des juges)과 유사하다고 보는 견해도 있다. Jean-Bernard Auby, p.933.
20) Martin Collet, p.9.
21) Martin Collet, p.9.

들과의 정보교환 및 의논을 통해 이루어지고 있다. 또한 정책의 입안 및 시행과정에서도 기존 행정기관보다 더 큰 투명성(transparence)을 보장하고 있다.[22] 이러한 형태는 전통적 권력분립 원칙에서 벗어난 새로운 모델로서 컨센서스, 설득, 격려, 형평의 연구(consensus, persuasion, incitation et recherche de l'équité) 등을 결합한 것이다.[23] 이렇듯 시민들에 의한 통제 및 참여가 보다 확장되는 것을 전제로 한다면, 독립행정청이 헌법 제20조 제3항에 반한다는 주장은 설득력을 갖기 어렵게 된다.

다. 다원적 구성을 통한 실질적 권력분립과 공정성의 정당성

프랑스 헌법 제20조 제3항은 정부의 책임성을 확보함으로써 궁극적으로 압제적인 정부의 출현을 견제하는데 그 목적이 있다고 할 수 있다. 앞서 살펴본 현대의 기능적인 권력 분립 이론에 따르면, 이러한 견제와 균형 및 책임성은 형식주의(formalisme)적인 삼권분립에 아니라 오히려 다각적인 권력의 상호관계를 통한 다원적 구성(pluralisme)에 의하여 효과적으로 성취될 수 있다. 정부의 모든 기관들이 정치적 책임을 부담하는 강한 위계질서와 연결되어야 한다는 생각을 고집할 필요는 없다. 기능적이고 실질적인 권력분립 이론 하에서는 각기 다른 형태의 책임(responsabilités distincts)을 지고 위계질서 외부에서 특정임무(mission spécifique)를 담당하는 공적기관이 불가능하지 않다.

또한 Habermas가 언급한 바와 같이 민주주의란 절차적인 것(affaire procédurale)인 이상, 적법한 절차와 설립 및 운영의 공정성이 확보된다면 독립행정청의 권한 행사에 공정성에 터잡은 정당성(légitimité d'impartialité)을 인정할 수 있을 것이다.[24] Pierre Rosanvallon도 2008년에 그의 저서

---

22) Martin Collet, p.13.
23) Jean-Louis Autin, p.880.
24) Jean-Bernard Auby, p.933.

"민주적 정당성, 공정성, 자기반성, 근접성(La légitimité démocratique, Impartialité, Réflexivité, Proximité)"에서 공정성의 정통성은 독립행정성의 대표성과 연결되어 있으며, 시민들은 독립행정청을 이러한 공정성의 수호자(dépositaires)로 신뢰하는 것이라고 언급한바 있다.25)

결국 독립행정청은 현대 국가가 새로운 환경에 적응하기 위하여 스스로를 구조화하는 새로운 방식(nouvelle façon de structurer l'État)이라고 할 수 있다. 독립행정청은 민주적인 기관(entités démocratiques)으로서의 전통적인 대표성 원리에 어긋난다고 할 수 없고 오히려 민주주의를 회복(ressourcement de la démocratie)하려는 시도라고 볼 수 있겠다.26)

Ⅲ. 헌법위원회의 입장

프랑스 헌법위원회에서 독립행정청이 프랑스 헌법 제20조 제2항, 제3항을 위반하는지 여부가 직접적으로 다투어진 사안은 없었다. 다만 보다 넓게 독립행정청과 권력분립의 원칙이 다루어진 경우는 있었다.

첫 번째 유형은 독립행정청의 권한에 관한 것이다. 즉 의회가 독립행정청에 사법적 권한인 제재권, 입법적 권한인 법규명령 제정권을 부여한 경우 이러한 근거법률이 권력분립의 원칙에 부합하는지가 문제된다. 특히 제재권의 경우 다양한 사례들이 있는바, 헌법위원회는 일관하여 권력분립의 원칙이 의회가 독립행정청에 제재권을 부여하는 것을 배제하지는 않으며,27) 다만 형벌의 성격을 가진 제재인 경우 일반적인 형벌에 관한 적법성 원칙, 방어권 등이 존중되어야 하고, 나아가 1789년의 인간과 시민의 권리선언 제16조에서 도출되는 독립성과 공정성 원칙(principes d'indépendance et d'impartialité)을 따라야 한다고 본다.28) 제재가 갖추어

---

25) Jean-Bernard Auby, p.934.
26) Jean-Bernard Auby, p.933.
27) Cons. const., décision n° 2009-580 DC du 10 juin 2009.

야 할 구체적인 절차적 요건 등에 관하여는 독립행정청의 권한으로서 제
재권을 논할 때에 상술하기로 한다. 다음으로 법규명령과 관련하여서도,
그 적용영역과 범위에 있어서 제한된 방식에 의하는 이상(de mesures de
portée limitée tant par leur champ d'application que par leur contenu), 의회는
독립행정청에 법률 시행을 위한 규범 제정권을 부여할 수 있다고 본다.29)

두 번째 유형은 독립행정청에 대한 통제와 관련이 있다. 어떤 독립행
정청의 행위에 대한 사법적 심사를 전통적 권력분립 이론에 따라 반드시
행정법원에 맡길 것인지, 아니면 의회가 법률을 통해 사법법원의 관할을
인정할 수 있는지가 문제된바 있다. 헌법위원회는 재판의 적절한 수행을
위해 필요한 경우 법률과 독립행정청에 관한 관할을 사법법원으로 정할
수 있다고 판단한바 있다.30)

이같은 헌법위원회의 판단에서 나타나는 것은, 독립행정청을 제4의 권
력으로 보거나 완전히 별개의 국가기관으로 보지 않고 행정부(Exécutif)
의 일원으로 보고 있다는 점이다. 일단 정부에 속하는 것으로 보고 있으
므로 독립행정청의 존재가 헌법 제20조 제2항에 반하는 것으로는 해석되
지 않는다. 다음으로 그 책임성 측면에서 살펴본다. 위 문제된 사안들은
모두 기존의 행정기관에 관한 권한, 재판관할 등과 다른 특별한 조항을
의회가 법률을 통해 독립행정청에 정하여 둔 사안들이다. 문제되는 조항
들 자체가 의회에 의해 도입된 것이므로, 의회에 대한 책임성 차원에서
볼 때 심각한 문제를 불러일으키는 사안들은 아니었다. 또한 헌법위원회
는 위 특별한 조항의 내용에 있어서도 각종 절차적인 통제와 공정성을
요구함으로써 그 정당성을 확보하려고 할 뿐, 헌법 제20조 제3항에 관하
여는 특별한 논의를 하지 않는다.31) 다른 나라에서 활발하게 논의되고 있

---

28) Cons. const., décision n° 2012-280 QPC du 12 octobre 2012.
29) Cons. const., décision n° 86-217 DC du 18 septembre 1986.
30) Cons. const., décision n° 86-224 DC du 23 janvier 1987.
31) 예컨대 시청각통신고등청(HACA)에 관한 헌법위원회의 Décision 84-173 DC du
   26 juillet 1984 결정은 헌법 제20조 제3항에 관한 특별한 논의 없이 그 합헌성을
   인정한바 있다.

는 권력분립 원칙의 변용이나 실질적, 기능적 권력분립이론이 명시적으로 언급되고 있지는 않다. 이에 관하여는 프랑스 헌법위원회가 실용적 입장, 즉 독립행정청의 법규명령권 등 권한을 엄격하게 제한함으로써 민주적 정당성에 관한 헌법원칙과 정부의 책임성 문제를 해결하면 충분하다는 접근 방식을 택한 것이라고 풀이하는 입장이 있다.[32]

　결국 앞서 본 학설의 입장과 마찬가지로, 프랑스 헌법위원회도 독립행정청에 관하여 다른 국가기관들이 충분히 적법성 통제(contrôle de légalité)를 할 수 있다고 보고, 독립행정청의 도입이 권력분립의 원칙 등 프랑스 헌법의 원칙과 배치되지는 않는다고 보고 있다.[33] 꽁세유데따도 비슷한 입장에 서 있는 것으로 보인다. 종래 꽁세유데따는 1987년 보고서를 통해 "독립행정기관은 헌법이 예정하지 못한 영역으로 헌법이 정한 권력의 균형과 조화되기 어렵다"는 시각을 비친 적이 있으나, 그 이후 2001년의 보고서에서는 "독립행정기관은 정치기구 모델을 전파할 프랑스의 역량을 강화할 수 있는 절호의 기회"라는 긍정적 입장을 택하고 있다.[34]

---

32) Yoan VILAIN, p.26
33) Jean-Louis Autin, p.876.
34) Conseil d'État, Rapport Public 2001, p.385.

제3절 독립행정청의 구성 및 기능의 원리

제2장의 분석틀에 따르면, 독립행정기관의 설치는 해당 행정업무가 비전형적이고 중립성을 요하는 것인 때에 그 타당성이 인정된다. 다만 이러한 업무임에도 독립행정기관에게 맡기지 않는다 하더라도, 또는 이러한 업무가 아님에도 독립행정기관을 신설한다 하더라도 그 자체로 권력분립 위배의 문제가 발생하는 것은 아니다. 만약 독립행정기관의 설치 필요성이 인정되는 경우, 그 운용에 있어서는 독립성과 책임성이 조화를 이루어야 한다. 만약 이를 충족하지 못하는 경우 기능적 권력분립이론에 반하게 된다.

이러한 관점에서 프랑스의 독립행정청을 분석해 보고자 한다. 위 논의 구조에 따라 먼저 (ⅰ) 독립행정청의 신설여부 및 기관형태의 결정을 살핀 후, 그 운용의 기본원리라고 할 수 있는 (ⅱ) 독립행정청의 독립성과 (ⅲ) 독립행정청의 책임성의 차례로 검토하는 방식에 의한다.

I. 독립행정청의 신설여부 및 기관형태의 결정

1. 독립행정청의 신설여부

가. 독립행정청 신설기준

일찍이 꽁세유데따는 2001년의 보고서를 통해 의회에 의한 독립행정청의 신설 및 확장은 꼭 필요한 경우에 한정되어야 함을 지적한바 있다. 특정분야에서의 독립성, 전문성, 계속성(caractéristiques spécifiques d'indépendance, d'expertise et de continuité)을 충분히 고려하여야 하며, 이러한 요소에 비추어 특별한 조직창설의 필요성이 인정된다 할지라도, 과연 독립행정청이 적합한 조직형태인지 아니면 다른 유형(영조물 법인, 자문위원회 등)에 의할 수 있는지 심사숙고해야 한다는 것이다.[1] 이같은 원칙론에도 불구하고 그동안 프랑스의 독립행정청은 다분히 그때 그때의 필요에 따라 설립된 경우가 많았던 것으로 보인다. 행정부 또는 의회의 주도에 의하여 독립행정청에 관한 법률이 성안되어 논의될 때에 그 구체적인 준사법권, 준입법권 범위 등이 논란이 된 적이 있으나, 그 신설 필요성에 관하여는 일관된 논의가 많지 않다. 일례로 2006년 상하원에 제출된 Patrice Gélard의 보고서의 경우에 독립행정청에 관한 전반적인 법률적 쟁점을 상세하게 다루면서도 신설 여부의 판단기준에 관하여는 별다른 언급이 없다. 즉 위 보고서의 독립행정청 창설조건(Les conditions de création des autorités administratives indépendantes)에서 주로 그 설립이유와 배경(raisons et circonstances)만을 설명할 뿐 어떠한 경우에 독립행정청을 신설하고 어떠한 경우에 기존 행정조직을 활용할 것인지에 대한 뚜렷한 구분기준을 제시하지 못하고 있다.[2] 이러한 프랑스의 현상은 독립행정청의 설립을 정책적 판단의 문제라고 보아 입법재량을 폭넓게 인정하는 데에서 기인한 것으로 보인다. 그 결과로 각 독립행정청의 설립이 무질서하다는 인상을 주고 있으며,[3] 이에 따라 독립행정청에 관한 별도의 단행법률을 제정해야 한다는 견해가 제기되기도 한다.[4]

그럼에도 불구하고 프랑스에서의 독립행정청의 현황에서 몇 가지 시

---

[1] René Dosière et Christian Vanneste, p.60.
[2] Patrice Gélard, Rapport n° 3166 (Assemblée nationale) et n° 404 (Sénat) sur les autorités administratives indépendantes (15 juin 2006), tome 2, p.13 이하 참조.
[3] Martin Collet, p.6; Grégory Maitre, p.15.
[4] Patrice Gélard, Rapport n° 3166(Assemblée nationale) et n° 404(Sénat) sur les autoritées administratives indépendantes (15 juin 2006), tome 2, pp.28-29.

사점을 얻을 수 있다. 첫 번째로 앞서 독립행정청의 유형에서 살펴보았듯이 독립행정청의 신설이 몇 가지 흐름을 갖는다는 것이다. 통상 독립행정청은 비전형적인 기본권을 탄력적으로 보호하기 위하여 설립되거나(기본권 보호기관으로서의 독립행정청) 또는 새로운 경제현상을 신속하고 전문적으로 규율하기 위하여 설립된다(경제활동 규제기관으로서의 독립행정청). 이 글이 제시하고 있는 신설의 잣대에 비추어 보면 '업무의 비전형성'이 인정되는 사안들이다. 다만 프랑스의 독립행정청들 중에는 정치적 중립성을 고려하여 신설된 것도 있지만,5) 굳이 정치적 중립성이 요구되지 않는 업무를 담당하는 경우도 있다.6) 즉 앞서 그림 3의 B 영역(독립행정기관이 불필요함에도 설치된 경우)에 해당하는 경우가 상당하다. 권력분립원칙에 반한다고 볼 수는 없지만 예산 낭비로 이어질 가능성이 높다. 둘째로 다음에서 보듯이 독립행정청의 신설이나 권한 확장시에는 별도 평가기관을 통해 경제적 효과 등에 관한 영향평가를 받게 된다. 이는 신설과정에서의 절차적 통제의 필요성을 나타낸 것이라고 하겠다.

나. 영향평가의 문제

(1) 영향평가의 필요성

앞서 살펴본 바와 같이, 독립행정청은 국민들의 자유과 권리를 효율적

---

5) 여론조사위원회(Commission des sondages), 대통령선거운동 통제위원회(CNCCEREPR: Commission nationale de contrôle de la campagne électorale relative à l'élection du Président de la République), 도청통제국가위원회(CNCIS: Commission nationale de contrôle des interceptions de sécurité), 공공토론국가위원회(CNDP: Commission nationale du débat public), 신문출판 대표자위원회(CPPAP: Commission paritaire des publications et agences de presse), 정치활동의 재정투명성위원회(CTFVP: Commission pour la transparence financière de la vie politique), AFP 통신 최고위원회(Conseil supérieur de l'agence France-Presse) 등.

6) 예컨대 연구 및 고등교육 평가위원회(AERES: Agence d'évaluation de la recherche et de l'enseignement supérieur), 보건고등청(HAS: Haute autorité de santé) 등.

으로 보장하는 역할을 수행하기도 하지만, 많은 경우에 행정기관으로서 전문적 분야에서의 규제를 행하기 위해 설립된다. 또한 그 개념적 특성으로서 독립성을 갖고 있기 때문에, 자칫 대외적으로는 별다른 통제를 받지 않으면서 국민의 경제적 활동을 지나치게 제약하는 결과를 가져올 수 있는 것이다. 또한 독립행정청은 비교적 새로이 그 활동영역을 넓혀가고 있기 때문에 그 조직 및 기능이 정형적이지도 않다.

헌법에 근거를 둔 독립행정청의 경우 그 도입과정에서 상당한 수준의 논의와 검토가 선행되기 마련이어서 그 도입에 관해 별도의 절차규제를 둘 필요가 없으나, 법률에 의한 독립행정청 신설인 경우 단지 행정기능의 확장 목적으로 남설될 가능성이 있다. 그 신설필요성에 의한 면밀한 사전 평가가 선행되어야 할 이유이다. 그리하여 프랑스에서는 독립행정청을 설치함에 앞서 밟아야 하는 영향평가에 관한 규정을 두고 있다.

(2) 법률에 의한 독립행정청 신설 내지 기능확장과 영향평가

헌법 제34-1, 39, 44조 적용에 관한 2009. 4. 15. 조직법은[7] 제2장에[8] 영향평가(études d'impact)에 관한 조항을 두고 있다. 위 법 제8조에 따르면 "법률안은 영향평가를 받아야 한다. 이 영향평가를 고려한 문서는 꽁세유데따에 보내지는 법률안에 첨부된다. 이 문서는 관련된 법률안과 함께 국민의회 제1독회에 제출된다"고 되어 있다.

이에 따라 독립행정청을 새로이 창설하거나 기존 독립행정청의 임무를 확장하는 법률안의 경우 반드시 평가기관이 이를 심사해야 한다. 특히 독립행정청이 관련된 경우 중점적인 심사요소가 되는 것으로는 다음 세 가지가 있다.[9]

---

7) loi organique du 15 avril 2009 relative à l'application des articles 34‑1, 39 et 44 de la Constitution.

8) Chapitre Ⅱ : dispositions relatives à la présentation des projets de loi prises en vertu de l'article 39 de la constitution.

첫 번째로, 시행 중 또는 준비 중인 EU법과 신설, 확장되는 독립행정청의 관련성 문제이다. 이는 기존 독립행정청의 기능확장 또는 새로운 독립행정청의 신설이 EU법에 위반되지 않도록 한다는 소극적 의미를 가질 뿐 아니라, EU법에 따른 어떠한 의무 또는 조항에 근거하여 해당 독립행정청의 기능확장 또는 신설이 이루어지고 있는지를 검토하는 적극적인 의미도 갖고 있다고 하겠다.

둘째로, 각 행정영역과 관련 법인 및 개인에 있어서 경제적, 재정적, 사회적, 환경적 영향과 함께 재정적인 비용과 편익을 검토하게 된다. 이는 독립행정청의 신설 또는 기능확장이 기존 행정조직에 미칠 영향을 평가하고 과연 어떠한 점에서 독립행정청이 전통적 행정조직보다 효율적인지를 파악하기 위한 것이다. 이는 영향평가의 핵심적인 내용이라고 할 수 있다.

셋째로, 고용에 대하여 미칠 결과 역시 주요한 검토대상이다. 독립행정청의 신설 또는 기능확장이 적어도 향후 5년간 어느 정도의 인력을 필요로 할 것인지를 미리 점검함으로써, 요구되는 재원을 확보함과 동시에 전체 고용시장 및 공무원 인력수급에 미치는 영향을 판단할 필요가 있는 것이다.

(3) 검토

프랑스에서도 독립행정청의 도입 요청이 정부의 책임, 즉 공공질서 유지, 공동체의 일반적 이익 또는 일반적 정책방향 결정에 관련된 정부의 책무를 면제해 주는 것은 아니라고 본다.[10]

따라서 위와 같은 접근법은 독립행정청 역시 행정의 목적을 달성하기 위한 변형된 수단이라는 점을 고려하면 매우 타당한 것으로 보인다. 특히 전문적인 분야에서의 산업규제 목적으로 독립행정청 내지 다른 독립적

---

9) René Dosière et Christian Vanneste, pp.60-61.
10) René Dosière et Christian Vanneste, p.60.

규제기관이 신설되는 경우 보다 정밀한 사전 논의가 필요하다고 생각된다. 단지 권력기관으로서 기업 내지 시민들의 경제생활 위에 군림하는 것이 아닌 실질적인 경제조정 및 보완기능을 효율적으로 수행하는 기관의 도입을 위해서라도 사전적인 영향평가는 필수적이라고 할 것이다.

2. 기관형태의 결정: 독임제 여부

독립행정청을 어떻게 구성할 것인지는 향후 이 관청의 위상과 독립성에 큰 영향을 미치게 된다. 무엇보다 문제되는 것은 이를 독임제 관청으로 할 것인지 아니면 다수 위원들로 구성된 합의제 관청으로 할 것인지 여부이다. 독임제 관청의 장점으로는 다음의 점을 들 수 있다: (i) 신속하게 기관의 의사를 결정하고 조치를 취할 수 있다, (ii) 타협적인 불합리한 결정을 내리는 유혹을 피할 수 있다, (iii) 책임의 소재가 분명하다, (iv) 다수의 위원이 각자 추천이익단체의 대변인 역할을 하는 현상을 막을 수 있다. 합의제 관청의 장단점은 위 독임제 관청과 반대이다. 독립행정청의 기능을 준사법적 기능과 정책결정 및 집행기능으로 나누어 보는 입장에서는 합의제 관청의 폐해는 정책결정 및 집행기능에서 주로 나타나고, 독임제 관청의 문제점은 준사법적 기능에서 많이 나타난다고 보기도 한다.[11]

프랑스에서도 독립행정청의 구성을 두고 많은 논란이 있다. 독립행정청은 독립성을 위한 그 당연한 전제로서 합의제적 구성(composition collégiale)과 독립성 보장을 위한 안전장치(garanties)를 필요로 한다는 견해도 있다.[12] 특히 전문성, 기술성을 강조하는 경제분야에 있어서는 판단의 오류를 줄이기 위하여 다수 전문적 위원들간의 의견교환을 가능하게 하는 합의제적 구성이 일반적이다.[13] 특히 정책에 미치는 파급효과가 매우 커서

---

11) 김유환, 141면.
12) Aude Rouyère, p.889.
13) Grégory Maitre, p.20.

신중한 결정이 필요한 사안, 정책효과에 영향을 미치는 요인 중에서 상대적으로 중요한 요인을 찾아내는 것이 쉽지 않은 사안, 그 자체로 매우 복잡하게 얽혀 있는 사안 등의 경우 집단적인 의사결정은 강점을 가질 수 있다.

반면 신속한 결정 및 구제가 필요한 분야에 있어서는 위 독임제 관청 형태를 띠는 경우도 있다. 예컨대 권리보호관을 비롯하여 국가 에너지중재관(Médiateur national de l'énergie), 영화중재관(Médiateur du cinéma)의 경우 독임제이다. 이들은 모두 옴부즈만 형태의 독립행정청이다. 위 일부 옴부즈만 형태의 독립행정청을 제외한 프랑스의 일반적인 독립행정청은 위원회 형태의 합의제 기관이다.

3. 소결

프랑스의 독립행정청인 경우 그 신설여부 결정단계에서 명시적이고 일관된 잣대를 적용하지는 않는다. 다만 기본권 보호기관으로서의 독립행정청, 경제활동 규제기관으로서의 독립행정청 양자가 대체로 '비전형적인 행정업무'를 담당한다는 점에서 앞서 언급한 독립행정청 신설기준의 한 면을 충족하고 있을 뿐이다. 이러한 구조는 독립행정청의 남설이 우려되는 상황이라고 할 수 있다. 다만 프랑스는 독립행정청의 신설 및 확장시의 영향평가라는 절차적 제어장치를 통해 남설을 억제하는 방식을 택한 것으로 보인다. 위 영향평가시에는 주로 재정적인 비용 및 편익이 문제된다. 제2장에서 언급한 바와 같이, 업무의 비전형성, 중립성이 낮음에도 독립행정기관을 신설하는 것에 대한 비판은 주로 국가운영의 생산성 및 효율성 측면에서 문제되는 것이다. 따라서 재정적인 부담이 크지 않다면 행정권 비대화 수단으로서의 독립행정청 신설을 무조건 배척할 일은 아니고, 이러한 관점에서 프랑스의 다수 독립행정청을 설명할 여지가 있다. 다만 정치적 제스처에 의한 기관신설이 불필요한 예산낭비로 이

어지고 있다는 우려는 계속적으로 제기되고 있다.[14]

독립행정청 신설시의 기관 형태와 관련하여 프랑스적인 특징은 전통적인 위원회제 이외에 옴부즈만 형태의 독임제 기관도 적극적으로 활용하고 있다는 점이다. 기관구조에 관한 고정관념을 벗어나 업무영역에 따른 새로운 기관형태가 가능함을 시사하는 부분이라고 하겠다.

II. 독립행정청의 독립성

독립행정기관의 가장 중요한 속성 중의 하나가 독립성이다. 프랑스 최초의 독립행정청인 국가정보자유위원회(CNIL)가 등장했을 때 많은 관심을 끌었던 이유도 이러한 행정청은 "계서적 질서에 기반하는 전통적인 프랑스 행정법리로부터의 일탈(rupture)"이었기 때문이었다.[15] 미국에서 독립규제위원회가 공적서비스(fonction publique)의 부재와 엽관제(dépouilles: 영미에서의 spoil system)의 문제점에 대한 대안이었다면, 프랑스에서는 이러한 측면들보다는 정치적 독립성(neutralité politique)이 중시되는 배경에서 탄생한 것이다.[16] 한편 프랑스 헌법상 행정(administration)은 정부(gouvernement) 관할 하에 있다는 점을 강조하면서, 독립행정청의 독립성의 한계에 초점을 맞추는 입장도 있다.[17] 하지만 프랑스에서의 일반적 견해는 독립행정청에 비교적 높은 수준의 독립성을 인정하고 있다.

프랑스 독립행정청의 독립성이 발현되는 주요국면은 다음과 같다.[18]

첫째, 많은 독립행정청은 위원회 형태의 합의제 형태를 취함으로써 외부

---

14) René Dosière et Christian Vanneste, pp.77, 81.

15) 이는 Jean‐Louis Autin 교수의 표현이다. René Dosière et Christian Vanneste, p.16.

16) René Dosière et Christian Vanneste, p.64.

17) Aude Rouyère, p.890은 독립행정청은 자체적으로 두 개의 상호 모순된 특성 (deux attributs antinomiques)을 내포하고 있다고 본다.

18) P. Serrand, Manuel d'institution administratives françaises, PUF, 2002, pp.215-216.

영향을 줄이고 있다. 둘째로, 임명방식도 대통령이나 수상 명의의 데크레(décret)나 각 부령(arrêté ministéreil) 형식에 의한다. 나아가 꽁세유데따 부원장, 감사원 제1원장, 파기원 최고원장과 같이 당연직 위원을 규정하는 경우도 있다. 모두 그 위원의 자격 및 임명방식을 엄격화함으로써 그 독립성을 보장하기 위한 것이다. 셋째로 독립행정청 위원의 신분은 보장되고, 위원들의 겸직도 통제를 받는다. 마지막으로 독립행정청의 운영에 있어서는 계서적 감독에 의한 통제를 받지 않는다. 물론 이같은 독립성은 모든 독립행정청에 일률적으로 나타나는 것은 아니고 개별 독립행정청에 따른 변용이 있다.

독립행정청의 독립성은 무엇으로부터의 독립인가? 사법부와 행정부로부터 독립행정청이 독립된다는 점에 대하여는 큰 이견이 없다. 그러나 독립행정청이 입법부로부터 실제로 독립할 수 있는지 또한 이러한 독립이 바람직한 것인지 여부에 대하여는 논란이 많다. 의회는 독립행정청의 구성규칙, 기능을 변화시킬 수 있다. 헌법위원회는 이렇듯 입법부의 독립행정청에 대한 입법적 관여를 명시적으로 허용한바 있다. 헌법위원회는 1986. 9. 18. 결정을 통해, 입법부가 불필요한 기관 및 관련조항을 삭제하고 기존 기관을 변화시키거나 신설할 권한을 갖는다고 전제한 다음, 의회는 헌법적 가치원칙(principe de valeur constitutionnelle)에 위반되지 않는 이상 시청각통신고등청(Haute autorité de la communication audiovisuelle)의 대체에 맞추어 그 구성원 임기를 종료시킬 수 있다고 판시하였다.[19] 이 점에서 볼 때 독립행정청 구성원 지위의 법적 독립성 또는 안정성은 판사(magistrats), 대학교수(professeurs d'université)에 미치지 못한다고 하겠다.[20]

독립행정기관의 독립성의 내용을 (i) 의사결정의 독립성(외부집단 영향력으로부터 자유롭게 결정), (ii) 기관운영상의 독립성(위원회 및 사무처의 인사, 예산, 조직 등을 자유롭게 운영), (iii) 기능상 독립성(기능이 독자적으로 확립되어 소관업무 수행과정에서 관계부처 및 단체로부터 독립적

---

19) Cons. const., décision n° 86-217 DC, du 18 sept. 1986, consid. 4 et 5.
20) Aude Rouyère, p.890.

으로 결정)으로 삼분하는 견해도 있다.[21] 그러나 독립행정청에 있어서의 독립성에 관하여는 통상 (i) 조직상의 독립성(indépendance organique), 즉 독립행정청 구성원의 선임 등 실체 형성의 측면과 예산의 별도 편성 등 시스템적인 측면에서 외부 영향을 최소화할 수 있도록 설계되어 있는지의 관점과 (ii) 기능상의 독립성(indépendance fonctionnelle), 즉 독립행정청의 운영시 대외적인 업무집행과 인사 등 내부사무의 처리에 있어서 독자성과 자율성을 누리고 있는지의 관점으로 나누어 설명하는 것이 보통이다.[22] 이에 따르면, 조직상의 독립성에는 독립행정청의 구성, 임명방식, 예산의 독립성 등이 포함되고, 기능상의 독립성에는 대외 통제로부터의 자유, 업무처리 및 내부규제의 자율성이 포함된다.[23] 이하에서는 이러한 구분 기준에 따라 독립행정청의 조직상의 독립성과 기능상의 독립성을 살펴보기로 한다.

1. 조직상의 독립성

가. 구성원의 선임방식

독립행정청을 구성하는 방식은 매우 다양하다. 그 대표적인 방식을 살펴보면 다음과 같다.[24] ① 가장 많이 활용되는 것은 특정기관에 지명권을 주는 것이다. 예컨대 하원의장과 상원의장은 행정문서접근위원회(CADA), 에너지규제위원회(CRE)의 위원 2인씩을 지명하고, 시청각최고위원회(CSA) 위원 3명씩을 지명한다. 꽁세유데따의 부원장(vice-président du Conseil d'État), 파기원장(premier président de la Cour de cassation), 회계법원장(premier président de la Cour des comptes) 등도 지명권을 가지는 경우가

---

21) 권용수 외, 114면.
22) Clément Chauvet, p.380.
23) 이현수, 프랑스 생명윤리법상 '생명 및 건강과학을 위한 국가윤리자문위원회 (CCNE)'의 법적 지위, 일감법학 제16호 (2009), 370면.
24) Grégory Maitre, p.20.

많다. ② 일정 직책을 갖는 사람이 당연직 위원(membre de droit)이 되는 경우도 있다. 예컨대 꽁세유데따의 부원장, 파기원장, 회계법원장은 당연히 정치활동재정투명성위원회(CTFVP)의 위원이 된다. ③ 특정 전문가에게 지명권이 부여되는 경우도 있다. 국립약학아카데미원장(président de l'Académie nationale de médecine)은 반도핑청(AFLD)의 위원 지명권이 있다. ④ 많이 사용되는 방식은 아니지만 정치활동재정투명성위원회의 위원 중 6명은 꽁세유데따, 파기원, 회계법원에서 각기 총회(assemblée générale)를 열어 선출한다.

이렇듯 선임 방식을 다양화하는 것도 독립행정청의 독립성을 높이는 하나의 방법일 수 있다. 또한 독립행정청의 근거를 부여하는 많은 법률은 구성위원의 요건으로서 능력 및 나이제한 등 실질적인 제한을 두는 방식을 택하기도 한다.

독립행정청의 구성과정에서의 쟁점은 어떻게 행정부의 막강한 영향력을 제한할 수 있는지 여부이다. 프랑스에서는 스웨덴식으로 의회에서 선출되는 옴부즈만이 없을 뿐 아니라, 대부분의 독립행정청 위원들 선임에 대통령 또는 행정부의 의중이 깊이 반영된다. 이에 프랑스 헌법은 대통령이 임명하는 독립행정청 구성원에 대하여 의회에 의한 견제장치를 둠으로써 선임과정에서 대통령의 지나친 영향력을 제한하고 있다. 프랑스 헌법 제13조 제5항은 "조직법은 제3항에서 언급한 직책 이외에, 국민의 권리와 자유의 보장 또는 사회·경제적 삶과 관련된 중요성을 고려하여 각 원의 관계상임위원회의 공개적 의견제시후에 공화국 대통령이 임명권을 행사하는 직위와 직무를 정한다. 공화국 대통령은 각 위원회에서의 반대표의 합계가 2개의 위원회에서 표현된 투표의 최소 3/5일 경우 지명할 수 없다. 법률은 관련되는 직위와 직무에 따라 관계상임위원회를 정한다"라고 규정한다. 이에 따른 조직법은[25] 대통령이 위 절차에 따라 임명해야 하는 직위와 직무를 정하고 있는바, 여기에는 권리보호관 등 다수의 독립

---

25) lois organique et ordinaire du 23 juillet 2010.

행정청이 열거되어 있다.[26)]

위 의회의 관여는 대통령이 지명하는 모든 독립행정청 위원 중 법률이 열거하는 일부에 한하여 가능한 것이다. 또한 위 조항이 적용된다고 하더라도 위 헌법상의 방식은 기본적으로 대통령이 주도권을 잡고, 의회에서 이를 소극적으로 거부할 수 있는 형태이다. 이에 대하여 주요한 독립행정청의 경우 대통령의 위원 선임시 의회에서의 가중된 다수결에 의한 승인을 의무화해야 한다는 주장이 제기되고 있다. 그 논거는 다음과 같다: (ⅰ) 스페인, 캐나다, 퀘벡, 스웨덴의 경우 독립행정기관의 선임에 있어서 의회의 가중다수결에 의하는 경우가 많다.[27)] (ⅱ) 이러한 방식에 의할 때 초기단계에는 위원의 선임이 정치적 타협에 의해 이루어지거나 야합이 발생할 가능성도 있으나, 위원선임의 절차적 투명성만 지켜진다면, 종국적으로는 의회가 초당적인(transpartisane) 선택을 하게 될 것이다.[28)] (ⅲ) 이렇듯 의회에서의 가중된 다수결에 의해 위원을 선임한다면, 의회의 다수당 및 소수당의 사전 협의가 필수적이기 때문에, 이러한 절차를 통해 선임된 독립행정청의 위원 및 위원장은 대외적으로 더 큰 정통성과 권위를 누릴 수 있게 된다.[29)] 실제로 2008년 헌법 개정과정에서 반드시 의회의 가중결의를 거쳐야 하는 적극적 방식 등이 검토되었다가 받아들여지지 않은 바 있다. 그 이유는 대통령과 의회간의 상호 견제를 통해 독립행정청의 독립성을 보장해야 하는바, 의회의 가중결의를 독립행정청 위원 선임요건으로 하면 독립행정청이 지나치게 의회에 종속될 우려가 있다는

---

26) 경쟁청(Autorité de la concurrence), 항공소음통제위원회(ACNUSA), 금융시장청 (AMF), 철도운영규제청(ARAF), 핵안전청(ASN), 생명보건 과학윤리 자문위원회 (CCNE), 에너지규제위원회(CRE), 소비자안전위원회(CSC), 공공토론국가위원회 (CNDP), 국가안전윤리위원회(CNDS), 시청각최고위원회(CSA), 자유박탈장소통 제관(CGLPL)이 포함되어 있다.

27) Charles de La Verpillière, Rapport d'information par la Commission des lois constitutionnelles de la législation et de l'administration générale de la République n°3405 (11 mai 2011), p.16.

28) René Dosière et Christian Vanneste, p.95.

29) Charles de La Verpillière, p.16.

것이었다. 따라서 아직까지도 위 선임시의 의회 관여 문제에 관하여는 논란의 여지가 남아있다고 하겠다.

한편 형식적인 측면에서 볼 때, 지명의 방식은 법규명령적 행위(acte réglementaire), 즉 대통령 데크레(décret présidentiel), 국무회의 데크레(décret en Conseil des ministres), 수상 데크레(décret du Premier ministre) 또는 부령(arrêté ministériel)에 의하여야 한다.[30]

구체적인 고찰로서, 프랑스 독립행정청 중에서 중요한 기능의 담당하고 있을 뿐 아니라, 우리나라에도 시사점이 큰 일곱 가지, 즉 권리보호관, 시청각최고위원회(CSA), 금융시장청(AMF), 경쟁청(Autorité de la concurrence), 국가정보자유위원회(CNIL), 반도핑청(AFLD), 에너지규제위원회(CRE)의 독립행정청의 조직상의 특성을 비교해 보면 다음과 같다.

〈표 1〉 프랑스 주요 독립행정청의 구성

기관명	설치근거	위원	임기	위원장/원장	위원 신분보장	비고
권리보호관	헌법 제71조의1	독임제 (대통령 임명. 다만 의회 3/5 반대시 임명불가)	6년 (연임불가)	-	직무불능사유 해당시에만 퇴직 (조직법 제1조) 의원에 준하는 사법적 면책	보좌관 (adjoint)과 분과 (collège) 조직의 보좌 받음.
시청각최고위원회 (CSA)	방송법 제3-1조 (l'article 3-1 de la loi n° 86-1067 du 30 septembre 1986 modifiée relative à la liberté de communication)	원장 포함 9인 (대통령, 상원의장, 하원의장이 각 3인씩 지명)	6년 (연임불가)	대통령 임명	6년의 임기중 임의로 지명철회 불가능함 (방송법 제4조)	예산은 국가의 일반예산에 의함 (내규 제7조).
금융시장청 (AMF)	통화 및 금융법 제621-1조(l'article L. 621-1 du code monétaire et financier)	위원장 포함 16명 (법 621-2조) ① 위원장 ② 꽁세유데따 부원장 지명 위원 ③ 파기원장 지명 위원 ④ 회계법원장 지명 위원 ⑤ 프랑스은행장 지명한 대표자 ⑥ 국립회계원 원장 ⑦ 상원의장, 하원의장, 경제사회환경위원회 위원장이 각기 지명한 3인 ⑧ 경제부가 상장회사대표자 등과 협의후 지명한 6인	5년 (1차 연임 가능. 다만 위원장은 불가)	대통령 임명	통화 및 금융법에는 별다른 특칙 없음.	제재위원회, 전문위원회, 자문위원회의 근거조항 (법 제621-2조); 재정의 자율성 조항 (법 제621-5-2조)

---

30) Grégory Maitre, p.20.

	근거조항	구성	임기	임명	면직	기타
경쟁청	상법 제461-1조 (l'article L. 461-1 du code de commerce)	⑨ 경제부에 의해 지명된 종업원주주 대표 1인 위원장 포함 17명 (법 제461-1조) ① 꽁세유데따, 파기원, 회계법원 기타 사법/행정법원의 전현직 구성원 6인 ② 경제, 경쟁, 소비자 분야 전문가 5인 ③ 생산, 분배, 장인, 서비스, 전문업종 분야의 5인	5년 (연임 가능. 다만 위원장은 1회만 연임)	경제부 장관이 임명	내부규율에 정한 사유로 탄핵되는 경우에만 면직(법 제461-2조)	-
국가정보자유위원회 (CNIL)	정보과학, 파일 및 자유에 관한 법률 제11조 (l'article 11 de la loi n° 78-17 du 6 janvier 1978 relative à l'informatique, aux fichiers et aux libertés).	위원장 1명, 2명 부위원장 포함 17명 ① 2명의 상원의원과 2명의 하원의원(각기 상, 하원으로부터 지명) ② 경제사회환경위원회의 위원 2명 ③ 꽁세유데따의 전직 또는 현직 구성원 2명 ④ 파기원의 전직 또는 현직 구성원 2명 ⑤ 회계법원의 전직 또는 현직 구성원 2명 ⑥ 정보과학 또는 개인정보에 조예가 깊은 자로서 데크레에 의해 지명된 3명 ⑦ 정보과학에 조예가 깊은 자로서 양원으로부터 따로 지명을 받은 2명	5년 (1차 연임 가능)	위원들 간 호선	위원회 자체조항에 따른 장애사유 (empêchement) 외에는 임의 면직 불가능함 (법 제13조)	재정확보 근거조항 있음 (법 제12조). 권리보호관 또는 그 대리인을 자문역할로 포함시킴 (법 제13조)
반도핑청 (AFLD)	스포츠법 제232-5조 (l'article L. 232-5 du code du sport)	위원장 1명 포함 9명 (법 제232-6조) ① 사법법원 또는 행정법원의 구성원 3인: 구체적으로, 꽁세유데따 부원장이 지명한 1명, 파기원 제1원장이 지명한 1명; 검찰총장이 지명한 고검검사 1명 ② 약제, 독극물, 스포츠의학에 조예가 깊은 자로서 다음 각 사람에 의해 지명된 3인: 국립약학아카데미원장, 과학아카데미원장, 국립의료아카데미 원장 ③ 스포츠 업계의 3명: 프랑스 국립 올림픽 스포츠 위원장이 지명한 전현직 선수 1명; 올림픽스포츠 위원장이 지명한 사무국 위원 1명; CCNE 위원장이 지명한 1명	6년 (1차 연임 가능)	대통령 임명 (데크레)	원칙적으로 임기 중에 면직되지 않음. 다만 직무장애사유 발생한 경우 2/3 위원 찬성으로 면직 가능함 (법 제232-6조)	재정자율성에 관한 조항 있음 (법 제232-8조)
에너지규제위원회 (CRE)	에너지법 제131-1조 (l'article L. 131-1 du code de l'énergie.	위원장 포함 5명 ① 위원장은 헌법 제13조에 의한 데크레에 의해 대통령이 임명 ② 2명의 위원은 관련 의회 위원회의 의견을 들은 후 데크레에 의해 대통령이 임명. ③ 2명의 위원은 상하원 의장이 각기 1인씩 지명함.	6년 (연임 가능)	대통령 임명 (데크레)	법 제132조의5에 정하는 사유 (직무의무위반, 직무장애사유 발생 등) 이외에는 면직되지 않음.	분쟁조정 및 제재위원회의 근거조항 있음 (법제132-1조)

위 도표에서 나타나듯이 그 규모 역시 독립행정청에 따라 상당한 차이가 있다. 독임제기관으로서 권리보호관이 있는 반면, 경쟁청과 국가정보자유위원회는 각기 위원장을 포함한 17명의 위원으로 구성된다. 에너지규제위원회는 비교적 소규모로서 5명의 위원으로 구성된다. 그밖에 독임제기관의 신속성, 일관성을 위원회 제도에 수용하는 형태로서, 도청통제국가위원회(CNCIS: Commission nationale de contrôle des interceptions de sécurité) 등 3명의 위원만으로 구성되는 경우도 있다.[31]

위원장의 선임방식에도 상당한 차이가 있다. 위 독립행정청의 경우 대통령 또는 장관이 지명하는 경우가 많고, 다만 국가정보자유위원회에 있어서는 위원들 상호간의 호선으로 위원장을 선출하도록 되어 있다. 그밖에 최근에는 위원들의 대표성과 전문성을 높이는 한편 효율적인 위원회 활동을 위하여 업무에 부응하도록 독립행정청 위원 숫자를 조정하고, 구성원 지명에 있어서 의회와 정부간의 균형을 유지하도록 하고, 위원 및 의장의 자격요건을 미리 법정해 둘 필요가 있다는 견해가 제기되고 있다.[32]

마지막으로, 구성원의 전문성 및 다양성 측면을 살펴본다. 독립행정청 구성시 다양성 및 전문성을 갖추도록 하는 것도 궁극적으로는 독립성을 높이는 방편이 된다. 어떠한 기관의 권위와 독립성은 그가 가진 지식과 정보의 깊이에 의해 뒷받침되는 경우가 많기 때문이다. 이에 따라 독립행정청의 구성에 있어서 전문성과 다양성의 조화는 매우 중요한 고려요소가 되고 있다.[33] 일례로 생명보건 과학윤리 국가자문위원회(CCNE)는 위원장, 명예위원장 및 39명의 위원으로 구성되어 있다. 39인의 위원들의 구성은 (i) 대통령이 지명하는 철학계 및 종교계 인사 5인, (ii) 의회, 콩세유데타, 파기원, 보건 및 연구부, 법무부, 통신부, 여성부 장관이 지명하는 19인, (iii) 의학, 과학계, 꼴레쥬 드 프랑스, 파스퇴르연구소 등 연구기관이 지명하는 학계인사 15명에 의하도록 되어 있다. 또다른 예로서 국

---

31) Grégory Maitre, p.20.
32) René Dosière et Christian Vanneste, p.96.
33) Charles de La Verpillière, p.19.

가정보자유위원회(CNIL) 경우 다양한 경력과 전문성을 갖춘 17명의 위원으로 구성되어 있다.

나. 위원 겸직의 문제

프랑스의 일부 독립행정청에는 현직의 의원, 법관이 포함되는 경우가 있다. 예컨대 경쟁청의 위원 17명 중에는 꽁세유데따, 파기원, 감사원 기타 사법·행정법원의 전, 현직판사가 6명까지 포함될 수 있다. 국가정보자유위원회의 위원 17명 중에는 상하원으로부터 각기 지명을 받은 2명의 상원의원과 2명의 하원의원이 포함되는바, 이에 따라 상원의원인 Alex Türk가 국가정보자유위원회의 의장으로 취임한 바도 있다.[34] 또한 꽁세유데따, 파기원, 회계법원의 전, 현직 구성원이 6명 포함된다. 이렇듯 의원, 법관을 독립행정기관의 일원으로 포함시키는 것은 특히 권력분립의 원칙에 비추어 별다른 문제가 없는 것인가?

원래 겸직금지의 이론적 근거는 몽테스키외에서 찾을 수 있다.[35] 그의 권력분립 이론에 따르면, 겸직은 결국 권력의 기능만을 분리하고 조직을 같이하는 결과가 되므로 허용되지 않는 것이 된다. 다만 삼권의 엄격한 분립을 강조하는 순수한 대통령제와 달리 내각제적 요소가 있는 경우에는 상하원의원과 장관의 겸직이 불가능하지 않다. 실제로 프랑스에서도 1958년 헌법 개정 이전까지는 겸직을 허용하고 있었다.[36] 반면 현재의 프랑스 헌법은 상하원의원과 장관의 겸직을 명문으로 금하고 있다(프랑스 헌법 제23조 제1항). 다만 상하원의원이 장관 이외의 행정적인 직책을 겸할 수

---

34) 2011년 말 현재 국가정보자유위원회 이외에 상하원 의원이 위원직을 맡고 있는 독립행정청으로는, 연구 및 고등교육 평가위원회(AERES), 행정문서접근위원회(CADA), 국방기밀자문위원회(CCSDN), 인권자문위원회(CNCDH), 도청통제국가위원회(CNCIS), 공공토론국가위원회(CNDP), 국가안전윤리위원회(CNDS) 등이 있다.

35) 허영, 702면.

36) 성낙인, 프랑스 헌법학, 599면.

있는지의 여부는 헌법에 구체적인 조항은 없고 조직법에 의한다(프랑스 헌법 제25조 제1항). 관련 조직법에 의하면 의원은 다른 의회의 의원, 헌법위원회 위원, 경제사회위원회 위원을 겸직할 수 없다. 다만 공적기능을 수행하는 직위에 대하여는 해당 기관이 대통령, 수상에 의한 계서적 행정질서 범위 밖에 있어서 의회의 정부에 대한 독립성을 해하지 않는다면 겸직이 허용된다.[37] 이러한 겸직 허용은 프랑스적인 전통, 즉 교수 또는 의원이 정부직을 맡는 것에 대해서는 이해관계의 충돌여지가 많지 않은 것으로 보는 것과도 관련되어 있다.[38]

의원, 법관을 독립행정청의 위원으로 선임하는 것은 업무수행의 전문성과 다양성, 독립성과 함께 공정성을 기하려는데 목적이 있는 것으로 보인다. 또한 위 겸직금지에 관한 조직법의 해석론에 따르면 독립행정청은 계서적 행정질서 범위 밖에 있는 것이므로, 당연한 겸직금지의 대상도 아니다.

하지만 이같은 겸직이 독립행정청의 일반적 구성원리라고 보기에는 무리가 있다. 특히 의원과 장관의 겸직이 금지되고 있고, 독립행정청의 독립은 행정부로부터의 독립 뿐 아니라 입법부, 사법부로부터의 독립도 포함한다는 점을 고려하면 더욱 그러하다. 오히려 대부분의 독립행정청 근거법률은 이해관계의 충돌이 발생할 수 있는 직책의 겸직금지(incompatibilités) 조항을 두고 있다. 권리보호관에 관한 조직법 제3조 제1항에 따르면 권리보호관은 헌법위원회, 최고사법관회의(Conseil supérieur de la magistrature), 경제·사회 및 환경위원회(Conseil économique, social et environnemental), 나아가 모든 선출직(mandat électif)의 직위와 겸직할 수 없다. 이는 권리보호관이 정부 또는 의회 구성원의 직무를 함께 수행하는 것을 금지하는 헌법 제71-1조 제4항에 의한 것이기도 하다. 또한 방송법 제5조에 따르면 시청각최고

---

37) Pierre Pactet et Ferdinand Mélin-Soucramanien, Droit constitutionnel (28e éd.), Sirey (2009), pp.438-439.

38) Patrice Gélard, Rapport no. 3166 (Assemblée nationale) et no. 404 (Sénat) sur les autorités administratives indépendantes (15 juin 2006), tome 2, pp. 61-62.

위원회의 위원의 업무는 모든 선출직, 공직, 전문직과 겸직할 수 없다. 헌
법위원회도 구 국가통신자유위원회(CNCL)에 관한 사안에서 그 위원이
선출직, 공직 등을 겸할 수 없다고 한 구 통신과 자유에 관한 법률 제5조
제1항이 헌법 제23조, 제25조에 반하지 않는다고 판단한바 있다.[39]

결국 프랑스 독립행정청의 위원으로 의원, 법관을 포함시키는 것은 독
립행정청의 기능 및 독립성을 고려할 때 프랑스 헌법상 권력분립 원리와
겸직금지조항에 반하지는 않는 것으로 해석된다. 다만 현실적으로 이같
은 겸직은 예외적으로만 인정되고, 오히려 많은 독립행정청은 다른 선출
직, 공직과 독립행정청의 업무를 겸하지 못하도록 한다. 이러한 겸직금지
조항은 직무전념의 관점에서도 합리화될 수 있을 것이다.

다. 구성원의 신분 보장

어떠한 국가기관의 독립성에 있어서는 그 선임과정에서의 독립성 뿐
아니라 구성원의 임기보장 역시 중요한 요소가 된다. 비록 정도의 차이가
있지만 독립적인 행정기관을 운용하는 모든 나라에서 그 위원들에 대한
임명권자의 해임권을 제한하고 있는 것은 이 때문이다.

프랑스에 있어서 위원의 지위보장은 각 근거법령에 따라 차이가 있다.
헌법 제71-1조에 의해 도입된 권리보호관의 경우 매우 강력한 보호의 대
상이 된다. 대통령은 권리보호관의 6년 임기 이전에 그 선임을 취소할 수
없다. 관련 조직법[40] 제1조에 따르면 꽁세유데따의 데크레에서 정하는
직무불능사유(empêchement)에 해당하지 않는 이상 퇴직되지도 않는다.
같은 법 제2조에 따르면 권리보호관과 그 보좌관은 상하원의원에 준하는
사법적 면책(immunité judiciaire)을 누릴 수 있으므로, 직무 수행 중에 이루
어진 의견표명 또는 행위에 관하여 형사소추, 조사, 구금, 재판(poursuivis,
recherchés, arrêtés, détenus ou jugés) 등 책임을 부담하지 않는다.

---

39) Con. Const., décision n° 86-217 DC du 18. septembre 1986.
40) Loi organique no. 2011-333 du 29 mars 2011 relative au Défenseur des droits.

반면 헌법이 아니라 법률에 따라 도입된 독립행정청의 경우 그 위원의 지위보장이 항상 강력한 것은 아니다. 일례로 생명보건 과학윤리 국가자문위원회(CCNE)는 독립된 관청(autorité indépendante)으로 법률상 명시되어 있고(공중보건법 제1412-2조), 대통령 및 의회에 대한 보고서 제출권(공중보건법 제1412-3조) 등 그 지위가 강화되어 왔지만, 그 위원들은 위권리보호관과 달리 해임의 제한, 형사소추 제한 등의 특권을 누리지는 못한다. 독립행정청 중에서도 주로 자문적 기구 성격이 강한 경우와 독립하여 시민의 권익과 직결되는 사항을 처리해야 하는 경우에 그 권능확대 및 독립성의 필요성에 차이가 클 수 있기 때문에 이러한 차이점은 어느 정도 불가피한 측면이 있다. 다만 어떠한 행정청의 독립성이 중요하다고 하여 '독립성'을 개념요소로 하면서도 그 위원의 지위에 관한 별도의 보호 조항을 두지 않는다면 그 독립성은 명목적인 것으로 변화할 우려가 있다.

라. 독립행정청의 예산

독립행정청의 조직상 독립성과 관련하여 예산상의 상대적 자율성(relative autonomie budgétaire)도 주목할 필요가 있다. 독립행정청의 장은 예산을 편성함에 있어서 사전적으로 재무부 재정통제관(contrôleur financier du ministère des Finances)의 통제를 받지는 않는다. 다만 독립행정청의 예산은 국가예산으로 편성되므로 편성된 예산이 모두 반영되는 것은 아니다. 즉 독립행정청은 재정법률에 관한 조직법(LOLF: La loi organique relative aux lois de finances)의 적용 대상이므로, 독립행정청의 동의 없이 편성된 예산이 다른 기관으로 변경되어 반영될 수도 있다. 구체적인 예산상, 재정상의 독립성은 개별 독립행정청에 따라 큰 차이가 있다. 독자적인 법인격을 갖는 독립공적관청(API: autorités publiques indépendantes)의 경우 재정법률에 관한 조직법의 적용을 받지 않으므로 예산상의 자율성이 더욱 강하게 보장될 수 있다. 권리보호관의 경우에도 후술하듯이 상당한 수준의 예산상의 독립성이 보장된다. 그밖의 일부 독립행정청의 경우 관련법령에

의하여 고유의 재원(ressources propres)을 가질 수도 있다. 예컨대 국가정보
자유위원회(CNIL)는 그가 제공하는 서비스를 이용하는 이용자들로부터 사
용료(redevances)를 징수하여 기관운영의 재원으로 삼을 수 있다.[41]

2. 기능상의 독립성

독립행정청의 기능상의 독립성은 대외적인 업무집행과 대내적인 사무
처리에 있어서의 독자성과 자율성을 뜻하는 것인바, 그 구체적인 내용은
각 독립행정청에 따라 다를 수밖에 없다. 규제 상대방의 입장에서는 실정
법상 규정된 독립행정청의 업무영역 이외에 보이지 않는 측면에서의 영
향력의 범위 하에 놓이는 경우도 있을 수 있으므로 기능상 독립성이 논
의되는 유형 및 범위는 더욱 다양해질 수 있다.

기능상의 독립성은 독립행정청의 권한 행사를 통해 발현된다. 독립행
정청에 준입법권, 준사법권 등을 부여한 목적은 기능상의 독립성을 뒷받
침하기 위한 것이다. 독립행정청이 그 기능에 있어서 기존 행정조직과 구
분되는 것도 이 부분이다. 물론 독립행정청에게 부여된 권한을 일률적으
로 정의하기는 어렵다. 독립행정청 중에는 (ⅰ) 전통적인 행정기관처럼
단지 하나 또는 두 가지 기능만을 부여받고 그 안에서만 자율성을 인정
받는 경우도 있지만, (ⅱ) 다양한 기능을 결합하여 권고하고 결정을 내리
는 권한을 갖는 경우도 있으며, 나아가 (ⅲ) 어떤 분야에 있어서 전반적
인 통제{contrôle. 영미식으로 말하자면 제어 내지 규제(maîtrise)}를 할 수
있도록 특권을 부여받는 경우도 있다.[42] 특히 경제분야에서 많이 나타나
는 마지막 (ⅲ) 유형의 권한은 단순한 자문(simple consultation)으로부터
분야별 법률명령(ordonnancement sectoriel)[43] 발령권한에 이르기까지 다

---

41) Grégory Maitre, p.22.
42) Jean-Louis Autin, p.880.
43) 프랑스 헌법 제38조는 "정부는 시정방침의 수행을 위하여 일정한 기간 동안 정상
　　적으로는 법률사항에 속하는 조치를 오도낭스(ordonnance)으로 하도록 그 승인

양한 스펙트럼을 갖게 된다.

구체적인 실정법상 권한으로서 독립행정청은 내부규정의 정립, 분쟁의 중재, 허가 또는 승인권, 경제활동 또는 사업모니터링, 평가 및 조사, 권고, 입법적 개선방안 제안, 금전적 또는 비금전적 제재, 법규명령 제정, 대외적 의견표명 등에 관한 다양한 권한을 행사하고 있다.[44] 그밖에 흔한 경우는 아니지만, 독립행정청은 다른 국가기관 또는 공영단체의 구성에 관여하기도 한다. 예컨대 시청각최고위원회는 라디오 프랑스의 집행위원 등 지명권을 갖는다. 이에 대하여 헌법위원회도 1989. 7. 26. 결정에서 이러한 시청각최고위원회의 지명권이 헌법에 위반되지 않는다고 판단한바 있다.[45]

기능상의 독립성을 살펴보기 위해 행정적 권한을 포함하여 위 모든 권한을 일일이 분석한다는 것은 불가능하므로 권한 분석은 입법적, 사법적 권한에 한정하기로 한다. 이하의 논의 전개는 다음과 같다. 첫 번째 총론적 고찰로서 독립행정청의 업무집행시 독립성 일반과 소송상 지위를 먼저 살펴본다. 소송상의 지위를 함께 다루는 이유는 소송 당사자적격의 유무는 그 기능상의 독립성과 긴밀하게 연결될 수 있기 때문이다. 아무리 조직, 예산, 운영상의 독립성이 인정된다고 하더라도, 특히 쟁송시에 독립행정청이 권리행사 및 의무의 이행을 자신의 이름으로 주장하지 못한다면 그 독립성은 반감될 수밖에 없다.[46] 그 다음 각론적인 고찰로서는 독립행정청의 입법적 권한과 사법적 권한의 순서로 살펴보도록 하겠다.

을 국회에 요구할 수 있다"고 규정한다. 위 오도낭스란 원래 법률(loi)에 의하여야 할 것을 의회의 수권 하에 정부가 행정입법의 한 유형으로 발동하는 것이다. 이에 관하여는 많이 사용되는 용례에 따라 '법률명령'이라고 쓰기로 한다.

44) René Dosière et Christian Vanneste, p.31은 이를 11가지로 유형화하고 있다.

45) Con. const., n° 89-259 D.C. du 36 juillet 1989.

46) 이러한 법적 주체로서의 소송당사자 지위 인정은 곧 법률상 독립성(indépendance juridique)의 요체를 이룬다. Grégory Maitre, p.21.

가. 총설: 독립행정청의 업무집행과 소송상 지위

(1) 독립행정청의 업무집행상의 독립성

프랑스에서의 전통적 이론에 따르면 완전한 법인격 주체인 국가는 다수의 내부의견을 하나로 묶어서 단일한 의지(volonté unique)로 나타내야 하는 것으로 이해된다.[47] 국가의 내부조직인 각종 기관(organe)은 법인격자(personne juridique)인 국가와 별도로 존재하는 것은 아니고, 마치 자연인의 손, 입 등 신체의 일부로서 작용하는 것이다.[48] 그 기관의 인식이나 의지(la conscience et la volonté)는 그 기관이 권한범위 내에서 행동하는 이상 국가 자신의 인식 또는 의지로 간주된다. 이러한 단일한 의지[49]를 관철하기 위하여, 프랑스에서는 역사적으로 다음의 방식으로 국가의 행정적 단일성(unité administrative de l'État)을 유지해 왔다.[50] 첫째로 권능의 배분원칙(principe de répartition des compétences)으로서 어떤 특정분야에 대하여는 하나의 기관이 최종적으로 결정권을 가지도록 하는 것이다. 물론 이러한 최종적인 행정결정권은 적법성의 원칙(principe de légalité) 하에 행사되어야 한다는 점에서 이와 같은 제약조건이 없는 주권(pouvoir souverain)과는 차이가 있다. 둘째로 계서제의 원칙(principe hiérarchique)으로서 의사결정은 피라미드 구조를 이루며 최상부에 전체 구조의 의사를 결정할 결정권을 부여하는 것이다. 상하관의 관계는 지시, 취소, 변경권을 통하여 상명하복의 관계로 정립된다.

---

47) Clément Chauvet, p.397.
48) L. MIchoud, La théorie de la personnalité morale, LGDJ, reéd. 1998, p. 130; G. Jelinek, L'État moderne et son droit, Paris, réed. Panthéon-Assas, 2005, t. 2, p.248 et suiv.: "Le représentant et le représenté sont et restent deux ; le groupe et l'organe sont et restent une seule personne" (Clément Chauvet, p.397에서 재인용).
49) 프랑스법상 국가를 포함하여 법인들이 갖는 의지란 자연적인 의지(volonté naturelle)가 아닌 법적인 의지(volonté légale)를 가리킨다. Clément Chauvet, p.399.
50) Clément Chauvet, p.392.

그러나 독립행정청의 업무집행상의 독립성은 위 권능의 배분원칙에서 볼 때에는 해당 분야에 관하여 독자적으로 국가의사를 결정할 수 있는 형태로 나타난다. 예컨대 시청각최고위원회는 주파수 관리 등에 관하여 최종적 행정판단을 하는 국가기관이다. 기능상 독립성이 두드러지는 것은 계서제의 원칙 관점이다. 독립행정청은 원칙적으로 해당 국가기관의 업무지시를 받지 않고 스스로의 판단에 의해 결정을 내린다. 이러한 계서제로부터의 이탈이 오히려 전문성, 정책적 일관성, 신속성 등의 견지에서 장점이 있다는 점은 앞서 언급한 바와 같다. 또한 업무집행상의 독립성을 막기 위해 이해충돌을 방지하는 겸직금지조항을 두기도 한다. 다만 헌법 위원회는 겸직금지 조항이 없더라도, 위원들이 공정성 의무(obligation d'impartialité)와 윤리규칙(règles déontologiques)을 준수하는 이상 독립행정청의 독립성은 유지되는 것으로 보고 있다.[51] 독립행정청들은 내부조직, 활동 등을 규율하기 위한 내부규정(règlement intérieur)의 제정권을 갖고 있는 것이 보통이다. 이러한 내부규정 제정권은 독립행정청의 자치(autonomie)를 가능하게 함으로써 업무집행상의 독립성을 뒷받침한다. 마지막으로 독립행정청에서 업무를 담당하는 직원에 있어서도, 독립행정청 자체적으로 계약직 직원을 채용하는 경우가 많고, 다른 기관으로부터 공무원을 파견받는 경우에도 독립행정청의 자체 판단에 의한다는 점에서 독립성이 충실히 보장된다고 하겠다.

(2) 독립행정청의 소송 당사자적격

독립행정청 중 일부는 앞서 보았듯이 법령에 의하여 명시적으로 법인격(personnalité juridique)이 부여되어 있다. 이들을 특별히 독립공적관청(API, autorités publiques indépendantes)이라고 부르는바, 독립공적관청은 그 자체의 재산과 법인격을 가지고 있으므로 스스로의 행위에 관하여 국가와 별도의 독립적인 책임을 부담하게 된다.[52] 또한 법인격이 있으므로

---

51) Cons. const., décision n° 89-260 DC du 28 juillet 1989.

쟁송에 있어서 당연히(ipso facto) 당사자적격이 부여된다.

여기에서 다루고자 하는 것은 이러한 법인격이 별도로 부여되지 않은 통상의 독립행정청의 경우이다. 실제로 독립공적관청은 예외적 현상이고, 대부분의 독립행정청은 법인격을 갖지 않는다. 과연 이러한 독립행정청이 독립하여 소송을 수행할 수 있는가? 본디 법인격이 없는 조직은 그가 속한 법인격 있는 주체를 대표하여 행동할 권한을 부여하는 별도의 규정이 없는 이상 스스로 법정에 출두할 권리를 갖지 못한다. 이러한 원칙을 예외없이 독립행정청에 관철하게 되면, 독립행정청의 실제적인 독립성과 기능은 축소가 불가피하다.

소송상 당사자적격(personnalité contentieuse)에도 여러 유형이 존재한다. 이른바 완전한 당사자적격(pleine personnalité contentieuse)은 각종 소송에 있어서 법정에 원고 내지 피고 자격으로 나설 수 있는 자격을 가리키는 반면, 제한적 당사자적격(personnalité limitée par une forme de spécialité contentieuse)은 특정 소송유형에 있어서만 당사자가 될 수 있는 자격을 가리킨다. 이하에서는 특별한 언급이 없는 이상 완전한 당사자적격을 중심으로 살펴본다.

㈎ 사법법원과 행정법원의 법리 전개

프랑스의 이원적 사법제도 하에서 최상위의 사법법원인 파기원과 최상위 행정법원인 꽁세유데따의 의견이 항상 일치하는 것은 아니다. 독립행정청에 소송상 당사자적격을 부여하는 문제에 있어서도 두 법원은 상당한 견해차이를 보이고 있다. 전반적으로 보아 사법법원이 당사자 적격에 관한 전통적인 보통법(droit commun)상 논의에 초점을 맞추고 있는데 반해, 행정법원에서는 독립행정청의 본질을 중시하는 경향을 보이고 있다.[53]

---

52) Jacques Chevallier, p.898.
53) Clément Chauvet, p.382

1) 사법법원의 판단기준

독립행정청의 당사자적격에 관하여 사법법원은 단순한 분류기준을 갖고 있다. 독립행정청에 당사자적격이 부여되는 것은 (i) 법인격이 있는 경우 또는 (ii) 법령에서 명시적으로 당사자적격을 허용한 경우에 제한된다. 파기원 상사부(Chambre commerciale)는 일찍이 1993. 10. 26.의 결정에서 위 법리를 명확히 한 바가 있다.[54] 위 사건에서 파기원은 독립행정청인 증권위원회(COB)가 항소법원의 결정에 대하여 독자적으로 상소할 수 있는지를 다루었다. 파기원은 위 증권위원회에게 법인격도 인정되지 않고, 달리 법령에 소송 당사자적격에 관한 특례가 있는 것도 아니므로 위 상소는 부적법하다고 보았다.

이러한 사법법원의 입장은 법인을 하나의 허구라고 보는 법인의제설(théorie de la fiction)에 근거하고 있는 것으로서, 그 장점은 기준의 명확성 및 간명성이다. 법원은 개별 독립행정청의 직무, 조직운영 등을 고려할 필요 없이 형식적으로만 판단하면 된다. 이에 따르면 대부분의 독립행정청은 법인격이 없으므로 소송의 당사자가 될 수 없다. 결국 취소소송(contentieux de la légalité)의 당사자는 관련 장관(ministre intéressé)이 된다.[55]

그러나, 이러한 형식주의적 접근방법에도 단점은 있다. 법령 자체의 규정이 명확하지 않은 경우이다. 구 경쟁위원회의 경우 그가 조사한 바를 법정에서 설명할 수는 있지만 소송의 당사자가 될 수 없음이 법령상 명백하였다.[56] 반면 에너지규제위원회 관련법령은 임무를 수행하기 위하여 필요한 경우 위원장은 법정에서 행위할 수 있다고 규정할 뿐이다.[57] 이와

---

54) Cour de cassation, Chambre commerciale, du 26 octobre 1993, 91-16.575, 91-17.570, 91-17.572.

55) Clément Chauvet, p.383.

56) 1987. 10. 19. 데크레 제9조, 제11조.

57) Article 30 de la loi du 10 février 2000: "Pour l'accomplissement des missions qui sont confiées à la Commission de régulation de l'électricité, le président de la commission a qualité pour agir en justice".

유사한 조항은 구 전자통신 규제위원회(ART: Autorité de régulation des télécommunications) 관련법령에서도 발견된다. 이러한 경우 에너지규제위원회 등은 완전한 당사자 적격을 갖는가? '임무를 수행하기 위하여 필요한 경우'는 정확히 어떠한 의미인가? 독립행정청의 실질적 임무 또는 기능, 운영 등을 전혀 고려함 없이 형식적으로만 판단하는 것에도 일정한 한계가 있는 것이다.

2) 행정법원의 판단기준

꽁세유데따는 당사자 적격에 관하여 사법법원과 달리 법인실재론(théorie de la réalité de la personne morale)에 의한다. 이러한 입장을 취한 대표적인 사례는 1993. 11. 5.의 결정(CE, 5 novembre 1993)이었다. 여기에서도 증권위원회(COB)의 소송상 지위가 문제되었는바, 꽁세유데따는 명시적인 특례조항이 없음에도 불구하고 증권위원회의 당사자적격을 인정하였다. 이는 정부 커미셔너의 반대에도 불구하고 이른바 해석에 의한 자격부여를 인정한 것이다. 물론 법률에서 명시적으로 독립행정청의 당사자 적격을 부인한 경우에는 이러한 해석에 의한 자격부여를 인정할 여지가 없을 것이다.

꽁세유데따가 이러한 해석상 특례를 인정하는 논리적 근거는 독립행정청의 독립성이 소송 중에도 확보될 필요가 있다는 데에 있다. 모든 독립행정청이 전부 당사자적격을 갖는 것은 아니고, 행정법원이 그 독립성의 정도를 개별적으로 판단하는 과정이 필요하다. 충분한 독립성을 갖추었음에도 불구하고 소송상 당사자적격이 인정되지 않는 경우도 있다. 첫째가 1965. 7. 9. 법에 의해 국방부장관으로부터 일부 독립적 권한을 행사하도록 되어 있는 구 징병심의회이다. 둘째로 지방회계부에 대하여도 별도의 소송상 당사자적격이 인정되지 않는다.[58]

행정법원이 인정하는 당사자적격의 성격도 사법법원과는 차이가 있다.

---

58) Clément Chauvet, p.386.

사법법원이 독립행정청에게 당사자적격을 인정할 때에도 이를 다분히 기능적인 것으로 이해하는 경향이 강함에 비해, 행정법원은 독립행정청에 대하여 완전한 당사자적격을 인정하는 경향이 강하다. 이와 같은 포괄적인 당사자적격 부여에 대하여는, 원래의 입법취지에 반한다는 반론이 제기되고 있다.59)

다만 사법법원과 행정법원이 결론을 같이 하는 경우도 많다. 일례로 파리 행정항소법원은 증권위원회의 주민세(taxe d'habitation) 관련 문제에 있어서 당사자적격을 인정한 바 있다.60) 위 주민세 이슈는 실제 증권위원회의 임무와는 거리가 있는 것이었지만 파리 행정항소법원은 증권위원회가 이 점에 대하여도 법원에 나와 스스로 소송행위를 할 권능이 있다고 판시하였고, 이러한 판단은 꽁세유데따에 의하여도 받아들여졌다.61)

(나) 구체적인 적용

1) 소송의 유형과 당사자 적격

독립행정청의 당사자적격을 넓게 인정하는 행정법원의 입장에 의하더라도 이러한 법리는 손해배상소송에까지 확장되지 않는다. 즉, 위 논의는 주로 적법성 소송(취소소송)에 한정된다. 따라서 손해배상소송인 경우 재무부 법정대리인(Agent judiciaire du Trésor)이 당사자적격을 갖는다.62) 독립행정청의 경우 통상 법인격도 없고 고유재산도 없기 때문이다.63) 법인격이 있는 경우에도 피해자의 대한 손해배상은 결국 국가재산의 감축으

---

59) Clément Chauvet, p.390.
60) CAA Paris, 2ech.A, 1er décembre 1998, Commission des opérations de Bourse, Revue de droit fiscal, 1999, p. 1285, concl. M. Martel.
61) CE, Ass., 23 février 2001, Commission des opérations de Bourse, Revue de droit fiscal, 2001, p. 836, concl. G. Bachelier.
62) CA Paris, 14 mai 1997, Sté Compagnie générale de l'immobilier Georges V et autres c/ Agent judiciaire du Trésor, JCP E, p. 160, note A. Couret.
63) CE, Sect., 2 février 1960, Kampmann, p. 107, AIDA 1960. I. 46, chron. M. Combarnous et J-M. Galabert, Solution reprise dans CE, 22 juin 1984. Sté Pierre et Cristal, T. P.506.

로 이어지게 되므로 위 법정대리인이 전면에 나서게 된다. 다만 적법성
소송에 대하여 독립행정청에 당사자적격이 인정되는 경우에는 관련 손해
배상소송에 있어서 위 법정대리인과 함께 해당 독립행정청이 함께 소송
을 수행할 수 있다고 보는 것이 일반적이다.[64]

　2) 독립행정청 여부와 소송 당사자적격 : 행정법원의 경우
　위 분석에 따르면 사법법원에 있어서는 법령의 규정 자체가 중요하고
형식적으로 판단되므로 독립행정청이라는 실질 자체가 크게 고려될 여지
가 없다. 반면 행정법원은 독립행정청의 '독립성'이라는 실질을 고려하게
되므로 독립행정청인지 여부가 소송 당사자적격을 판명함에 있어 중요한
요소가 되는지가 문제된다. 만약 중요한 요소가 된다면 독립행정청인지
아니면 일반적인 행정기관인지 여부가 당사자적격에 있어 상당한 영향을
미치게 되는 셈이다.
　꽁세유데따의 원칙적인 입장은 독립행정청인지 여부가 결론을 좌우하
지는 않는다는 것으로 보인다.[65] 1998년의 꽁세유데따 사건에 이러한 입
장이 나타나 있다.[66] 이는 헌법위원회에 의하여 독립행정청 지위를 인정
받고 있었던 구 선거운동 및 정치자금 통제 위원회(Commission de contrôle
des campagnes électorales et des financements politiques)에 관한 사안이다.
관련법령에는 위 위원회의 절차상 지위에 관한 특별한 조항이 없었고, 선
거법 제52조의15에 따르면 이 위원회는 선거입후보자가 어떤 의무를 제
대로 이행하지 않은 경우 선거담당판사에게 문제제기할 수 있도록 되어
있었다. 쟁점은 위 위원회에 선거법 위반사항에 관하여 소송을 수행할 자
격을 부여할 것인지 여부였다. 꽁세유데따는 위 위원회가 독립행정청 지
위를 갖는 것과는 무관하게, 위 법령을 종합할 때 독자적으로 소송을 수
행할 권한을 갖는 것으로 보기는 어렵다고 판단했다.

---

64) Clément Chauvet, p.389.
65) Clément Chauvet, p.391.
66) CE, 30 novembre 1998, CCFP. Gaz. Pal., 29-30 déc. 1999, p. 9.

㈐ 관련문제 : 복수 국가기관의 소송수행에 따른
충돌 및 그 조정

1) 중복적인 당사자적격의 문제

앞서 본 사법법원과 행정법원의 법리에 따라 일정 사안에 있어 독립행정청의 당사자적격을 인정하는 경우, 그로 인해 관련 행정부장관은 당연히 당사자적격을 상실하는가? 동일처분에 관하여 독립행정청과 기존 행정기관에 당사자적격을 모두 부여하는 것은 국가기관간 충돌을 불러오는 것이 아닌가? 물론 대부분의 경우 독립행정청과 행정부서가 함께 협조하여 취소소송 등에 대해 대응하게 되겠지만, 두 기관의 입장이 달라서 행정부 내에서 불협화음이 발생할 가능성을 배제할 수 없다. 이러한 충돌을 방지하기 위하여 둘 중 하나의 당사자적격을 상실시킬 것인지 문제가 발생한다.

국가의 이익을 보호한다는 입장에서 볼 때 독립행정청과 행정부서 모두 당사자적격이 있다는 것이 큰 문제점을 초래하는 것은 아니다. 특별한 입법적 조항이 없는 이상 행정부서의 당사자적격을 상실시키는 것은 입법자의 의도에도 반하는 것이다.[67] 설사 독립행정청이 행한 처분의 적법성에 관하여 상호 견해를 달리하더라도 어차피 법원에서 최종적인 판단을 내릴 것이므로 큰 혼선이 초래되는 것도 아니다. 각기 국가기관을 구성하는 독립행정청과 행정부서간의 견해 차이는 또다른 국가기관인 의회가 정한 규범을 적용하는 법원(이 역시 국가기관임)에 의해 해소되는 것이다. 이에 따르면 결국 최종적으로 여러기관의 목소리를 종합할 권한을 갖는 법원이 존재하기 때문에 행정부 내부의 소송과정에서의 이견은 크게 문제되지 않는 셈이다. 행정부서로 하여금 독립행정청과는 별도로 국가의 이름으로 소송, 변론준비서 등을 제출할 수 있도록 허용한다면, 독립행정청과 행정부서가 각기 국가를 대표하는 현상이 나타날 수 있다. 이는 특화 행정기관(exécutif spécialisé)과 일반기관(institution généraliste)의

---

67) Clément Chauvet, p.394.

권한이 병존하는 것이라 할 수 있는바,[68] 그 자체로 위법한 상태로 보기는 어렵다고 할 것이다.

2) 독립행정청과 행정부서 사이의 쟁송

독립행정청과 행정부서간 이견을 표출되는 적극적인 형태로서 일방이 타방을 상대로 하여 소송을 제기할 수 있을 것인가? 이러한 쟁점은 독립행정청에 소송 당사자적격이 인정될 경우에 문제될 것이다. 크게 보아 국가의 내부조직에 불과한 기관들이 서로 원, 피고가 된다는 것이 부적절해 보일 수 있으나, 이를 긍정적으로 보는 입장이 다수이다. 다만 그 논리의 구성에 있어서는 다소 차이가 있다.

일찍이 Marquès di Braga와 Camille Lyon은 국가 뿐 아니라 각 행정부(chaque département ministériel)도 법인격이 있다고 주장하였다.[69] 이러한 복수 법인격론은 행정부의 고유재산 여부를 불문하고 행정부의 완전한 법인격을 인정한다. 이러한 입장을 수용한 것으로서, 부르주 지방법원(Tribunal de grande instance de Bourges)은 1960. 5. 3. 결정을 통해 국방부와 노동부는 각기 별도의 독립적인 공법상의 법인이라고 판단한 바 있다.[70] 나아가 M. Hauriou는 만약 어떤 공적 서비스가 고유의 권리를 누리고 있다면 이러한 서비스에는 법인격이 인정된다고 보았다.[71] M. Hauriou는 교부금을 지급받고 있거나 법정에 출석할 권리가 있으면 위 '고유의 권리'를 누리는 것이라고 보았으므로, 실제로 국가기관에 법인격을 인정하는 범위가 크게 늘어나게 된다.

그러나 이러한 국가 내부조직간의 쟁송을 허용함에 있어서 굳이 이렇듯 독립행정청과 행정부서의 별도의 법인격을 인정할 필요가 있는지는

---

68) Clément Chauvet, p.395.
69) M. Di Braga et C. Lyon, "Comptabilité de fait", Répertoire du droit administratif Béquet. t. Ⅶ, Paris, Paul Dupont Editeur, 1889, n⁰ 172 et s., p.11. (Clément Chauvet, p.396에서 재인용).
70) TGI Bourges, 3 mai 1960, Beauvais c/ Trésor public, D. 1960, J, p.395.
71) M. Hauriou, note sous CE, 3 février 1899, Joly, Sirey, 1899, Ⅲ, p.121.

의문이다. 행정부서간의 제소를 허용한 꽁세유데따의 1822년 결정도 개별 행정부서의 법인격까지 언급하지는 않았다.[72) 논리적으로 당사자적격이 있는 당사자간의 소송을 금지하는 데에 오히려 특별한 논거를 필요로 한다고 볼 수도 있다. 또한 실질적인 측면에서 보더라도 어떤 기관(즉 독립행정청)이 권한을 유월한 경우, 다른 기관(즉 행정각부)가 월권소송(recours pour excès de pouvoir)을 통해 이를 견제할 수 있어야 할 것이다.[73)

결국 하나의 행정부서가 다른 행정부서의 행위를 상대로 제기한 소송은 국가의 내부적 조직에서 이루어진 행위로 간주되어야 하고 그 자체를 부인할 필요는 없어 보인다. 마찬가지 논리에서 행정부서와 독립행정청 간의 쟁송을 원시적으로 금지할 이유는 없다. 법원이 국가조직의 일원으로서 다른 국가조직인 행정부서의 요구에 따라서 또다른 국가조직인 독립행정청의 행위의 적법성을 판단하는 것이다.[74)

나. 독립행정청의 입법적 권한

프랑스는 매우 독특한 규범체계를 갖고 있으므로, 독립행정청의 입법적 권한 내지 규범적 권한(pouvoir normatif)을 살펴보기 위해서는 먼저 위 일반적 체제 및 제정주체에 관한 이해가 선행되어야 한다. 1958년 이래 프랑스 헌법 제34조는 법률에 유보된 영역을 제한적으로 열거하는 반면, 제37조 제1항은 "법률의 소관사항 이외의 사항은 법규명령의 성격을 갖는다(Les matières autres que celles qui sont du domaine de la loi ont un caractère réglementaire)"라고 규정한다.[75) 또한 제21조 제1항은 법규명령

---

72) 이 사건은 내무부(ministère de l'Intérieur)가 국방부장관(ministre de la guerre)의 결정에 대하여 제소하는 것을 허용한 사안이다. CE, 21 juillet 1822, ministre de l'Intérieur ci ministre de la Guerre, p. 164. 이와 비슷한 취지에서 꽁세유데따는 이같은 소송은 의견이 맞지 않는 당원들간의 소송(litige entre frères ennemis)과 같은 것이라고 설시한바 있다. CE, 2 novembre 1934, ministre de l'Intérieur, S. 1935, Ⅲ, p.105.

73) Clément Chauvet, p.398.

74) Clément Chauvet, p.398.

의 원칙적인 제정주체를 수상으로 정하고 있다.

이렇듯 적어도 문면상으로는 의회에 의해 제정되는 법률(loi)의 영역과 정부에 의해 제정되는 법규명령(règlement)의 영역은 구분되어 있다. 그 취지는 의회가 2차적이고 부수적인 사항에 관하여까지 입법하는 현상과 반대로 마땅히 법률에 의하여야 할 사항조차 정부에 맡겨버리는 현상을 방지하기 위한 것이다.[76] 만약 법률의 영역에서 법규명령이 제정된 경우, 일반적인 법규명령에 대한 쟁송절차, 즉 꽁세유데따에의 월권소송에 의한 취소 방식에 의하여 법률의 영역을 지키게 될 것이다. 반면 법규명령의 영역에서 법률이 제정되는 경우, 정부는 헌법 제41조에 의하여 이같은 권한위배 법률의 접수를 거부하고 헌법위원회에 제소할 수 있다.[77] 또는 헌법 제37조 제2항에 의하여 꽁세유데따 또는 헌법위원회의 판단을 거쳐 이른바 비법률화(délégalisé) 절차를 진행할 수도 있다.[78]

다만 이같은 표면상의 영역분리와 달리 실제로 법률영역과 법규명령 영역간의 구분은 엄밀하지 않다. 먼저 헌법위원회는 법률의 영역을 헌법 제34조 이외에도 1789년 인권선언, 1958년 헌법전문, 공화국 법률에 의해 인정된 기본원리, 조직법, 법리 일반원리 등으로 확장하고 있다.[79] 또한 실질적으로 특정한 사항을 배타적으로 법규명령 영역으로 단정짓는 것이

---

75) 그밖에 헌법 제38조에 의해 근거지워지는 법률명령(ordonnance)도 있으나, 여기에서는 이러한 법률명령 형태는 논외로 한다.

76) 사법연수원, 프랑스법 I (2006), 13-14면.

77) 프랑스 헌법 제41조 제1항은 "정부 또는 법률안을 제출받은 의회의 의장은 입법 절차 중에 법안 또는 개정안이 법률의 소관사항이 아니거나, 제38조에서 위임한 바에 위배된다고 판단되는 경우 그 접수를 거부할 수 있다", 제2항은 "정부와 해당 원의 의장 사이에 이견이 있을 경우, 어느 한 편의 제소에 따라 헌법위원회가 8일 이내에 이에 대해 재결한다"고 규정하고 있다.

78) 프랑스 헌법 제37조 제2항은 "법규명령의 영역에 속하는 사항에 대한 법률은 꽁세유데따의 의견청취 후 데크레로써 개정할 수 있다. 헌법위원회가 본 헌법의 발효 이후에 제정된 법률이 전 항의 규정에 의해 법규명령의 소관사항에 속한다고 선언하는 경우에 한해 데크레로써 개정할 수 있다"고 규정한다.

79) 성낙인, 프랑스 헌법학, 719면.

기술적으로 쉬운 일은 아니다. 이에 따라 위 제37조 제2항에 의한 비법률화절차는 많이 활용되지 않는 것으로 나타나고 있다.[80]

원래 독립행정청의 입법적 권한으로는 법규명령제정권, 내부규정 제정권, 소프트 로(droit mou) 제정권, 의견제시에 관한 권한 등이 있다. 다만 내부규정 제정권인 경우 독립행정청이라고 하여 특유한 논리가 적용되지는 않는 것으로 보인다. 행정입법을 행정규칙과 법규명령으로 나눌 때, 행정규칙은 국민의 권리, 의무에 관련된 사항을 일반적으로 규정하는 법규명령과 달리 행정부 내부의 조직, 활동 등을 규율하기 위하여 행정기관의 고유한 권한에 의해 발하는 규칙이다.[81] 내부규정 제정권은 이러한 의미에서의 행정규칙을 정할 수 있는 권한이다. 프랑스에서 독립행정청에 근거를 부여하는 법률은 거의 예외없이 독립행정청이 내부적인 조직 등을 규율하기 위해 자체적인 규범을 제정할 수 있음을 규정한다.[82] 이러한 자치적인 내부규정은 다른 행정기관에도 활용될 수 있는 것이므로 독립행정청 고유의 문제는 크지 않다. 법률안 제안권의 경우도 독립행정청의 제안이라고 하여 의회에 구속력을 부여하는 것도 아니므로 특별하게 다룰 필요는 없을 것이다.

따라서 이하에서는 법규명령권, 소프트 로에 관한 권한, 의견제시에 관한 권한의 순으로 검토하기로 한다. 의견제시에 관한 권한은 입법 제안 이외에 다양한 사항이 포함될 수 있으나 편의상 여기에서 함께 검토하기로 한다.

---

80) 사법연수원, 프랑스법 I (2006), 17면.
81) 성낙인, 헌법학, 1100-1101면.
82) 예컨대 (i) 권리보호관에 관한 조직법 제39조 (ii) 시청각 최고위원회에 관하여 방송법 제4조 제8항 및 1989년 데크레 제4조 (iii) 금융시장청에 관하여 통화 및 금융법 제621-5-1조 (iv) 경쟁청에 관하여 상법 제461-3조 제2항 (v) 국가정보자유위원회에 관하여 정보과학, 파일 및 자유에 관한 법률 제13조 등이 내부규정 제정권에 관하여 규정하고 있다.

(1) 법규명령 제정권

(가) 문제의 제기

앞서 살펴본 바와 같이 프랑스 헌법 제34조, 제37조 제1항은 법률영역과 법규명령영역을 구분하고, 프랑스 헌법 제21조 제1항 제4문은 "제13조 규정의 유보 하에 수상은 법규명령권(pouvoir réglementaire)을 가지며"라고 규정하고 있다. 원래 법규명령은 다시 (ⅰ) 법률을 집행하기 위하여 법률의 위임에 의해 또는 정부 자체적으로 발동하는 집행명령(règlement d'application)과 (ⅱ) 법률의 집행과 무관하게 정부의 독자적 판단에 의해 발하여지는 독자명령(règlement autonome)으로 구분된다. 전자는 제21조에, 후자는 제37조 제1항에 의한 것으로 이해되고 있다.[83] 집행명령이든 독자명령이든 이를 제정하는 주체는 한정되어 있다. 원칙적인 제정권자는 수상이다(제21조 제1항). 다만 국무회의에서 심의된 데크레에 대하여는 공화국 대통령이 서명하고(제13조 제1항) 수상이 부서하며 주무장관은 필요한 경우 부서할 수 있도록 되어 있어(제19조), 제정의 주도권이 대통령에게 있다. 각 행정부처에서 부령을 발령할 수 있는 우리나라와 달리 프랑스의 각 부 장관들은 원칙적으로 법규명령을 발할 권한이 없다. 다만 예외적으로 법률, 데크레 등에 의한 위임이 있거나 관청의 장의 지위에서 부령(arrêté)을 제정할 수 있다.[84]

독립행정청이 별다른 법률의 수권 없이 제37조 제1항에 의하여 독자명령으로서의 법규명령을 발할 수 있는가? 이는 당연히 허용되지 않는다고 할 것이다. 프랑스 헌법상 법규명령의 원칙적인 주체는 수상이기 때문이다. 문제는 의회에서 법률에 의해 명시적으로 독립행정청에 법규명령권을 부여한 경우이다. 이러한 경우에는 법률의 수권이 있으므로 아무런 헌법상 문제가 없는 것인가? 이론적으로는 (ⅰ) 법률영역과 법규명령영

---

83) 성낙인, 프랑스 헌법학, 721면.

84) 즉, 대통령과 수상이 발하는 법규명령의 형태가 데크레라면, 일반적으로 장관이 발하는 법규명령은 아레테이다. 성낙인, 프랑스 헌법학, 722면.

역간의 구분 문제와 (ii) 제정주체 문제라는 두 단계의 쟁점이 발생할 수 있다. 첫 단계로서 해당 법규명령의 내용이 어느 영역에 속하는 것인지가 문제된다. 만약 원래 법률영역에 속하는 것이었다면, 의회가 법률을 통해 행정청에 법규명령권을 부여하는 것은 위 집행명령의 일종이므로 적어도 법률영역과 법규명령 영역의 구분에 따른 문제점은 크지 않을 것으로 보인다. 이러한 때에는 의회가 헌법 제34조에 따른 입법권을 제대로 행사하지 않고 하위 규범으로 넘긴 것이라는 문제제기가 있을 수 있지만,[85] 이는 독립행정청에 고유한 문제가 아니다. 결국 법률에 의한 위임입법의 한계에 관한 일반적인 논의가 문제될 뿐이다. 반대로 명백히 법규명령 영역에 속하는 것을 의회가 법률로 다룬 경우는 앞서 살펴본 바와 같이 위 법규명령 영역에서 법률이 제정된 경우의 구제방법이 동원될 여지가 있다. 이와 같은 첫 단계의 문제는 그다지 심각하지 않다. 실질적으로는 법률영역과 법규명령 영역간의 구분이 엄격하게 이루어지지는 않기 때문이다. 더욱 문제되는 것은 두 번째 제정주체에 관한 논란이다. 만약 의회가 법률을 통해 독립행정청에 관련된 법규명령권을 정부에 부여할 수 있다고 할 때 이를 그 법규명령권의 제정주체를 독립행정청으로 할 수 있는가? 이것이 문제되는 것은 앞서 본 바와 같이 프랑스 헌법상 법규명령의 제정주체는 원칙적으로 수상, 예외적으로 대통령, 각 부 장관일 뿐이고 헌법에는 그밖의 제정주체에 관한 명시적인 언급이 없기 때문이다. 이는 직접적으로는 의회가 수상의 법규명령권을 규정한 프랑스 헌법 제21조 제1항 제4문을 위반하였는지의 문제이지만, 결국 의회가 행정권의 정부 귀속을 정한 헌법 제20조 제2항을 위반하여 권력분립을 해하였는지의 문제이기도 하다.

(나) 법원의 판단

독립행정청의 법규명령권에 관하여 정면으로 판단한 대표적인 판례가

---

85) 김혜진, 81면은 이를 입법권의 포기에 관한 논의라고 보고 있다.

통신자유법(Loi relative à la liberté de communication)에 관한 헌법위원회
의 1986. 9. 18. 결정이다.[86) 이 사건에서는 구 국가통신자유위원회(CNCL:
Commission nationale de la communication et des libertés. 이후 시청각최
고위원회로 통합됨)에 법규명령권을 부여한 통신자유법이 문제되었다.
이 법 제6조에 따르면, 위 위원회의 통신자유법 제22조, 제27조, 제34조
제2항에 의한 결정 중에서 법규명령적 성격(caractère réglementaire)이 있
는 것은 수상에게 제출되어야 하고, 이를 검토한 수상은 15일 이내에 위
원회에 재고(nouvelle délibération)를 요구할 수 있도록 규정되어 있었다.
신청인쪽에서는 이 조항이 수상에게 법규명령 제정권을 부여하고 있는
헌법 제21조 제1항에 위배된다고 주장했다.

헌법위원회는 " … 위 헌법 조항이 입법자가 특정 영역에 있어서 법률
및 법규명령에 의하여 정해진 범위에 한정하여(dans un domaine
déterminé et dans le cadre défini par les lois et règlements) 수상 이외의
국가기관(autorité de l'État)에 법률의 실행을 위한 규범을 정하는 임무(le
soin de fixer … des normes permettant de mettre en oeuvre une loi)를 부
여하는 것을 막지는 않는다"라고 하여[87) 엄격한 요건 하에 독립행정청에
대한 법규명령권 부여가 합헌이라고 판단하였다. 이후 금융시장에 있어
서의 안정성과 투명성에 관한 법률(Loi relative à la sécurité et à la
transparence du marché financier)에 관한 결정에서도 유사한 판단이 내려
졌다. 이 사건에서 문제된 것은 증권위원회에 법규명령권을 부여한 법률
조항의 합헌성 문제였다. 헌법위원회는 수상 이외의 '공기관(une autorité
publique)'이라는 표현을 쓴 것 이외에는 위 1986년의 결정과 거의 동일
한 논리에 의하여 위 조항을 합헌이라고 판단했다.[88)

한편 꽁세유데따도 규제권을 가진 독립행정청은 위임받은 임무수행을
위하여 필요한 제한된 범위에서 독자적 규범을 발할 수 있다고 판단하

---

86) Cons. const., décision n° 86-217 DC du 18 septembre 1986.
87) Cons. const., décision n° 86-217 DC du 18 septembre 1986, 58단락.
88) Cons. const., décision n° 89-260 DC du 28 juillet 1989.

여[89]), 위 헌법위원회와 같은 입장을 취하고 있다.

독립행정청이 발하는 법규명령은 수상에 의한 법규명령과 비교할 때, 종속적이고 이차적(subordonné et second)인 것으로 이해되고 있다. 즉 수상은 독립행정청의 법규명령에 구속받지 않는다.[90])

(다) 검토와 현황

주지하듯이 독립행정청은 일종의 현자(賢者)로서의 역할을 담당하는 것으로서 특히 규제영역인 경우 입법, 행정, 사법의 권력을 통합할 위험이 있다. 규범 관점에서 볼 때, 독립행정청이 단순히 규범의 적용을 감시하고(surveillance de l'application de ces règles), 규범을 둘러싼 분쟁을 조정하고 제재를 가하는(règlement des différends ou de sanction) 기능에서 더 나아가 규범 자체를 정립할 수 있도록 하는 것은 앞서 본 권력분립의 관점에서도 최대한 억제되어야 한다는 주장이 가능하다. 일찍이 꽁세유데따가 2001년 발간한 보고서에서도 이처럼 하나의 독립행정청(AMF, ARCEP, CRE 등)이 법규명령권과 함께 그 자신이 정한 규정에 위반한 자를 처벌할 권한을 함께 가질 때의 문제점을 지적한 바 있다.

권력분립, 제정주체 등 프랑스 헌법상의 위헌논의를 떠나, 정책적인 차원에서도 독립행정청에 대한 법규명령권 부여에 부정적인 견해들이 있다. 의회의 증언과정에서도 독립행정청인 금융시장청이 법적으로 대단히 모호한 규범을 제정하고 있다(création de normes au statut juridique incertain)든지, 에너지규제위원회가 규제대상 업체들의 분리를 강제하면서 부적절한 법규명령에 의지했다는 불만이 제기된바 있다. 또한 독립행정청에 부여된 법규명령권에 대하여 사후적인 통제가 제대로 이루어지지 않음으로 인해 이른바 베켓 신드롬(Becket Syndrome),[91]) 즉 원래 독립행

---

89) CE. Ass, 26 juin 1998 Soc. AXS télécom, req n° 194151, 194152, 195427, 195428, 195429, 195430.

90) Cons. const., décision n° 2006-544 DC du 14 déc. 2006.

91) 영국의 헨리 2세는 그가 믿던 Thomas Becket을 캔터베리 대주교로 선임하여 자신을 돕기를 바랐으나, Becket은 오히려 교회의 수호자가 되어 헨리 2세의 지시

정청은 정부의 제안에 따라 의회의 법률 통과에 의해 설립되었음에도 그 창조물에 의한 자의적 규범 설정을 제대로 통제하지 못하는 난점이 발생하고 있다는 비판도 제기된바 있다.[92]

그럼에도 불구하고 현실적인 필요성과 독립행정청의 기능을 고려할 때 특정 독립행정청에는 제한된 범위 내에서 법규명령권을 부여하는 것이 정당화될 수 있을 것이다. 현대행정의 전문성, 복잡성과 규제의 효율성과 실효성을 고려할 때 대부분의 프랑스의 학설 및 판례는 제한된 범위에서 규제적 독립행정청에 법규명령 제정권을 허용하고 있다. 현재 법규명령 제정권이 모든 독립행정청에 부여된 것은 아니다. 관련 법령에 의하여 명시적인 입법권한이 부여된 것으로서 국가정보자유위원회(CNIL), 여론조사위원회(Commission des sondages), 시청각최고위원회(CSA), 에너지규제위원회(CRE), 핵안전청(ASN), 금융시장청(AMF), 전자통신과 우편규제청(ARCEP) 등을 들 수 있다. 구체적인 법규명령권의 내용은 다양하다. 국가정보자유위원회는 자동정보처리, 시스템 안전 등에 관한 규범을 제정한다.[93] 시청각최고위원회는 사업자들에의 주파수 배분에 관한 규범을 제정한다.[94] 금융시장청은 금융시장의 조직 및 구성에 관한 규범을 제정한다.[95] 중요한 권한을 행사하는 독립행정청이라고 하여 항상 법규명령권을 갖는 것도 아니다. 경쟁청의 경우 경제규제의 핵심적 기관 중 하나이지만 법률상 법규명령권이 부여되어 있지 않다.

앞서 본 바와 같이 헌법위원회의 접근법은 '특정 영역'에 관하여 '법률 및 법규명령에 의하여 정해진 범위에 한정하여' 독립행정청에 법규명령권을 부여한다는 것이다. 이러한 내용 및 범위 상의 제한 이외에 특히 중대한 법규명령인 경우 발령 절차에 관한 제한도 필요하다는 입법론이 유력하게 제기되고 있다.[96] 첫째로 정부 커미셔너(Commissaire du Gouvernement)에

를 거부하였다. 결국 헨리 2세측은 Becket을 암살하기에 이른다.

92) René Dosière et Christian Vanneste, p.50.
93) 정보과학 파일 및 자유에 관한 법률 제11조.
94) 통신자유법 제6조.
95) 통화 및 금융법 제621-3조.

의한 절차적 관여 방식이 논의된다. 독립행정청에 의한 법규명령 입법과
정에 적극적으로 개입하여 재고(seconde délibération) 등을 요청할 수 있
도록 하는 방안이다. 둘째로 정부가 독립행정청에 의해 도입되는 규제적
행위를 사전점검할 수 있도록 해야 한다는 주장도 제기된다. 원래 정부가
제출하는 주요한 데크레안(projets de décrets)에 대하여는 제도적으로 꽁
세유데따의 의견을 듣도록 되어 있다. 또한 정부는 특정 쟁점에 대하여
자발적으로 꽁세유데따에 의견을 구할 수도 있다. 이와 마찬가지로 독립
행정청의 중요한 규제적 행위(actes réglementaires les plus importants)에
관하여는 특히 그것이 법규명령인 경우에는 외부의 의견을 듣거나 정부
의 승인절차(procédure d'homologation ministérielle)를 밟도록 제도화해야
한다는 것이다.

위와 같은 절차적 통제가 이미 실정법적으로 수용된 경우도 있다. 방
송법 제6조에 의하면 시청각최고위원회가 일정한 범주의 법규명령을 제
정할 때에는 사전에 이를 수상에게 보내고 수상은 법규명령의 재고를 요
구할 수 있도록 되어 있다. 또한 통화 및 금융법 제621-3조에 의하면 경
제부처 장관에 의해 지명된 정부 커미셔너는 금융시장청의 (법규명령을
포함한) 결정에 관하여 꽁세유데따 데크레가 정하는 바에 따라 재고를 요
구할 수 있도록 되어 있다. 이는 공적 행위의 일관성(cohérence de l'action
publique)을 강조한 것으로서 독립행정청의 독립성과 관련하여 조심스럽
게 접근할 필요가 있을 것이다.

(2) Droit mou에 의한 권한의 확장

㈎ 문제의 제기

원래 프랑스법에서 "droit mou"라고 불리는 것은 구속력이 없는 권고,
좋은 실무관행 가이드를 뜻한다(ensemble des lignes directrices, recomman
dations non contraignantes, guides de bonnes pratiques).97) 이는 원래 영미

---

96) René Dosière et Christian Vanneste, p.52.

법계 국가에서의 이른바 '소프트 로(soft law)'를 프랑스에 도입한 것이다. 이러한 소프트 로는 그 자체로는 당연히 법률상(par les juridictions) 불이 익처분(actes faisant grief)으로 보기는 어렵다. 꽁세유데따도 2007. 7. 13. 판결에서 반차별 및 평등을 위한 고등청(HALDE)의 권고(recommandations) 에 관하여 이는 마치 행정부서의 훈령(circulaires ministérielles)과 유사한 것이므로 그 자체로는 월권소송의 대상이 되는 행정청의 결정(décisions administratives)으로 볼 수 없다고 판단한 바 있다.[98]

문제는 특히 독립행정청이 발하는 각종 소프트 로가 실질적으로는 점 차 규제적 성격을 갖게 된다는 점이다. 기업들은 특히 경제분야의 독립행 정청들(AMF, Autorité de la concurrence, CRE, ARCEP…)이 소프트 로를 매개로 하여 실질적으로는 관련 법률이 허용하는 것 이외의 과도한 규제 권을 행사하려고 한다고 불만을 제기하고 있다.[99] 즉 독립행정청이 가이 드라인 등의 설정 등을 통해 단순히 법률의 조항을 명확히 하는 데에서 더 나아가 규범의 새로운 창조자가 되는 현상이 나타나고 있다는 것이 다.[100] 이는 다른 행정기관에서도 일어나지만, 경제적 활동에 대한 규제 기관으로서의 독립행정청에서 빈번하게 나타나는 현상이다.

(나) 검토

위와 같은 독립행정청에 의한 소프트 로의 정립에 부작용이 있을 수 있으나, 프랑스에서 이러한 권한을 독립행정청으로부터 전적으로 배제하 려는 견해는 보이지 않는다. 즉, 규제기관(autorité de régulation)은 가이드

---

97) René Dosière et Christian Vanneste, p.55.

98) CE. 1ère et 6ème sous-sections réunies, 13 juillet 2007 n° 295761.

99) 예컨대 변호사인 Mme. Loraine Donnedieu de Vabres는 의회 증언시에 경쟁청이 명확한 근거 없이 소프트 로를 활용하여 전기, 통신 또는 장례식에까지 규율하 려고 한다고 비판한 바 있다. René Dosière et Christian Vanneste, p.55.

100) Par l'élaboration de recommandation, lignes directrices ou guides de bonnes pratiques, la pratique des AAI peut aller au‐delà de ce que dit la loi, elles peuvent devenir créatrices de droit. René Dosière et Christian Vanneste, p.53.

라인(lignes directrices), 권고(recommandations) 등을 발표할 수 있다고 할 것인바, 이러한 조항들은 해당 규제기관만을 구속할 뿐이고, 규제대상인 개인이나 기관은 이에 구속되지 않는다. 따라서 규제대상자들이 보기에 위 조항들이 법률 등 상위 규범에 의해 강제되는 내용을 담은 것이 아니라면 이를 준수하거나 준수하지 않을 자유를 갖는다(la liberté de s'y conformer ou non).

현재 프랑스의 실무례는 대체로 위 가이드라인 등은 불이익처분을 구성하지 않고 개인이나 기관은 이를 다툼의 대상으로 할 수는 없다고 보는 듯하다.[101] 독립행정청이 구체적 결정 또는 제재를 한 경우에만 이러한 개별적 결정 등을 쟁송의 대상으로 할 수 있다. 이 때 판사는 당해 결정의 적법성에 관해 판단할 뿐 아니라 이러한 개별적 결정을 내리는 근거가 된 가이드라인에 대한 그의 부동의(désaccord)를 표할 수 있는 것이다. 물론 일부 가이드라인 등의 경우에는 쟁송의 대상으로 삼을 여지가 있을 것이다. 예컨대 위 2007. 7. 13. 판결에서도 꽁세유데따는 비록 권고라 하더라도 실질적으로는 강제적 방식에 의해(de façon impérative) 이루어진 경우 이를 쟁송의 대상으로 삼을 수 있다고 판시한 바 있다. 나아가 일부에서는 강제성이 없는 권고 등을 상대로 하여 법원에 그 적법성 여부를 다툴 수 있도록 해야 한다는 주장을 제기하기도 한다. 하지만 이에 대하여는 독립행정청의 존재이유, 즉 경제, 기술, 사회적 발전에 대한 탄력성과 적응성(la souplesse et l'adaptabilité aux évolutions économiques, technologiques et sociales)을 고려할 때 과도한 법원의 간섭을 초래할 것이라는 반론이 제기되고 있다.[102]

결국 독립행정청에 의한 이른바 소프트 로의 공표 자체를 불이익 처분으로 보는 것은 극히 예외적인 경우에 한한다고 할 것이다. 다만 소프트 로라고 하더라도 일단 공표되면 그 대상자들에게 실질적인 영향력을 미칠 수 있으므로, 그 도입과정의 절차적 통제는 향후 강화할 필요가 있다.

101) René Dosière et Christian Vanneste, p.55.
102) René Dosière et Christian Vanneste, p.55.

도입시에 관련자들로부터의 사전적인 의견수렴 및 협의(des consultations et de la concertation)를 선행시킬 필요가 있다.[103] 이미 많은 경우 소프트 로의 공표 이전에 그 초안을 일반에 공개하고 있는바, 이러한 사전 공개 는 정보에의 접근(accès à l'information), 투명성(transparence), 예측가능성 (prévisibilité)과 법적 안정성(sécurité juridique)의 측면에서 더욱 확대될 필요가 있을 것이다.[104] 또한 만약 위 소프트 로의 내용이 해당 독립행정 청의 권한 범위를 벗어나거나 상위규범에 위반된 경우 정부 커미셔너가 재고(seconde délibération)를 요청할 수 있도록 제도화할 필요가 있다.

(3) 의견제시에 관한 권한

독립행정청이 가진 주요한 권한 중의 하나가 대외적으로 의견을 제시 할 수 있는 권리이다. 많은 경우에 독립행정청은 정부의 요청에 따라 법 률안 또는 법규명령안에 대하여 의견(avis)을 제시한다. 또한 경쟁청의 예 에서 보듯이 의회의 요청에 따라 의견을 제시하기도 한다. 이는 마치 꽁 세유데따가 의회의 요청이 있으면 의회 제안 일부 법률안에 관해 미리 의견을 제시하는 것(프랑스 헌법 제39조 참조)과 유사하다. 위 의견의 제 시가 당연히 외부에 공표되는 것은 아닌바, 최근 국가정보자유위원회 등 일부 독립행정청에 관하여는 독립행정청에 의한 의견을 외부에 공표할 수 있도록 허용하는 법안이 통과된바 있다. 외부공표는 행정문서접근위 원회(CADA)를 통해 이루어지게 된다.

제안된 법률안에 대한 의견제시 이외에 독립행정청은 대외적으로 공 식적인 그 견해(observations) 또는 선언(déclarations)을 공표하기도 한다. 이렇듯 자체적으로 어떤 사안에 관한 의견을 표명하는 것은, 독립행정청 이 통상 신청인의 요청에 따라 사안을 조사하고 업무를 개시하지만 중요

---

103) René Dosière et Christian Vanneste, p.56.
104) René Dosière et Christian Vanneste, p.56은 이를 제도적인 공개정책(politique de publication systématique)으로 부르고 있다.

한 사안에 있어서는 직권관여(auto-sasine)를 할 수 있다는 법리에 근거한 것이다.[105] 이와 같은 독립행정청의 공식적 견해 또는 선언은 연간보고서에 게재되기도 하지만 때로는 실시간으로 발표되어 파장을 갖게 되기도 한다. 일례로 반차별 및 평등을 위한 고등청(HALDE)은 2008년에 이민규제에 관한 법률(la loi du 20 novembre 2007 relative à la maîtrise de l'immigration)의 몇 개 조항이 차별적 성격을 갖고 유럽의 조약 및 지침에 반한다는 평가를 발표한바 있다.[106]

나아가 다른 행정기관의 구체적인 업무와 관련하여 자문의견을 제시하기도 한다. 이러한 자문의견은 통상 행정기관의 요청에 따라 참고자료로서 제시되는 것이 보통이지만, 경쟁청, 소비자안전위원회, 행정문서접근위원회, 국가정보자유위원회 등 특정한 경우에는 자문의견에 법적 구속력이 부여되기도 한다.[107]

다. 독립행정청의 사법적 권한
– 제재권을 중심으로

(1) 서설

독립행정청의 출현은 분명히 공적행위 규제(régulation de l'action publique)의 새로운 형태이다. 나아가 독립행정청은 아래에서 보듯이 그 사법적 권한을 넓혀나가고 있다. 이에 따라 독립행정청이 전통적인 사법적 관여(intervention juridictionnelle traditionnelle)와 (비록 일부 영역에 있어서라도) 경쟁 또는 이를 대체하는 것인지에 관한 논란이 일고 있다.

---

105) 행정법원은 1990년대말 이러한 직권관여가 독립행정청의 규율권한(pouvoir disciplinaire)에 내포되어 있다고 판단한바 있다(Concl. A. Seban, CE, ass., 3 déc. 1999, Didier, RFDA 2000. 584; CE 20 oct. 2000, Soc. Habib Bank, AJDA 2000. 1071).

106) Jean-Louis Autin, p.880.

107) 김혜진, 73면.

독립행정청의 사법적 권한을 비판적으로 바라보는 입장에서 이러한 독립행정청의 권한 확장은 실질적으로 사법부의 권한을 침해하고 국민의 권익에 반하는 것으로 이해할 수 있다. 반면 독립행정청과 사법부간의 공존을 통하여 법치국가(État de droit)의 원칙이 더욱 발전될 수 있다는 견해도 제기되고 있다.108) 이에 따르면 독립행정청과 사법부간의 상호 긴밀한 관계는 현재 진행형이다. 독립행정청은 내부자거래, 금지물품의 거래, 여론조사결과 조작, 시청각 관련 권리 침해 등에 있어서 실질적인 검찰권(saisir le parquet)을 행사하고 있다. 또한 사법기관(autorités juridictionnelles)이 특정 전문분야에 있어서 독립행정청에 의견을 요청하는 것은 낯선 일이 아니다. 예컨대 경쟁법 영역에 있어서 그 궁극적인 판단은 행정 판사의 소관이다. 하지만 최고 행정법원인 꽁세유데따는 경쟁법에 고유한 개념 및 카테고리에 관하여는("notions et catégories propres au droit de la concurrence") 법률판단을 하기에 앞서서("avant dire droit") 구 경쟁위원회(Conseil de la concurrence: 경쟁청의 전신)의 의견과 평가(l'avis et les appréciations)를 먼저 듣는 실무를 발전시켜 온바 있다.109)

이하에서는 현재 프랑스의 독립행정청의 제재권을 둘러싸고 벌어지고 있는 주요한 쟁점을 차례대로 검토하기로 한다. 구체적 논의에 앞서 먼저 정의되어야 할 것이 행정제재(sanction administrative)의 개념이다. 프랑스 행정법상 행정제재는 "법률과 명령을 실행하지 않은 것을 처벌하는 것으로서 여타의 행정행위와 그 내용이 같다고 하더라도 어떤 위반행위를 벌하기 위한 목적을 갖고 있다는 점에서 구별되는 작용"으로 정의되고 있다.110) 넓은 의미의 행정제재에는 장래의 행정상 의무이행을 확보하기 위한 것도 포함하지만 여기에서는 과거의 행정상 의무위반에 국한하여 보기로 한다. 이렇게 행정제재의 범위를 한정한다면, 형벌과 행정제재는 과거

---

108) B Stirn, Ordres de juridiction et nouveaux modes de régulation, AJDA 1990. p.591.

109) Jean-Louis Autin, p.879.

110) Gérard Cornu, Vocabulaire Juridique (8e éd), PUF (2000), p.793.

의 위법행위에 대한 것이라는 점에서 공통점을 갖는다.[111] 프랑스법상 행정제재는 (i) 주관적 요소와 무관하게 단순한 물적 비행(faute matérielle)이 성립한 것만으로도 제재의 요건이 충족되는 점, (ii) 생명, 신체의 안전이 아니라 행정상 이익(intérêt de l'administration)을 보호이익으로 삼고 있는 점, (iii) 사법법원이 아닌 행정기관에 의하여 내려지는 점에서 형벌과 차이가 있는 것으로 풀이되고 있다.[112] 이렇듯 형벌과 행정제재는 상호 구분되는 것이기 때문에 헌법위원회는 1989. 7. 28. 및 1997. 12. 30. 결정에서 행정적 제재와 형사적 제재의 병과(cumul de sanctions administrative et pénale)가 가능하다고 판시한바 있다.[113] 다만 어떠한 위법행위를 형사처벌의 대상으로 할 것인지 행정제재의 대상으로 할 것인지에 관하여는, 특히 행정제재의 다양화 및 확대에 따라 논란이 많다. 예컨대 유럽인권법원의 판례를 분석하면, 대체로 제제의 내용이 중하거나, 제재규범의 수범자가 일정한 집단에 한정되지 않는 경우 형벌영역에 속할 가능성이 크다는 입장인 것으로 보인다.[114] 이렇듯 행정제재와 형벌이 상호 접근하고 그 구분도 쉽지 않기 때문에, 행정제재를 어떻게 법적으로 규율할 것인지의 문제는 독립행정청 이외에 제재적 행정작용을 행하는 행정청 일반의 문제이기도 하다. 그럼에도 여기에서 독립행정청의 행정제재권만을 살펴보는 이유는 논의의 집중을 위해서이기도 하지만, 실제로 형벌적 성격이 강하고 수범자에게 중요한 영향을 미치는 행정제재는 주로 독립행정청에 의하여 이루어지고 있기 때문이다. 더욱이 앞서 언급한 바와 같이 독립행정청은 제

---

111) 물론 보안처분을 형벌의 일종으로 본다면 형벌의 범위가 넓어지게 되지만, 이하의 논의는 전통적인 의미의 형벌에 초점을 맞추고 보안처분은 논의의 대상에서 배제하기로 한다.

112) Mireille Delmas-Marty et Catherine Teitgen-Colly, Punir sans juger? De la Répression administrative au droit administratif pénal, Economica (1992) pp.56-57.

113) Cons. const., décisions 89-260 DC du 28 juillet 1989; Cons. const., décisions 97-395 DC du 30 décembre 1997.

114) Mireille Delmas-Marty et Catherine Teitgen-Colly, p.167.

재의 근거가 되는 법규명령을 스스로 제정할 권한을 갖는 경우가 많다. 따라서 이하에서 논의되는 독립행정청에 의한 제재는 형벌에 준하는 효과와 강도를 가진 것을 뜻하고 단순한 인허가 취소권 등은 배제하기로 한다. 이렇게 볼 때 독립행정청의 전부가 제재권을 갖는 것은 아니다. 주로 시장에 대한 경제적 규율을 위해 제재권을 동반하는 것이 타당하다고 인정되는 경우, 즉 금융시장청(AMF), 경쟁청(Autorité de la concurrence), 국가정보자유위원회(CNIL), 시청각최고위원회(CSA), 반도핑청(AFLD), 전자통신과 우편 규제청(ARCEP), 에너지규제위원회(CRE), 통제자문청(ACP), 인터넷상의 저작물보급과 권리보호를 위한 고등청(HADOPI: Haute autorité pour la diffusion des oeuvres et la protection des droit sur Internet) 등에 있어서만 제재권이 명시적으로 부여되고 있다. 이하에서는 그 중 주된 규제기관이라고 할 수 있는 금융시장청(AMF), 경쟁청(Autorité de la concurrence), 국가정보자유위원회(CNIL), 시청각최고위원회(CSA), 반도핑청(AFLD), 전자통신과 우편 규제청(ARCEP), 에너지규제위원회(CRE)의 7개 기관이 주로 언급될 것이다.

(2) 제재권 부여의 근거

(가) 독립행정청에 제재권을 부여하는 이론적 근거

독립행정청에 대하여 전통적인 행정청으로서의 역할 이외에 규제대상자들을 상대로 직접적인 제재권을 부여할 필요성에 관하여는 다양한 근거가 제시된다.[115] 먼저 다른 행정청, 법원과 달리 금융시장청(AMF) 등 독립행정청 중 전문적인 규제기관들은 기술적으로 복잡한 사안에 관하여 효율적으로 심리를 진행할 수 있다. 둘째로 독립행정청은 시간 경과, 지역의 차이성 등에 관계없이 비교적 조기에 일관된 제재원칙을 정립할 수 있다. 일반법원(tribunal de droit commun)이 이러한 일관성을 갖는 것은 최고법원의 결정 이후이므로 그 이전 각급 법원의 판단은 지역적, 시기적

---

115) René Dosière et Christian Vanneste, p.346.

으로 엇갈릴 수 있는 것과 비교할 때 규제의 안정성 측면에도 도움이 되는 것이다. 셋째로, 일반 검찰권이 통상의 형사정책목적상 우선순위가 떨어진다고 판단할법한 사안에 있어서도 이렇듯 특정 분야에 집중하는 전문적 기관은 발빠르게 제재에 나설 수 있다. 즉 다른 행정청과 법원과 비교할 때 독립행정청의 수범자들에 대한 규제에 나서는 태도 역시 기본적으로 보다 적극적이라고 평가받고 있다.

이와 같은 필요성을 인정하더라도 기존의 규제 및 감독기관과의 업무 중첩으로 인하여 소모적인 긴장관계가 발생하는 것은 아닐까? 이에 대하여는 현실적으로 독립행정청이 기존의 기관구조(dispositif institutionnel) 가운데에 안착하는 데에는 다음 두 가지 요소가 기여한 것으로 분석된다.[116] 첫 번째로 특히 규제적인 독립행정청의 다수에 있어서 그 위원은 공무원들 또는 꽁세유데따, 파기원, 회계법원의 구성원 중에서 임명되는 경우가 많다. 더 나아가 독립행정청의 위원장이 위 자격자 중에서 선임되는 경우도 있다. 이러한 인적인 교류는 독립행정청과 기존 제재기관과의 긴장관계를 완화시키고 상호 원활한 논의{이른바 '상호침투(osmose)'}를 가져오는데 기여할 수 있을 것이다. 둘째로 관련 규정 또는 판례에 의하여 기관간 기능적 관계(relations fonctionnelles)가 설정되고 있다. 예컨대 종래 관련 법에 따르면 공화국 중재관은 각급 법원장에게 그 임무를 수행함에 있어 필요한 자료를 요청할 수 있도록 되어 있었다.[117] 이렇듯 명문의 규정 또는 판례에 의하여 확립된 원칙에 따라 독립행정청과 다른 국가기관들은 상호 소통할 수 있는 것이다.

(나) 헌법위원회의 입장

헌법위원회는 초기에 독립행정청에 제재권을 부여하는 것에 대하여 유보적인 입장이었다.[118] 그 후 점차로 입장을 변경하여 1989년의 결정

---

116) Jean-Louis Autin, p.879.
117) Loi du 3 janv. 1973, art. 12, modifié par la loi du 24 déc. 1976.
118) Cons. const., décision des 10 et 11 octobre 1984.

에서는 시청각최고위원회(CSA)와 증권위원회(COB)에의 제재권 부여를
명시적으로 허용했다.[119] 위 결정에서 헌법위원회는 제재권이 입법자에
의해 명확히 설정되어야 한다고 전제하면서 두 가지 유보를 설시하였다.
첫 번째로 독립행정청의 이러한 제제관련 권한(faculté)은 그 임무를 수행
하기 위하여 필요한 한도 내에서(dans la limite nécessaire à l'accomp
lissement de leur mission)만 인정되는 것이다. 둘째로 제재는 권리의 모든
박탈이어서는 안 된다(la sanction susceptible d'être infligée est exclusive
de toute privation de liberté). 나아가 헌법위원회는 이러한 제재의 실행을
위하여는, (ⅰ) 사법적 구제, 형평상 절차 등의 엄격한 절차적 보장이 이
루어져야 하고, (ⅱ) 특히 헌법상 보장을 받는 권리와 자유의 침해가 문
제되는 경우, 죄형법정주의, 비례원칙 등 실체적 요건을 충족할 필요가
있다고 판단하였다.

　헌법위원회의 입장은 독립행정청에 제재권을 부여할 당위성을 인정하
되, 그 구체적인 실행요건을 엄격하게 규제하자는 것으로 보인다. 이에
따라 후술하는 금융시장청(AMF) 등 각 독립행정청 관련 법률에서 제재
권을 부여한 것은 합헌으로 평가받고 있다. 다만 위 판시에서 알 수 있듯
이 헌법위원회는 엄격하게 제재권의 범위를 한정하고 있기 때문에 그 요
건을 충족하지 못한 경우 제재권을 부여한 법률의 효력이 없다는 판시도
등장하고 있다. 일례로 헌법위원회는 최근 인터넷상 저작물보급과 권리
보호를 위한 고등청(HADOPI) 관련 법률조항 중 이 독립행정청이 저작권
보호조항 위반자에 대하여 인터넷 접근을 할 수 없도록 제재할 수 있다
는 조항은 무효라고 판시한 바 있다.[120] 그 근거는 이 사안이 정보와 통
신에 관한 근본적 권리의 박탈에 관한 것으로 헌법위원회가 제시한 위
요건을 제대로 충족하지 못했다는 데에 있다.

---

119) Cons. const., décision n° 88-248 DC du 17 janvier 1989 (시청각최고위원회 관
　　런); Cons. const., décision n° 89-260 DC du 28 juillet 1989 (증권위원회 관련)
120) Cons. const., décision n° 2009-590 DC du 22 octobre 2009.

(3) 제재의 절차 및 내용

㈎ 절차개관

일반적으로 독립행정청에 의한 제재절차는 소추기능(fonctions de poursuite)과 결정기능(fonctions de jugement)을 분리하여 이원화형태로 운영되고 있다. 이는 1990년대 말 소추기능을 담당했던 보고자(rapporteur)가 결정과정에도 관여했다는 이유로, 증권위원회(COB)의 제재처분이 법원에 의해 취소처분을 받게 되자 확립된 제도적 보완책이다. 실질적인 측면을 보더라도 판단기준이 되고 있는 법규명령을 독립행정청이 제정하는 상태에서 위법행위 여부에 관한 조사기능과 판단기능까지 융합된다면 자의적인 판단 및 제재가 이루어질 우려가 크다고 할 것이다. 재판을 행하는 판사와 기소를 하는 검사간의 구분(distinction entre un siège qui juge et un parquet qui saisit)은 전통적인 프랑스 형사절차의 기본원칙이기도 하다.[121]

첫 단계인 현장조사(enquête sur le terrain)와 서류예심(instruction du dossier)은 예심부(services d'instruction)가 맡게 된다. 예심부의 대표자는 조사에 대한 전반적 지휘, 제재절차의 통지, 예심부의 최종 입장 표명을 담당하게 된다.[122] 이러한 예심부의 보고에 대한 제재 판단은 독립행정청 구성원인 위원들 전체(collège)가 내리기도 하고 또는 독립행정청 내에 구성된 별도의 제재위원회(commission des sanctions)가 담당하기도 한다. 일단 결정이 내려지면 독립행정청의 사무국(secrétariat)이 이를 상대방에게 통지한다.

예심부는 그 대표자인 보고자와 수인의 보고보조자(rapporteurs adjoints), 변호사(juristes) 등으로 이루어진다. 필요한 경우에는 외부전문가에게 특정분야의 자문 또는 조사를 의뢰하는 경우도 있다. 특히 결정을 담당하는

---

121) Martin Collet, p.12.
122) 경쟁청이 그러하다. 금융시장청의 경우 조사기능은 주로 사무총장(secrétaire général de l'AMF)이 맡고 있다. René Dosière et Christian Vanneste, p.368.

제재위원회의 구성원 또는 독립행정청의 위원들이 불공정한 판단을 행할 우려가 있는 때에는 제재 상대방이 사전에 기피신청할 수 있도록 규정을 두는 경우도 많다.

(나) 제재의 법적 성격과 유럽인권협약의 적용문제

독립행정청의 제재행위가 과연 행정행위인지 사법행위인지에 관하여 논란이 있으나, 대체적인 입장은 이를 행정행위의 일환으로 인정하는 것이다.[123] 그렇다면 일반 재판절차에 적용되는 각종 적법절차의 원칙이 독립행정청에 의한 행정제재 과정에는 적용되지 않는가? 특히 독립행정청의 제재행위 역시 유럽인권협약(CEDH: Convention europeenne des Droits de l'homme) 제6조[124])에 따라 형평의 원칙 등을 준수하여 이루어져야 하는지가 문제된 바 있다.

꽁세유데따는 일찍부터 유럽인권협약 제6조 제1항의 '법정(tribunal)' 개념을 실질적으로 인정하여 왔다. 또한 위 협약 제6조 제3항에 근거하여 형사절차(procès pénal)에 규정된 절차가 비사법적 절차(procédures non juridictionnelles)에 의한 제재에도 적용되어야 한다고 판시하였다.[125] 그 논거는 그 제재행위의 범주에서는 당해 독립행정청을 재판기관으로 인정할 수 있다는 것이다. 이는 꽁세유데따가 국내법적인 관점에서 독립행정청의 행위에 대하여 절차보장을 인정하지 않고 독립행정청을 재판기관으로 인정하지 않는 것과 달리, 유럽인권협약의 적용에 있어서는 예외를 인정한 것이다. 이에 따라 독립행정청의 제재행위에는 형평의 원칙(principe

---

123) M. Lombard, G Dumond, Droit administratif, Dalloz, 2005, p.122; P. Quilichini, Réguler n'est pas juger, AJDA, 2004, p.1069. (전훈, 독립행정청에 관한 소고, 428면에서 재인용).

124) 유럽인권협약 제6조는 공정한 재판을 받을 권리에 관하여, 독립적이고 공평한 법원에 의한 공개재판을 받을 권리(제1항), 무죄추정의 원칙(제2항), 기소이유를 들을 권리, 방어권, 변호사의 조력을 받을 권리, 반대신문권, 통역이용권(제3항)을 규정한다.

125) CE, ass., 3 déc. 1999, n° 207434; Jean-Louis Autin, p.882.

d'impartialité) 등 유럽인권협약 제6조의 규정이 적용된다. 반면 꽁세유데따는 독립행정청의 제재 심의회(délibéré) 절차에서 보고자(rapporteur)가 참석하였다 하더라도 위 보고자가 당해 사안의 조사과정에서 중립을 유지해 온 이상 형평의 원칙에 반하는 것이 아니라는 판단을 내린 바도 있다.126)

(다) 제재의 내용

독립행정청이 내리는 제재 중 대표적인 것은 금전적인 제재(sanctions pécuniaires)라고 할 수 있다. 이는 실질적으로 형사벌인 벌금(amende pénale)과 동일한 효과를 가져옴에도 불구하고 법원이 아닌 독립행정청에 의해 부과 결정이 이루어진다. 법률에서는 독립행정청에 금전적인 제재권을 부여하면서 매출액의 몇 % 등의 부과한도액을 규정하는 것이 보통이다.127) 반면 비금전적 제재(sanction non pécuniaires)도 활용되고 있다. 여기에는 법적 구속력이 있는 이행명령(injonction)을 발하거나, 부정적 평가(formulation de critiques)를 담은 의견을 대외적으로 공표하는 것을 포함한다.128)

과거의 통계(2005년부터 5년간)를 보면 독립행정청들이 어떠한 제재방식을 선호하는지는 각 기관의 성격에 따라 차이가 있다.129) 금전적 제재방식을 선호해온 대표적인 독립행정청으로서 (a) 경쟁청(Autorité de la concurrence)과 (b) 금융시장청(AMF)을 들 수 있다. 경쟁청은 2005년부터 2009년 사이에 99건의 제재를 가하였는바, 이는 오로지 금전적 제재방식에만 의하였다. 금융시장청의 경우 2005년에는 전체 제재 중 60%를 금전적 제재에 의하던 것이, 이후 2006년 및 2007년에는 86%, 2008년에는

---

126) CE, ass., 3 déc. 1999, n° 207434. 이러한 입장은 유럽법원(Cour européenne)에서도 2년 후 수용되었다 (CEDH, 27 août 2002, Didier c. France, RD publ. 2003. 699, obs. G. Gonzalez).
127) 시청각최고위원회에 관한 1989. 1. 17. 법률 제19조; 금융시장청에 관한 2003. 8. 1. 법률 제14조 참조.
128) 이행명령을 그 자체로 제재로 볼 것인지에 대하여는 논란이 있다. 김혜진, 76면.
129) René Dosière et Christian Vanneste, p.355 참조.

80%, 2009년에는 86%로 그 비중이 높아졌다. 한편 (c) 국가정보자유위원회(CNIL)의 경우 원래 비금전제재에 크게 의지하다가 이제 금전적 제재도 많이 활용하고 있다. 즉 2005년에는 전부 비금전적 제재에 의하다가 그 이후 절반 이상의 제재가 금전적 수단에 의해 이루어지고 있다(2006년에 75%, 2007년에 64%, 2008년에 90%, 2009년에 55%). 국가정보자유위원회의 경우 건별로 금전제재의 액수에 큰 편차가 있는 경쟁청, 금융시장청 및 시청각최고위원회(CSA)와 달리 건당 부과된 제재금액이 대체로 비슷한 점도 특징적이다. 한편 (d) 시청각최고위원회는 각 연도별로 제재의 구성 비율에 큰 차이가 있다. 즉 2005년과 2006년에는 금전적 제재의 비중이 75%를 차지하다가, 2007년과 2008년에는 비금전적인 제재의 비중이 각기 55%와 66%로서 다수를 차지하였다. 그 후 2009년에는 금전적 제재와 비금전적 제재가 거의 동등한 비중을 차지했다. 다만 금전제재의 액수를 정함에 있어 건당 금액이 1,368유로에서 200,000유로까지 큰 차이를 보이고 있다.[130] 한편 (e) 반도핑청(AFLD: Agence française de lutte contre le dopage)은 2006년 창설된 이래 지금까지 비금전적 제재만 부과해 왔다. 다만 이는 관련 법령에 금전적 제재권을 명시하지 않았음에 기인한 것인바, 최근의 법 개정으로[131] 인해 향후 금전적 제재도 가능하게 되었다. 프랑스 주요 독립행정청의 제재권 규정에 관한 상세한 사항은 이 논문의 마지막에 첨부된 별첨자료 3에 설명되어 있다.

독립행정청이 행정제재를 발할 때에는 형사제재와의 관계도 고려되어야 한다. 앞서 언급한 바와 같이 헌법위원회는 행정제재와 형사제재의 병과를 인정한바 있다.[132] 그러나 이러한 병과는 무조건 허용되는 것은 아니고, 특히 금전적 제재인 경우 양 제재의 합계가 하나의 제재의 상한을

---

130) René Dosière et Christian Vanneste, p.355.

131) ordonnance du 14 avril 2010 relative à la santé des sportifs et à la mise en conformité du code du sport avec les principes du code mondial antidopage.

132) Cons. const., décisions 89-260 DC du 28 juillet 1989; Cons. const., décisions 97-395 DC du 30 décembre 1997.

초과할 수는 없다(ne dépasse pas le montant le plus élevé de l'une des sanctions encourues).

(4) 제재에 대한 불복

(가) 불복절차

위 제재처분을 통지받은 자는 독립행정청을 상대로 불복절차를 밟을 수 있다. 불복을 원하는 자는 법령상 특별한 조항이 없는 이상 해당 독립행정청이 소재한 곳의 관할 행정법원(tribunal administratif du ressort géographique du siège de l'autorité)에 소를 제기하면 된다.[133] 위 하급심 법원에 대한 항소심은 행정항소법원(Cour administrative d'appel)이 담당하고, 최종심은 꽁세유데따가 맡게 된다. 다만 프랑스 특유의 행정법원과 사법법원의 구분으로 인해 일부 독립행정청의 처분에 관하여는 사법법원에 관할이 인정되는 경우도 있다. 이러한 관할배분의 문제는 후술하는 독립행정청에 대한 법원통제 부분에서 상세히 검토하기로 한다.

위 불복은 제재처분의 상대방만이 제기할 수 있으므로, 수소법원에 제재를 가중시킬 것을 요청하는 형태의 불복은 있을 수 없다. 다만 이에 대하여는 독립행정청의 제재위원회의 제재처분이 너무 가벼운 경우, 그 독립행정청의 구성원인 위원이 이에 불복하여 법원에 더 높은 제재처분을 구하는 형태의 소도 허용될 필요가 있다는 주장이 제기되고 있다.

(나) 불복사례의 분석

1) 현황

독립행정청의 제재처분에 대한 불복의 태양 및 그 결과는 독립행정청별로 큰 차이점을 보여주고 있다. 매우 낮은 불복율을 보이는 독립행정청으로는 전자통신과 우편 규제청(ARCEP), 반도핑청(AFLD), 국가정보자유위원회(CNIL), 시청각최고위원회(CSA)가 있다. 특히 전자통신과 우편 규

---

133) Article R.312-1 du code de justice administrative.

제청의 경우 지금까지 법원에 제소가 이루어진 사례가 한번도 없다. 반도 핑청은 그 정도는 아니지만 매우 낮은 불복율과 파기율을 보여주고 있다. 즉 2006년부터 2009년까지 122건의 제재처분에 관하여 8건의 불복소송이 이루어졌을 뿐이며, 법원에 의해 취소결정이 내려진 사례도 극히 드물다. 국가정보자유위원회의 경우에도 2005년부터 2008년 사이에 49건의 제재처분이 내려졌는바, 그 중 7건에 관한 불복이 이루어져서, 2건에 대해 법원의 취소, 변경 판단이 이루어졌다. 시청각최고위원회의 경우에도 그 제재처분에 대해 불복이 제기되는 경우는 많지 않다. 시청각최고위원회가 내린 제재에 대하여 법원이 다른 판단을 한 경우는 1994년에 한건이 있을 뿐이다.

반면에 금융시장청과 경쟁청의 경우 제재의 절대건수도 많을 뿐 아니라 불복비율도 상당히 높은 편이다. 먼저 금융시장청의 경우 2005년부터 2009년까지 이루어진 제재 중 적게는 40% 많게는 74%의 처분에 관한 불복의 소가 제기되었다. 다만 이러한 불복에 대하여 법원이 인용판단을 한 예는 많지 않고, 해마다 인용사례도 조금씩 줄어드는 것으로 나타난다.[134] 다음으로 경쟁청의 경우 금융시장청과 마찬가지로 상당히 높은 불복비율을 보인다. 즉 2005년부터 2009년 사이에 경쟁청에 의한 제재 중 연간 43% 내지 69%에 대하여 불복이 제기되었다. 또한 법원에서 이러한 불복의 소를 인용하는 사례도 많은 편이다. 예컨대 경쟁청의 전신인 구 경쟁위원회가 2005년에 내린 제재처분은 31건이었는데 그 중 18건에 대하여 불복이 이루어져서 8건이 법원에 의한 변경결정을 받았다. 경쟁위원회가 내린 전체 결정 중 약 26%가 변경된 셈이고, 불복된 소를 기준으로 할 때에는 44%의 인용율을 보여주는 것이다. 다만 법원은 경쟁청의 제재처분 전체를 취소하는 방식보다는 제재의 내용을 변경하는 방식을

---

134) 법원은 2005년에 25건 중 8건은 변경결정을, 1건은 취소결정을 내렸다. 그러나 그 이후로 법원에 의한 취소, 변경결정례는 많지 않다. 2006년에는 불복의 소 37건 중 4건에 대하여 취소결정이 내려졌고, 2007년에는 41건 중 2건에 대하여 변경결정이 내려졌으며, 2008년에는 40건 중 3건에 대하여 변경결정이 있었다.

많이 채택하고 있다.

위 통계자료는 최근의 몇 년간에 한정된 것이므로 이를 성급하게 일반
화하기는 어려울 것이다. 또한 불복의 소가 제기되지 않는 이유는 규제의
설득력과 정당성에 기인할 수 있지만, 규제기관과의 껄끄러운 관계를 부
담스러워하는 것에 따른 것일 수도 있다. 그렇다면 오히려 불복의 소가
적극적으로 제기되는 것이 규제자와 피규제자간의 대등한 입장을 나타내
는 것으로 풀이될 여지도 있다. 위 통계에 나타난 현상만을 토대로 살펴
보면 다음과 같다. 먼저 금융시장청과 경쟁청의 경우 다른 독립행정청에
비해 불복이 많이 이루어진 주요한 이유 중의 하나는 위 두 기관이 금전
적인 제재방식을 택하였고 그 절대금액 자체가 매우 높다는 점이다.[135]
금융규제와 경쟁분야에 있어서는 위법행위로 인한 이득과 함께 그 파급
효과도 크기 때문에 금전적 제재의 수위가 높아지는 현상을 반영한 것이
라고도 할 수 있다. 또 다른 한 가지는 많은 경우에 해를 거듭할수록 불
복 및 법원에 의한 인용비율이 줄어들고 있다는 점이다. 이는 프랑스 독
립행정청이 규제의 합리성을 기하고자 계속 노력하고 있다는 점을 반영
하는 것이라고 할 수 있다. 다만 경쟁청의 경우 최근까지도 높은 수준의
불복소송 인용비율을 보여주고 있다. 이에 대하여 해당 위원회에서는 법
원의 인용판결이 취소판결이 아니라 대부분 제재처분의 금액을 일부 변
경시키는 등 변경판결이라는 점을 강조하면서 실제 주요한 쟁점에서는
법원과 경쟁청이 판단을 같이한다고 보고 있다.[136] 그러나 법원이 금전적
제재 액수가 과다하다는 점을 확인하고 있다는 점에서 향후 경쟁청이 금
전적 제재처분을 할 때에는 법원의 관점을 좀 더 반영할 필요가 있을 것
으로 보인다.

2) 불복의 소에 대한 인용비율 비교

독립행정청의 제재권한은 실질적으로 준사법기관으로서의 역할을 담

---

135) René Dosière et Christian Vanneste, p.362.
136) René Dosière et Christian Vanneste, p.363.

당하고 있는 것이다. 이에 따라 앞서 본 바와 같이 소추기능과 결정기능
을 분리하는 등 절차적 적법성을 갖추기 위한 노력이 계속되고 있다. 그
렇다면 독립행정청에 의한 사법작용으로서의 제재 결정의 질(qualité)은
다른 정통적인 사법기관인 행정법원, 사법법원과 비교할 때 어떠한가? 이
를 직접적으로 판단하기는 어렵고, 상급기관에 불복절차가 이루어졌을
때 불복이 받아들여지는 비율을 통해 간접적으로 비교할 수 있을 것이다.

〈표 2〉 사법법원과 행정법원 1심 판단에 대한 파기율[137)

	2007	2008	2009
사법법원 민사항소사건 파기율	2.17%	1.8%	측정수치없음
사법법원 형사항소사건 파기율	측정수치없음	0.47%	측정수치없음
행정법원 항소사건 파기율	15.8%	16.9%	15.6%

위의 도표는 사법법원과 행정법원의 1심 판단이 상급법원에서 파기되
는 비율을 나타내고 있다. 먼저 사법법원의 경우, 민사사건에 있어서는
대체로 2% 내외의 파기율이 나타나고 있는 반면, 형사사건의 경우 (비록
2008년으로 한정되어 있기는 하지만) 1%에 미치지 못하는 낮은 파기율
이 나타난다. 행정법원의 경우 1심 판단이 2심에서 뒤집히는 비율이 16%
내외로서 사법법원과 비교하여 상당히 높은 수준이다.

앞서 금융시장청과 경쟁청의 경우 독립행정청의 판단이 법원에서 바
뀌는 비율이 위 사법법원 및 행정법원보다 상당히 높은 수준이다. 특히
경쟁청의 경우 2005년부터 4년간 불복제기된 소송 47건 중 21건에 대하
여 취소, 변경 판결이 내려짐으로써 대단히 높은 파기율을 보인바 있다.
반면 전자통신과 우편 규제청, 반도평청, 국가정보자유위원회, 시청각최
고위원회의 경우 위 사법법원에 준할 정도의 낮은 파기율을 보이고 있다.
물론 이러한 파기율을 둘러싼 분석은 각 기관의 판단의 정확성에 대한
간접적 자료일 뿐이다. 그리고 엄격한 소송절차에 따라 상당한 기간을 두
고 이루어지는 법원에서의 판단과, 비록 소추와 재판기능이 분리되어 있

---

137) René Dosière et Christian Vanneste, p.365.

다고는 하지만 비교적 단기간 내에 제한된 인원에 의해 이루어지는 독립
행정청에서의 판단을 동일선상에 두고 판단하기 어려운 점도 있다. 하지
만 상급기관에서의 파기율이 높은 경우 공권적 판단의 신뢰성에 의문이
발생할 수 있으므로 일부 독립행정청의 경우 파기율을 낮추기 위한 노력
을 기울여야 할 것으로 보인다.

(5) 주요 독립행정청의 제재권

㈎ 반도핑청

반도핑청(AFLD)의 제재권은 스포츠법 제232-23조에 근거하고 있다.
이에 따르면 AFLD는 경고(avertissements)를 발할 수도 있지만, 경기연합
회(fédérations)에 의해 조직되거나 인가된 경기 또는 행사에 일시적 또는
영속적으로 참가금지를 명하고 나아가 경기연합회의 어떤 역할을 맡는
것을 금지하는 등 징계적 제재(sanctions disciplinaires)를 발할 수도 있다.
하나의 경기연합회에서 문제된 사안을 다른 종목의 경기연합회에 확장
적용할 수도 있다.

금전적 제재는 2010년의 법률명령(ordonnance du 14 avril 2010)에 의
하여 명문화되었다. 이에 따르면 위법행위를 한 해당 운동선수에 대하여
는 45,000유로까지, 그밖의 관련자들에 대하여는 150,000유로까지 제재금
을 부과할 수 있다. 이처럼 제재금의 최대한만을 규정할 뿐 최저한
(plancher)을 정하지는 않고 있다.

제재의 내용을 결정함에 있어서는 (ⅰ) 선수의 개인적 상황(성격, 나
이, 재범여부 등), (ⅱ) 의학적 상황 (치료의 필요성, 다른 의학적 대안의
부재여부), (ⅲ) 주변인의 관여여부 등을 종합적으로 고려하게 된다. 구체
적으로, 일반적으로 약물양성반응을 보이는 경우에는 경고 또는 최고 2
년까지의 자격정지가 부과되고, 그밖에 정도가 더 심한 특정물질인 경우
2년 내지 6년까지의 자격정지가 내려진다.[138]

---

138) René Dosière et Christian Vanneste, p.347.

(나) 금융시장청

금융시장청(AMF)에 의한 제재의 근거조항은 금융재정법 제621-15조이
다. 이 조항이 정하고 있는 것은 징계적 성격의 제재(sanctions à caractère
disciplinaire)와 금전적 제재(sanctions pécuniaires)의 두 유형이다. 전자에 포
함되는 것으로서는 공개비판(blâme), 경고(avertissement), 일시적 또는 영구
적인 자격 박탈(retrait temporaire ou définitif de la carte professionnelle), 일
시적 또는 영구적인 자격 정지(interdiction professionnelle à titre temporaire
ou définitif) 등이 있다.

금전적 제재의 상한은 1,000만 유로[139] 또는 실현이익의 10배(décuple
du profit réalisé)이다. 특별히 하한을 정하지 않은 것은 반도평기구의 경
우와 마찬가지이며, 실제로 단지 상징적인 의미에서 100유로의 금전적
제재가 이루어진 사례도 있다.[140] 금전적 제재시에는 위법행위의 중대성
과 함께 행위자의 재정적 상황을 고려하고 있다.

(다) 전자통신과 우편 규제청

전자통신과 우편 규제청(ARCEP)에 의한 제재는 우편과 전자적 통신
법 제36-11조와 제5조의3에 의해 이루어진다. 전자는 전자적 통신에 관한
제재의 근거조항이고 후자는 우편을 통한 통신에 관련된 제재의 근거가
된다. 이렇듯 ARCEP의 업무영역은 두 가지로 나눠지므로 관련 제재권한
도 둘로 나누어 차례로 살펴보기로 한다.

먼저 전자적 통신에 관한 제재권이다. ARCEP는 비금전적 제재와 금
전적 제재를 모두 발할 수 있다. 비금전적 제재의 예로서 한달 또는 그
이상 기간 전자적 통신망 구축 또는 서비스 제공 권리의 전부 또는 일부

---

139) 원래는 150만 유로이던 것이 la loi de modernisation de l'économie dite loi
("LME") du 4 août 2008에 의해 상향조정된 것이다. 위 상한액을 1억 유로로
인상하려는 움직임이 있는바, 이는 AMF와 ACP간 제재 조항의 균형을 그 명분
으로 한다.
140) René Dosière et Christian Vanneste, p.348.

정지, 3년 이하 기간 이러한 권리의 박탈, 한 달 또는 그 이상 기간 주파수할당의 전부 또는 일부 정지 등이 있다. 금전적 제재는 인정된 위법행위의 중대성과 해당 위법행위로 인한 행위자의 이득에 비례하되, 이전 해의 세금 제외 총매출액의 3%(만약 재범인 경우 5%)를 넘지 않는 범위에서만 부과할 수 있다.

다음으로 우편을 통한 통신에 관한 제재권이다. 만약 위법행위자가 우편과 전자적 통신법 제5조의3에서 정하는 인가대상인 경우, 경고(avertissement), 인가기간의 1년 단축(réduction d'une année de la durée de l'autorisation), 한달 또는 그 이상 기간 인가의 정지, 그리고 인가취소(suspension de l'autorisation pour un mois au plus, et le retrait de l'autorisation) 등의 비금전적 제재를 부과할 수 있다. 한편 위 인가대상에 속하는 자 또는 범용서비스업자(prestataire du service universel)가 위법행위를 한 때에는 금전적 제재의 대상이 될 수 있다. 금전적 제재는 위법행위의 중대성, 행위자의 이익에 비례하여 산정해야 하는바, 이전 해의 세금 제외 총매출액의 5%(만약 재범인 경우 10%)를 넘지 않아야 한다. 실제로 ARCEP는 2005부터 2009까지의 사이에 3건의 제재만을 내린바 있다.[141]

㈜ 경쟁청

경쟁청(Autorité de la concurrence)의 제재권은 상법 제464-2조에 규정되어 있다. 앞서 언급한 바와 같이 경쟁청은 주로 금전적 제재권을 활용하고 있으며, 그 타당성을 둘러싼 분쟁이 많이 발생하고 있다. 금전적 제재가 이루어지는 주된 분야는 반경쟁적 행위(pratique anticoncurrentielle) 즉, 담합(entente), 시장지배적 지위 남용(abus de position dominante) 사안이다. 2001년의 새로운 경제규제법(이른바 NRE)에는 금전적 제재를 결정할 때에 다음 네 가지 사항을 평가하도록 되어 있다. 첫째로 경제에 미친 손해

---

141) 이는 모두 비금전적인 제재였다. 이처럼 제재의 건수가 적은 이유는 ARCEP가 제재에 이르기 이전단계에서 경고조치를 통하여 그 목적을 달성할 수 있었기 때문이다. René Dosière et Christian Vanneste, p.349.

의 중요성이고, 둘째로 행위의 중대성, 셋째로 해당 회사의 상황, 마지막으로 재범 기타 가중 내지 감경사유를 고려해야 한다. 위 2001년의 법 개정으로 인해 금전적 제재의 기준뿐 아니라 그 상한도 가중되었다. 이에 따르면 경쟁청은 위법행위자에 대하여 해당 그룹의 국내외 매출의 10%까지 금전적 제재를 발할 수 있도록 되어 있다.

경쟁청이 행사하는 제재권이 다른 독립행정청과 구분되는 것을 중심으로 살펴보면 다음과 같다. 먼저 경쟁청은 기업결합을 통제할 권능이 있다. 프랑스 상법에 따르면 기업들은 결합계획을 위원회에 제출하여야 하고 그 계획이 승인되거나 심사기간이 경과하지 않는 이상 기업결합을 진행할 수 없다. 만약 이를 준수하지 않은 경우 제재를 받는다.[142]

다음으로 경쟁청은 반복된 위법행위를 엄격히 다스릴 수 있다. 위 2001년의 새로운 경제규제법은 담합과 시장지배적 지위남용에 있어서 재범(réitération)을 명시적으로 정의하고 있다.[143] 재범의 요소로서는 (i) 제1행위가 제재를 받았는지 여부는 불문하지만 적어도 제1행위가 제2행위가 이루어지기 이전에 경쟁청, 유럽위원회(Commission européenne), 하며, (iii) 제1또는 판사에 의하여 위법행위로 인정받았어야 하며, (ii) 위원회가 제2행위에 관해 결정하기 전에 제1행위의 위법성이 확정되어야(devenu définitif) 행위와 제2행위가 동일사안이거나 동일 또는 유사한 효과를 가져야 한다. 재범의 효과로서 두 행위간 기간이 짧고 특정기간 내에 이루어진 위법행위의 수가 많으며 위반행위가 중대한 경우 50% 가중 처벌이 이루어지게 된다.[144]

마지막으로 경쟁청은 규제활동을 원활히 하기 위한 제재권을 별도로 갖는다. 즉 경쟁청은 그가 내린 처분 또는 명령을 제대로 준수하지 않았

---

142) 다만 아직 이 조항에 따른 기업결합신고 미비를 이유로 제재를 받은 사례는 없다. René Dosière et Christian Vanneste, p.349.

143) 이는 형사적인 의미의 재범(récidive pénale)과 구분되는 것으로서, 경쟁청의 결정에 의하여 판단되는 것이다.

144) 다만 경쟁청의 철강카르텔에 관한 가중된 금전적 제재에 대하여 파리항소법원이 그 금액을 감축한바 있다. René Dosière et Christian Vanneste, p.347.

음을 이유로 하여 금전제재를 발할 수 있고, 또는 조사방해(obstruction à l'enquête ou à l'instruction)를 이유로도 금전제재를 내릴 수 있다. 이는 다른 독립행정청은 갖지 못하는 예외적인 권한이다.

㈐ 국가정보자유위원회

국가정보자유위원회(CNIL)에 의한 제재권의 행사는 1978. 1. 6. 법 제 45조 내지 제49조를 비롯한 관련법령의 근거에 따라 이루어진다. 국가정 보자유위원회는 6인으로 구성된 소위원회(Commission restreinte)가 비금 전제재와 금전적제재 여부를 결정한다. 비금전제재의 예로서 경고 (avertissement), 취급중단명령(injonction de cesser le traitement) 등이 있고, 금전제재는 150,000유로를 그 한도로 한다.[145] 금전제재의 최저한도는 없 다. 금전제재 금액은 확인된 위법행위의 중대성과 그로 인한 이득에 비례 하도록 되어 있으므로, 위 두 요소를 평가하기 위하여, 위법행위의 수, 위 법행위의 범위와 성격, 관여자의 숫자, 청원의 숫자, 피해정도, 당해 기업 의 재정상황, 매출을 검토하게 된다.

㈑ 에너지규제위원회

에너지규제위원회(CRE)에 의한 제재는 전기의 공적서비스 현대화 및 발 전에 관한 2000. 2. 10. 법률 제40조 제1항에 근거를 두고 있다. 제재에 관한 업무는 위원회 내 특별조직인 분쟁 및 제재위원회(Comité de règlement des différends et des sanctions: CoRDiS)가 맡고 있다.

위 조항에 따르면 에너지규제위원회는 다음 세 가지 경우에 제재권을 행사할 수 있다. 첫 번째가 망 접근에 관한 법률, 명령에 위반한 관리자 (gestionnaire), 운영자(opérateur), 개발자(exploitant), 망 사용자(utilisateur d'un réseau)에 대한 제재이고, 두 번째가 에너지규제위원회의 결정에 위반

---

145) 위 article 7 de la loi du 6 janvier 1978 modifiée에 의하면 5년 내의 동일한 행위의 재범인 경우에는 그 상한을 300,000 유로로 상향하고 있다.

한 자에 대한 제재이며, 마지막은 법률에 규정된 문서 및 정보의 통신에 관한 의무에 위반한 망 관리자에 대한 제재이다.

에너지규제위원회가 발하는 비금전적 제재의 유형으로는 1년 미만의 기간 동안 관련 망, 건물, 시설 접근 금지(interdiction temporaire d'accès aux réseaux, ouvrages et installations concernés pour une durée n'excédant pas un an) 등이 있다. 금전적 제재는 형사범죄를 구성하지 않는 경우에 한하여 발할 수 있는바, 그 상한은 그 전 회계연도의 세금을 제외한 매출액의 3%이고, 재범은 그 상한이 5%로 상향조정되어 있다.[146] 제재여부를 판단할 때 위법행위의 중대성, 관련자의 상황, 피해의 크기, 위법행위자의 이득 등을 고려하는 것은 다른 독립행정청과 같다. 다만 에너지규제위원회는 2011년까지 비금전적, 금전적 제재를 발동한 사례가 없는 것으로 알려져 있다.[147]

(사) 시청각최고위원회

시청각최고위원회(CSA)의 제재권한은 1986. 9. 30. 법률 제42-2조에 규정되어 있다. 이에 따르면 CSA는 사전 경고후 비금전, 금전제재를 발할 수 있다. 다른 독립행정청의 경우에서와 마찬가지로, 금전제재의 상한은 지난 12개월간의 세금을 제외한 총 매출액의 3%(재범의 경우 5%)로 정해져 있다.

CAS의 제재권에 관하여 특징적인 것은 다른 행정청과의 유기적인 협력관계를 규정하고 있다는 것이다. 즉 시청각최고위원회는 법률이 정한 의무위반 사안에 있어서 꽁세유데따의 송무부 의장에게 이를 알릴 수 있다(saisir le président de la section du contentieux du Conseil d'État). 이러한 통지를 받은 꽁세유데따 송무부는 급속심리에 의하여(en référé) 즉시 집행력 있는(immédiatement exécutoire) 결정을 발할 수 있다. 한편 일정한

---

146) 만약 그 액수를 특정하기 어렵다면, 통상적인 경우 150,000유로로 계산하고 재범인 때에는 375,000유로로 간주한다.

147) René Dosière et Christian Vanneste, p.351.

경우 시청각최고위원회의 검찰에 대한 통지권한도 관련법에 규정되어 있다(saisir le procureur de la République).

(6) 관련문제: 제재권 이외의 사법작용 관련 권한

(가) 조사권

독립행정청의 그 업무를 효율적으로 수행하려면 정확한 사실관계의 파악이 중요하다. 이를 넓게 보아 알 권한(pouvour de savoir)으로 구성하는 견해도 있으나,[148] 여기에서는 그 중핵이 되는 조사권(pouvoir d'investigation)을 중심으로 살펴보기로 한다.

독립행정청의 조사권은 제재적 조사와 행정조사로 분류할 수 있다. 제재적 조사는 위반사실의 조사를 위한 압수 또는 수색의 권한을 가리키는 바, 통상적인 수사와 유사하므로 그 적법성이 문제된다. 실정법상으로는 금융시장청, 경쟁청이 위 제재적 조사권을 갖고 있다. 행정조사는 독립행정청이 임무수행을 위해 필요한 정보를 획득하기 위한 것으로서 자료제출 요청이 대표적이다.

프랑스의 모든 독립행정청에 제재권이 부여되어 있지는 않다. 하지만 그 강약의 차이는 있을지언정 특정사안에 관한 조사권, 특히 위 행정조사권은 갖고 있는 것이 보통이다.[149] 제재적 조사권과 달리 행정조사권의 경우 그 적법성에 별다른 의문이 제기되지는 않는다. 특히 전문분야를 규율대상으로 하는 독립행정청의 성패는 시장의 주요 참가자들로부터 정보를 수집하고 검증할 수 있는 권한, 시장을 감독하고 조정하는 데 필요한 정보들을 제대로 취사선택하고 분석할 수 있는 능력, 규제내용의 집행의 영향력을 제대로 분석하고 비용, 편익을 고려할 수 있는 능력에 좌우된다고 할 수 있다.[150]

---

148) Grégory Maitre, p.23.
149) M. Lombard, G Dumond, Droit administratif, Dalloz, 2005, p.122.
150) 조소영, 479면.

(나) 분쟁의 대체적 해결권

독립행정청은 경제적 주체(opérateurs économiques)간의 분쟁(litiges)에 적극적으로 관여하여 그 해결을 유도하기도 한다(이른바 대체적인 분쟁해결). 이는 일종의 사법적 권한이라고 할 수도 있지만, 실제로는 위 의견 제시, 공표 등과 함께 일련의 절차과정에서 이루어지는 경우도 많다. 예컨대 구 반차별 및 평등을 위한 고등청(HALDE)은 2009년에 차별적 대우에 관하여 10,000건의 청원(réclamations)을 접수하였는바, 이에 대하여 문제 있는 조사관행을 조사한 많은 경우에 중재를 시도하였다. 필요한 경우 대외적으로 의견을 표명하는 경우도 있었다.[151] 이러한 점을 고려하여 분쟁의 대체적 해결에 관하여는 이 부분에서 살펴보기로 한다. 이렇듯 독립행정청에 분쟁해결기능을 부여한 것에 관하여는 권력 집중 및 사법부 권한 침해의 점에서 비판이 제기될 수 있다. 이에 대하여는 다음 세 가지 점에서 반박이 가능하다. 첫째로 대체적인 분쟁해결방식은 독립행정청에만 인정된 것은 아니다. 위 비판은 사법부만이 담당할 수 있는 재판기능(fonction juridictionnelle)과 보다 넓은 공적기관이 담당할 수 있는 분쟁해결기능(fonction contentieuse)을 혼동하고 있다.[152] 둘째로 이러한 대체적 분쟁해결 기능이 부여된 독립행정청은 전자통신과 우편 규제청, 에너지 규제위원회, 시청각최고위원회 등 소수에 불과하다. 이들은 모두 인터넷 산업(industries de réseaux) 영역에서 또는 경쟁사업자간 망접속과 관련하여 경제적 규율을 하는 것과 관련되어 있다는 점에서 실제 독립행정청이 대체적 분쟁해결에 나서는 예는 극히 제한되어 있다고 볼 것이다.[153] 마지막으로 이러한 대체적 분쟁해결은 매우 예외적인 것으로서 엄격한 절차에 따라 이루어진다. 이렇듯 법적으로 또한 이론적으로 독립행정청에

---

151) Jean-Louis Autin, p.880. 이같은 중재활동이 실패하는 경우 반차별 및 평등을 위한 고등청(HALDE)는 법원에 소를 제기하였는데, 2011년을 기준으로 승소율이 78%에 달한바 있다.

152) Jean-Louis Autin, p.881.

153) M. Frison-Roche, Régulation et règlement des conflits, LPA 2004, n° 212, p.6.

의한 분쟁해결이 가능하게 됨에 따라 최근 사법기관이 관여하지 않은 분
쟁해결 사례가 늘어나고 있다.154)

(다) 기타 검찰통보권 등

독립행정청이 사법적 작용과 관련하여 행사할 수 있는 그밖의 권한으
로는 범죄정보를 검찰에 통보할 권한, 민사법원 또는 청문회에서 증언을
할 권한, 형사절차에서 피해자로서 관여할 권한 등이 있다.

앞서 살펴본 바와 같이 동일행위에 대한 이중처벌(double peine pour
un même manquement)은 불가능하지만, 행정적 제재와 형사적 제재는 그
법적 성격, 대상 등을 달리하는 것이므로 병과할 수 있다는 것이 헌법위
원회의 입장이다.155) 따라서 독립행정청은 제재조사와 병행하여 또는 제
재절차와 무관하게 위법사실을 검찰에 통보할 수 있도록 형사절차법에
규정되어 있다.156) 특히 금융시장청의 경우 2005년부터 2009년까지 스스
로 제재를 가한 사안 중 각기 46%, 58%, 40%, 25%, 47%의 사건에 대하
여 검찰에 수사통보를 하였다. 국가정보자유위원회의 경우에도 같은 기간
동안 각기 10%, 27%, 14%, 50%, 33% 사건에 관하여 검찰에 통보하였다.

두 번째로 독립행정청은 민사법원에서 또는 청문회에서 증언을 할 권
한이 있는바, 실제로 이러한 증언은 극히 예외적으로만 이루어지고 있다.
그 사례로서는 금융시장청이 2006년에, 시청각최고위원회가 2007년에 각
기 한건씩의 증언을 하였고, 국가정보자유위원회가 2008년과 2009년에 3
번씩의 증언을 한 바 있다.

마지막으로 법에 특별한 조항이 있는 경우 독립행정청은 형사절차에
서 피해당사자(partie civile)로157) 참여할 수 있다. 이러한 지위를 부여받

---

154) P. Quilichini, Réguler n'est pas juger, AJDA 2004. p.1060.
155) Cons. const., décisions 89-260 DC du 28 juillet 1989; Cons. const., décisions
97-395 DC du 30 décembre 1997.
156) 프랑스 형사소송법 제40조 제2항(alinéa 2 de l'article 40 du code de procédure
pénale)에 의하면 범죄정보를 습득한 기관, 공무원 등은 지체 없이 이를 검찰에
통보할 것을 규정하고 있다.

고 있는 기관은 종전에 금융시장청, 전자통신과 우편 규제청과 시청각최고위원회의 3개였다가 2008년에 반도핑청도 추가되었다. 그 중에서 금융시장청은 2005년부터 2007년 사이에 매년 1회씩 이러한 지위를 이용하여 형사절차에서 증언 등을 한 적이 있다.

3. 검토

조직상 독립성의 측면에서 볼 때 프랑스 독립행정청의 주된 특성은 그 위원선임방식 및 겸직의 측면에서 나타난다. 프랑스에서도 위원 선임시 행정부의 영향력이 강하기는 하지만, 이를 제한하려는 제도적인 노력이 가미되어 있다. 예컨대 시청각최고위원회의 경우 대통령, 상원의장, 하원의장이 공히 3명씩의 위원을 지명할 수 있도록 함으로써 오히려 위원구성시 의회의 압도적인 우위를 인정하고 있다. 경쟁청의 경우 그 위원 중 꽁세유데따, 파기원 등의 법원측 인사들을 포함하고 소비자 분야, 생산분야 등 분야별로 전문가를 선정하여 임명함으로써 독립성 및 대표성을 보장하고 있다. 반도핑청의 경우에도 그 선임자격을 엄격히 제한함으로써 대통령에 의한 자의적 지명을 방지하고 있다. 한편 위원 겸직과 관련하여, 국가정보자유위원회 등 일부 독립행정청의 근거법률에서는 명시적으로 이를 규정한다. 이같은 겸직 허용은 독립행정청의 당연한 독립성을 전제로, 비록 독립행정청 위원으로 활동하더라도 법관, 의원으로서의 본래 업무에 대하여는 행정부의 영향력이 미치지 않을 것이라는 사고방식이 전제된 것으로 보인다.

기능상 독립성의 측면에서 볼 때, 개별 독립행정청에 따라 차이가 있으나 대체로 그 업무집행상의 독자성이 인정되고, 많은 경우에 이러한 독립성은 독립행정청의 입법적, 사법적 권한에 의해 뒷받침되고 있다. 특히

---

157) Serge Guinchard et al., Lexique des termes juridiques (18e édition 2011), Dalloz, 584면 참조.

법규명령 제정권, 제재권은 독립행정청의 강력한 법집행 도구가 되고 있다. 프랑스 독립행정청 운영의 측면에 관하여는 그 기능상 독립성을 보강하기 위해 좀더 많은 권한을 부여해야 한다는 식의 논의는 많지 않은 것으로 보인다. 이미 독립행정청의 운영상 상당한 독립성이 부여되어 있음을 전제로, 그 실체적, 절차적 통제가 논의된 사례가 많다. 이는 곧 독립행정청의 책임성에 관한 논의와 연결된다고 하겠다.

Ⅲ. 독립행정청의 책임성

이 글 제2장에서는 독립행정기관의 핵심적 구성 및 기능원리의 하나로서 '책임성'을 제시한바 있다. 프랑스에서도 독립행정청의 기본적 구성 및 운영 원리로서 독립성과 함께 그에 걸맞는 책임의 중요성을 인식하고, 독립행정청에 대한 적절한 통제 문제로서 심도있게 다루고 있다. 대외적 책임을 전혀 부담하지 않는 절대적 독립성을 인정할 수는 없다는 점에서 볼 때 이러한 논의는 당연한 것이라고 할 수 있다. 앞서 본 독립행정청의 예외적 권한도 이같은 책임성이 수반된다는 전제 하에서 정당화될 수 있는 것이다.

독립행정청의 책임성의 확보는 입법, 사법, 행정부에 의한 직, 간접적 통제에 의하여 이루어진다고 할 것이다. 독립행정청이 기존 행정부로부터의 독립을 표방하는 이상, 통제의 중핵은 입법부에 의해 이루어져야 할 것이다. 이하에서는 입법부, 사법부, 행정부에 의한 통제의 순으로 독립행정청의 책임성 문제를 분석해 보기로 한다.

1. 입법부에 의한 통제

가. 개관

독립행정청은 의회가 제정하는 법률에 의해 그 조직과 권한이 설정된다. 처음에 어떻게 독립행정청을 설립하고 구성할 것인지의 문제도 의회가 정하는 법률의 영역이고, 이후 어떤 시점에서 폐지할 것인지 여부 역시 의회의 종국적인 판단 하에 있다. 그렇다면 일단 운영되고 있는 독립행정청에 대하여 의회는 어떻게 이를 통제할 것인가? 독립성 측면에서 볼 때 의회가 독립행정청의 구체적 운영 자체에 관여하는 것은 지양되어야 하는가?

원래 프랑스의 전통적인 관행은 의회가 행정부에 관여하지 않는다는 것이다. 그러나 독립행정청은 그 지위의 특수성, 즉 행정부로부터의 독립된 지위로 말미암아 의회의 감시와 관여가 불가피한 것으로 이해되고 있다.158) 이를 다른 측면에서 보자면, 의회와의 긴밀한 관계가 오히려 독립행정청의 독립성을 실효성 있게 보장해 줄 수 있다고 이해되기도 한다.159) 독립행정청에 관한 주요보고서인 꽁세유데따의 2001년 보고서160)와 상하원에 제출된 2006년 보고서161)도 독립행정청을 효율적으로 운영하는 방안으로서 의회에 의한 통제를 합리화(rationaliser), 시스템화(systématiser)할 것을 요청하고 있다.

의회가 독립행정청을 통제하는 방법으로 대표적인 것은 위원 등을 임면하는 측면과 예산 및 결산 승인측면이 있다. 특히 후자와 관련하여 2006년

---

158) Gaëlle Dumortier,, Le contrôle de l'action des autorités administratives indépendantes, Regards sur l'actualité: Les autorités administratives indépendantes, La documentation Française (2007), p.39.

159) René Dosière et Christian Vanneste, p.19.

160) Conseil d'État, Rapport Public 2001.

161) Patrice Gélard, Rapport n° 3166 (Assemblée nationale) et n° 404(Sénat) sur les autorités administratives indépendantes (15 juin 2006), tome 1 et 2.

이래 프랑스 의회는 독립행정청으로 하여금 결산제시(reddition des comptes)
를 의무화하고 있다. 그 중 위원의 임면에 관하여는 독립행정청 구성원의
선임방식에 관한 부분에서 검토하였고, 예산 및 결산 통제에 대하여는 법
리적 측면보다는 정치적 논리가 많이 개입하게 되므로 이하에서는 정기
적인 평가위원회에 의한 평가와 의회에 대한 보고를 중심으로 살펴보고
자 한다.

나. 평가위원회

독립행정청에 대한 평가는 일반적인 공적기관에 대한 평가의 연장선
상에서 이루어져왔다. 2000년대 이전에 의회에서 이러한 평가기능을 담당
하도록 설치된 것은 입법평가국(Office parlementaire d'évaluation de la
législation)과 공공정책평가국(Office parlementaire d'évaluation des politiques
publiques)이었으며, 두 곳 모두 양원을 합쳐서 운영되었다. 그러나 실제
로는 양원의 협조가 제대로 이루어지지 않는 경우가 많았으며 특히 양원
이 서로 대립할 때에는 위 평가기능은 유명무실한 경우가 많았다. 결국
전자는 2000년에 폐지되었고, 후자도 거의 유명무실한 기관화하였다. 이
에 따라 2001년의 이른바 "LOLF(loi organique relative aux lois de
finances du 1 août 2001)"는 제57조, 제59조에서 공공재정에 관련된 평가
와 통제 임무(MEC: Mission d'évaluation et de contrôle) 개념을 강조하는
한편162) 그 적절한 평가 및 통제를 위한 법적 지원을 규정함으로써, 평가
장치를 보다 합리화하였다.

나아가 2008년 개정된 헌법은 의회에 의한 공공정책 평가를 헌법사항
으로 규정함으로써 의회가 독립행정청에 대하여 적극적인 평가와 통제를
실행할 수 있는 근거를 명확히 하였다. 헌법 제24조에 따르면 의회는 기

---

162) 이러한 평가와 통제 임무 개념은 실제로는 1999년 이래 국민의회의 재정위원회
(Commission des finances de l'Assemblée nationale)에서 논의되었던 개념이다.
Philippe Dautry, Les autorités administratives indépendantes: un nouvel objet
d'évaluation parlementaire, AJDA 16 mai 2011 (2011), p.884.

존의 법률제정, 행정부 통제 임무 이외에 세 번째 임무 즉 공공정책을 평가할 임무를 부여받았다.[163] 또한 헌법은 제47조의2를 신설하여 의회로 하여금 이러한 임무를 제대로 수행하기 위하여 회계법원(cour des comptes)의 도움을 받을 수 있도록 하였다.[164] 위 헌법 조항에 따라 국민의회는 공공정책 평가통제 위원회(CEC: Comité d'évaluation et de contrôle des politiques publiques)를 창설한 바 있다. 이는 종전의 공공정책평가국의 기능도 통합한 것이다. 어떤 사항에 대하여 평가 및 통제를 할지 여부는 위원회의 심의, 결정에 의하며 대상이 결정되면 두 명의 보고자(deux rapporteurs)가 이를 조사하게 된다. 이 보고자 중 1인은 다수당으로부터, 다른 1인은 소수당에 의해 추천을 받게 된다. 보고자는 보고서 작성을 위하여 12개월의 기간을 부여받는다. 보고자의 결론은 먼저 위 위원회에 제출되어 검토를 받게 된다. 그 결론은 각 행정부에 전달되고 그들은 3개월 내에 이에 대한 회신을 할 수 있다.[165]

위 조항에 따라 보고자로 지명된 MM. Christian Vanneste(다수당 추천)와 René Dosière(소수당 추천)는 2010년 독립행정청에 관한 종합보고서를 작성, 제출하였다. 위 보고자들은 5개의 소위(각 Affaires culturelles, Affaires économiques, Affaires sociales, Finances, Lois에 관한 소위)에서부터 파견된 10명의 보조자에 도움을 받아서 위 평가보고서를 작성, 제출하였다.[166]

다. 보고서의 작성, 제출

독립행정청 중 상당수는 정기적인 보고서를 작성하고 공개가능한 정

---

163) Le Parlement vote la loi. Il contrôle l'action du Gouvernement. Il évalue les politiques publiques.
164) 이 조항은 법원과 의회간의 관계가 상호 경쟁적(concurrente)인 것이 아니라 상호 보완적(complémentaire)이라는 점을 밝힌 것으로 풀이되기도 한다. Philippe Dautry, p.884.
165) Philippe Dautry, p.884.
166) Philippe Dautry, p.886.

보에 대하여는 대외에 공표한다. 또한 의회에 대한 보고의무를 진다. 예
컨대 국가정보자유위원회(CNIL)와 도청통제국가위원회(CNCIS)는 관련
법률에 따라167) 매년 임무수행에 관한 보고서를 작성하여 의회에 제출하
여야 한다. 또한 선거회계 및 정치자금 국가위원회(CNCFP: Commission
nationale des comptes de campagne et des financements politiques)의 경우
선거법(code électoral) 제52의18조에서 보고서 작성, 제출의무를 명시하고
있다. 이에 따르면 이 위원회는 각 총선(élection générale) 이후 빠른 시일
내에 그 결과를 정리한 보고서를 의회에 제출하여야 한다.

   독립행정청의 운영의 투명성을 보장하기 위하여 그 운영성과를 정리
하여 보고하도록 하는 것은 필수적인 장치로 보인다. 특히 대외적으로 공
간하기 어려운 사안에 대하여도 의회에는 처리경과를 알리도록 하는 것
이 합리적일 것이다. 다만 의회에의 보고의무 관점에서 볼 때 몇 가지 보
완사항이 지적되고 있다.168) 첫째, 독립행정청 모두가 이러한 보고의무를
부담하지 않는다는 점이다. 비록 자발적으로 운영성과를 의회 및 대외적
으로 알리는 사례가 늘어나고 있지만, 법적 의무가 없는 기관 중 상당수
는 아무런 보고서를 작성, 제출하지 않아 의회에 의한 통제 관점에서 허
점이 있다. 둘째로, 일부 독립행정청의 경우 보고내용이 너무 피상적인
정보(données superficielles)를 담고 있는 경우가 있다는 점도 비판의 대상
이다. 피상적인 보고서는 단지 대외적인 홍보에 그칠 뿐 실질적인 기관감
시의 측면에서는 별로 도움이 되지 않는다. 셋째로, 일부 보고서는 의회
뿐 아니라 일반 대중과 관련기관을 함께 독자로 상정하는 경우도 있는바
때때로 의회에 의한 통제 목적에 부적합한 일반론이 포함되는 경우도 발
생할 수 있다.169)

---

167) 국가정보자유위원회의 경우 article 11 de la loi n° 78-17 du 6 janvier 1978
    relative à l'informatique, aux fichiers et aux libertés; 도청통제국가위원회의 경
    우 article 19 de la loi n° 91-646 du 10 juillet 1991 relative au secret des
    correspondances émises par la voie des télécommunications.
168) Jean-Louis Autin, p.883.
169) Jean-Louis Autin, p.883.

이에 따라 다양한 개선방안이 제기되고 있다. 예컨대 모든 보고서에 (ⅰ) 집행된 예산에 대한 결산 평가, (ⅱ) 위원회 구성원들에 의해 적용된 윤리규칙(règles déontologiques)의 상태, (ⅲ) 독립행정청의 임무수행 원칙을 기재하도록 함으로써, 보고서의 피상성을 탈피하고 보고서간 일관성을 유지할 수 있도록 하자는 견해가 제기되고 있다.[170] 나아가, 일차적으로 모든 독립행정청으로 하여금 동일한 독자, 즉 의회를 대상으로 한 보고서를 작성하도록 하고 그 중 중요한 부분만을 일반 대중에게 공표하는 방안도 생각해 볼 수 있을 것이다.

라. 소결론

위에서 살펴본 바와 같이 프랑스에서는 정기적인 평가와 보고서의 공시를 통하여, 독립행정청의 활동영역은 보장하되 투명한 운영이 이루어질 수 있도록 하는데 초점을 맞추고 있는 것으로 보인다. 더 나아가 최근에는 의회에 의한 새로운 통제수단이 논의되고 있다. 즉 독립행정청 설립시부터 아예 목표치를 설정해 둠으로써 방만한 운영을 막고 원래의 기능을 충실하게 유지하고자 하는 것이다. 이에 따르면 독립행정청의 책임자와 의회의 대표자간 처음부터 독립행정청의 달성 목표에 합의하고 일정 기간이 경과된 다음에도 이를 달성하지 못한 경우 해당 법률과 함께 그 독립행정청은 폐지에 이르게 된다.[171] 이는 다른 법 영역에서 이용되는 이른바 일몰조항(sunset clause)을 의회의 관여 하에 독립행정청에 응용한 것으로서 향후 실제 이러한 방식이 도입될지에 대하여는 좀더 심도있는 논의가 필요한 것으로 보인다.

---

170) Patrice Gélard, Rapport no 3166 (Assemblée nationale) et no 404 (Sénat) sur les autorités administratives indépendantes (15 juin 2006).

171) Jean-Louis Autin, p.883.

2. 사법부에 의한 통제

가. 개관

독립행정청을 '행정청'의 하나로 보는 입장에 서면 당연히 그 처분에 대한 행정소송의 가능성을 인정하나, 독립규제기관의 하나로 보는 경우에는 이를 전통적인 행정청과는 다르다고 인식하므로 독립행정청의 행위에 대한 사법적 통제(contrôle juridictionnel)의 가능성을 부인하게 된다.

미국에서는 공권력이 광범위한 재량을 부여한 조직에 대하여 법원이 가급적 관여를 자제하는 법리가 발전되어 있다.[172] 또한 프랑스에서도 독립행정청에 대하여 사법적 면책(immunité juridictionnelle)이 논의되기도 한 바 있다.[173]

본디 프랑스에서는 우리나라의 취소소송에 해당하는 월권소송(recours pour excés de pouvoir)이 있는바, 그 대상인 행정처분(acte administratif)의 개념에는 우리 행정법상의 행정행위, 행정입법, 행정계약 등이 모두 포함되는 것으로 본다.[174] 이 때 행정처분의 개념이 실정법상 명확히 규정된 것은 아니고, 판례를 통해 정립되는바, 꽁세유데따는 다양한 행정청을 대상으로 결정을 내릴 수 있고 이때 국가, 지방자치단체, 공영조물(établissement public)의 결정을 행정처분으로 보아 월권소송의 대상으로 다룬다.[175]

프랑스에서는 독립행정청 역시 사법적 통제의 대상이며 기본적으로 일반 행정청에 대한 법리가 그대로 적용되어야 한다는 견해가 통설이다.[176] 판례의 입장도 마찬가지이다. 먼저 꽁세유데따는 공화국 중재관처

---

172) 프랑스에서는 이러한 법리를 총칭하여 "déférence juridictionnelle"이라고 부른다. Jean-Louis Autin, p.882 참조.

173) Jean-Louis Autin, p.881.

174) Laubadère/Venezia/Gaudent, Traité de droit administratif (Tome 1, 15e éd), 1999, pp.631-636.

175) 오병권, 21면.

럼 입법부가 명확히 행정기관으로서의 성격(caractère administrative)을 부여하지 않은 경우에도 이를 원칙적으로 행정청의 하나라고 보았다.[177] 이에 따르면 독립행정청에 대하여도 사법적 통제가 가능하게 된다.[178] 한편 헌법위원회도 독립행정청에 대한 사법통제 원칙을 확인하고 있다. 예컨대 국가정보자유위원회의 경우 헌법위원회가 명시적으로 독립'행정'청이라고 선언함으로써 사법통제를 강제하였고,[179] 시청각최고위원회의 경우 일부 작용에 대하여만 사법통제를 강제하는 규정이 있었는데 이에 대하여 헌법위원회는 동 규정상 언급되지 않은 모든 시청각최고위원회의 작용에 대한 사법통제가 가능하다고 해석하였다.[180]

실제 문제되는 것은 그 사건이 객관적인 취소소송(contentieux objectif d'annulation)이든 주관적인 책임소송(contentieux subjectif de responsabilité)이든 항상 행정법원의 판단을 받도록 할 것인지 여부이다.

나. 통제 기관: 사법법원 v. 행정법원

(1) 문제의 제기

주지하듯이 프랑스의 사법제도는 이원적 관할을 그 특징으로 한다.[181] 물론 프랑스식 행정법원에 의한 통제를 사법적 통제의 한 형태로 볼 수 있는지에 대한 근본적 의문을 제기하는 견해도 있으나,[182] 이하에서는 사

---

176) Jean-Louis Autin p.881.
177) CE, ass., 10 juillet. 1981 n° 05130.
178) Jean Massot, p.907 참조. 첨언하자면 M. Jean Massot는 꽁세유데따 뿐 아니라 국가정보자유위원회 및 행정문서접근위원회의 구성원이기도 하다.
179) Cons. const., décision no 86-217 DC du 18 septembre 1986.
180) Cons. const., décision n° 88-248 DC du 17 janvier 1989.
181) 전통적인 관점에서 볼 때, 사법법원(les tribunaux judiciaires)은 사법상 권리 (droit privé){독립행정청에 관련하여서는 시장규율(la régulation du marché)에 관련된 권리관계}를 주된 심사대상으로 하는 반면, 행정법원은 경찰적 행정(la police administrative)의 일반적 수단에 관해 주된 관할을 갖는 것으로 이해되고 있다. Jean Massot, p.909.

법법원에 의한 통제와 행정법원에 의한 통제를 함께 살펴보기로 한다. 프랑스의 이원적 사법제도에 따르면 행정청의 행위로 분류되는 경우 꽁세유데따를 정점으로 하는 행정법원의 심판 대상이 된다. 독립행정청에 있어서도 법규명령(actes réglementaires)에 관련된 소송은 주로 행정법원이 담당하게 된다.[183] 이에 반하여 개별적 행정행위(actes individuels), 예컨대 제재, 인가, 철회, 명령(sanctions, autorisations, retraits, injonctions) 등에 대한 불복 쟁송은 이를 행정법원에 전담시킬 것인지에 대하여는 논란이 있다.

이러한 관할 여부가 더욱 문제되는 것은 사법법원의 정점에 서 있는 파기원과 최고의 행정법원인 꽁세유데따 사이에 상당한 견해의 차이를 보이는 경우가 많기 때문이다.[184] 일례로 유럽인권협약 제6조의 적용에 관하여 양 법원은 서로 다른 입장을 취하고 있다. 특히 자본시장법, 경쟁법 등 경제적 영역에 있어서는 사법법원의 개입이 보다 적절하다는 주장이 강력하게 이루어져 왔다. 헌법위원회는 1987년 이러한 쟁점에 관하여 분배원칙을 제시하였고, 이후 2010년 데크레에서 구체적인 관할의 배분 기준이 정해진 바 있다. 이하 위 헌법위원회의 결정 내용을 살펴본 다음 구체적인 문제를 검토하기로 한다.

(2) 1987년 헌법위원회의 결정과 2010년 데크레

1987년의 사안은 헌법위원회가 구 경쟁위원회의 작용에 대한 재판관할권을 파리항소법원으로 이전하는 법률안을 합헌으로 판단한 것이다.[185]

프랑스에서의 전통적인 권력분립의 원칙에 의하는 경우, 사법권(autorité judiciaire)에 본질적으로 유보된 것을 제외하고는 공권력(puissance publique)이 행정권(pouvoir exécutif)을 행사하면서 내린 결정의

---

182) 전훈, 독립행정청에 관한 소고, 430면.
183) René Dosière et Christian Vanneste, p.57
184) Jean-Louis Autin, p.881.
185) Cons. const., décision n° 86-224 DC du 23 janv. 1987.

취소 또는 변경은 행정법원의 관할(juridiction administrative)에 속하게 된
다. 위 헌법위원회의 결정은 이를 원칙으로 하면서도 일정한 경우에 사법
법원의 우위를 인정하였다는 점에서 특징이 있다. 즉 헌법위원회는 일반
적 관할 원칙 적용시 다양한 관할배분의 문제가 나타날 경우에 입법부로
하여금 행정법원과 사법법원 중 가장 관련성 있는 관할(ordre juridictionnel
principalement intéressé)로 관할규칙을 통합할 수 있도록(unifier les règles
de compétence juridictionnelle) 허용하였다. 그 논거는 재판의 적정한 수
행(bonne administration de la justice)을 위하여 일종의 관할권 블록(blocs
de compétence)을 창설하는 것이 바람직하다는 데에 있다. 물론 이렇듯
입법자가 관할권을 정함에 있어서 관할규칙은 정확하고 제한적이어야 한
다(précises et limitées).

위 결정은 독립행정청이 행정부(Exécutif)의 일종이라는 종전 꽁세유데
따의 논리를 확인함과 동시에, 경쟁법 영역과 금융규제 영역에서 특히 제
재에 관한 분쟁에 있어서 전통적 관할 분배론의 예외를 인정하여 사법법
원의 관할을 확장할 헌법상 근거를 부여한 것으로 평가받고 있다.[186]

이후 관할 분배를 보다 분명하게 정한 것은 2010년의 데크레였다.[187]
이에 따르면 꽁세유데따가 1차적 관할권(compétence de premier ressort)을
갖는 것은 (i) 독립행정청의 법규명령(actes réglementaires)과 (ii) 13개의
특정 독립행정청[188]의 개별적 행정행위(décisions individuelles)의 경우이다.

(3) 예외적인 사법법원의 관할

위 헌법위원회의 결정과 2010년 데크레에 근거하여 사법법원으로의
'관할의 변경(transfer)'이 발생하게 된다. 다만 이러한 관할의 변경은 취

---

186) Jean Massot, p.907
187) décret du 22 février 2010. Jean Massot, p.907.
188) 경쟁청, 금융시장청, 전자통신과 우편 규제청, 에너지규제위원회, 철도규제청,
    핵안전청, 은행위원회, 신용기관 및 투자회사 위원회, 시청각최고위원회, 국가정
    보자유위원회, 도청통제국가위원회, 반도평기구, 보험과 상호기금 통제청.

소소송(contentieux de l'annulation)의 경우이고 손해배상 소송(contentieux de la responsabilité)에도 이러한 예외가 인정되는지에 관하여는 논란이 있다. 이를 다룬 사건은 증권위원회에 관한 1건이 존재할 뿐이다. 관할법원(Tribunal des conflits)은 1992. 6. 22. 모든 분쟁에 관해 관할권을 부여하는 조항인 경우에 취소소송 뿐 아니라 손해배상 소송에 대하여도 위 관할분배를 정한 것으로 보아야 한다고 보았다. 다만 해당 조항이 이러한 광범위한 문구가 아니라, 단순히 결정에 대한 이의로서의 취소, 변경(en annulation ou en réformation)만을 명시하고 있는 경우에는 이를 손해배상 소송의 관할조항으로 보기에 어려움이 있다.189)

복잡한 프랑스의 소송구조 하에서 구체적인 관할의 결정은 개별적인 법령의 해석에 따라 이루어질 수밖에 없다. 이하에서는 위 데크레에서 더 나아가 개별 법령 차원에서 일부 사법법원의 관할을 명시하고 있는 대표적인 독립행정청에 관하여 차례로 살펴본다.

(가) 경쟁청

처음으로 사법법원에 의한 통제조항이 명시적으로 규정된 것은 1987년이었다. 경쟁청의 당시의 명칭은 '경쟁위원회(Conseil de la concurrence)'였는바,190) 위 입법에 따르면 구 경쟁위원회가 경쟁제한행위에 대하여 내린 제재처분은 파리항소법원의 심판 대상으로 정해져 있었다. 위 조항은 현행 상법 제467의7 및 제467조의8에 그대로 수용되어 있다. 다만 현행 상법의 해석에 의하더라도 다음 세 가지 경우에는 행정법원의 관할이 인정된다.

첫째로 판례상 행정법원의 관할로 해석되는 경우이다. 예컨대 1989년 판례에 따르면191) 물 공급서비스의 양도행위 자체는 생산, 분배, 서비스 행위라 볼 수 없으므로 위 상법 조항에도 불구하고 행정법원이 관할을

---

189) Jean Massot, p.910.
190) 현재의 명칭을 쓰게 된 것은 2008. 8. 4.부터이다.
191) le Tribunal des conflits du 6 juin 1989, Ville de Pamiers.

갖게 된다.

둘째로 법문 자체에서 경쟁청의 제재처분만이 사법법원의 판단대상이 된다고 하고 있으므로 그밖에 경제력 집중을 규제하기 위한 경쟁청의 활동은 여전히 행정법원의 관할대상으로 남아 있다.[192]

셋째로 상환소송(recours en indemnisation)인 경우 행정법원이 관할을 갖는다. 즉 소송의 유형 측면에서 보자면, 파리항소법원은 취소, 변경청구사건(recours en annulation ou en réformation)만을 다루게 되는 것이고 상환소송까지 그 직무영역으로 하지는 않는다.[193]

(나) 금융시장청

금융시장청은 원래 종전의 증권위원회 등 금융규제 관련 기관들이 2003. 8. 1. 통합된 것인바, 증권위원회 당시인 1989년부터 관할에 관한 특례가 인정되고 있었다. 현행 금융재정법 제621조의30 및 그 시행규칙(dispositions d'application)에 따르면 금융시장청의 개별적 결정(décisions individuelles)에 대한 불복 재판은 파리항소법원이 담당하도록 되어 있다.

다만 여기에는 일부 예외가 있다. 즉 금융재정법 제621조의9 제2항에 규정된 자, 즉 전문적 조직(organismes professionnels)이 관련된 분쟁의 경우에는 위 제621조의30의 조항에도 불구하고 꽁세유데따에서 관할권을 갖게 된다.[194] 따라서 개인적 운영자들(opérateurs individuels)에 관한 분쟁은 사법법원의 관할인 반면, 투자서비스 공급자, 파이낸스사, 관리회사(prestataires de service d'investissement, établissements financiers ou sociétés de gestion) 등에 관한 분쟁은 꽁세유데따의 관할이 된다.[195]

---

192) Jean Massot, p.908.
193) 이에 따라 금융시장청이 rationae personae에 의함에 반해, 경쟁청은 rationae materiae에 의한다고 비교되기도 한다. René Dosière et Christian Vanneste, p.57.
194) René Dosière et Christian Vanneste, p.57.
195) Jean Massot, p.908

㈐ 전자통신과 우편 규제청

이는 종전의 전자통신규제청(ART: Autorité de régulation des télécom munications)이 2005. 5. 20. 승계된 것이다. 우편 및 전자통신법 제36조의 9에 따르면 사업자간의 분쟁(en matière de différends entre opé rateurs)에 관하여 전자통신과 우편 규제청이 내린 결정 또는 보전처분(décisions et mesures conservatoires)에 대하여는 파리항소법원이 관할권을 갖는다. 위 법은 1996. 7. 26. 헌법위원회의 승인에 의하여 발효되었는바,[196] 헌법위 원회는 이를 승인하면서 앞서본 1987년의 결정을 재확인한 바 있다. 위 특별히 규정된 사안 이외에는 모두 그대로 행정법원이 관할을 갖고 있다. 따라서 요새 프랑스에서 많이 발생하고 있는 이동통신사업자와 소비자간 의 분쟁에 대해 전자통신과 우편 규제청이 내린 결정은 행정법원의 심사 대상이 된다.[197]

㈑ 에너지규제위원회

에너지규제위원회는 본디 2000. 2. 10. 창설된 전기규제위원회(Com mission de régulation de l'électricité)가 2003. 1. 3. 조직 및 명칭을 변경한 것이다. 에너지규제위원회에 대하여는 창설시부터 위 전자통신과 우편 규제청과 거의 동일한 형태의 관할배분 원칙이 적용되었다. 위 2000. 2. 10. 법 제38조 내지 제41조에 의하면 파리항소법원은 사업자간의 분쟁에 관하여(différends entre opérateurs) 에너지규제위원회가 내린 결정 또는 보전처분에 대한 관할을 갖는다. 나머지 결정 등에 대하여는 모두 꽁세유 데따가 관할권을 갖고 있다.

㈒ 인터넷상 저작물보급과 권리보호를 위한 고등청

관할에 관한 예외규정이 도입된 것은 최근인 2009년 입법을 통해서이

---

196) n° 96-378 DC du 23 juillet 1996.
197) Jean Massot, p.908.

다. 당시 인터넷상 저작권보호를 위한 법률(loi sur la protection de la propriété littéraire et artistique sur internet)은 헌법위원회를 거치면서 상당히 수정, 보완된 바 있다. 위 법률 제331조의32에 따르면 HADOPI가 공통사용에 관한 사업자간 분쟁(en matière de différends entre opérateurs en matière d'interopérabilité)에 관해 내린 제재 결정에 대하여는 파리항소법원이 관할권을 갖도록 되어 있다. 그밖의 일반적인 사안에 대하여는 여전히 행정법원이 관할을 갖는다.

다. 관련 쟁점

(1) 통제의 대상과 관련하여: 권고 등과 용어주석

특히 독립행정청의 결정(décision)이 아니라 단순한 권고 등에 대하여도 행정법원에 취소소송(contentieux de l'annulation)을 제기할 수 있는지가 문제된다. 예컨대 독립행정청의 의견(avis)의 효과가 단순히 권고적인 (purement consultatif) 것으로 판명되는 경우이거나 이러한 견해가 구속력이 없는 추천(recommandations non contraignantes)에 불과한 경우, 이를 문제삼아 취소소송을 제기할 수 있을 것인가?

이에 대하여는 특히 이러한 의견 또는 견해가 대외적으로 알려져서 공개성(publicité)을 갖는 경우, 실질적인 강제력 또는 불이익 처분으로 보는 것이 일반적이다. 1982년의 여론조사위원회의 공식성명 발표(les communiqués de la Commission des sondages)의 경우,[198] 2007년의 반차별 및 평등을 위한 고등청(HALDE)의 경우[199] 뿐 아니라, 최근 2009년에는 보건고등청 (Haute autorité de santé)의 권고(recommandations)에 대하여도 법원은 그 처분성을 인정하여 취소소송의 적격성을 인정한 바 있다.[200]

---

198) CE, ass., 22 déc. 1982, d'Orcival, Lebon, p.437.
199) CE 13 juill. 2007, Société Éditions Tissot, Lebon p. 335; AJDA 2007. 2145, concl. L. Derepas. Chargeur compact Nokia AC-3.
200) CE 12 oct. 2009, n° 322784, Glaxosmithkline Biologicals (Sté), Laboratoire Glaxosmithkline (Sté), Lebon; RDSS 2010. 165, obs. C. Mascret.

독립행정청이 규제영역과 관련하여 제시하는 용어주석(note de termino logie)이 취소소송의 대상이 되는가? 이와 관련하여 일찍이 시청각최고위원회(CSA)의 전신인 국가통신자유위원회(CNCL: Commission nationale de la communication et des libertés)의 용어주석의 법적 성격이 문제된바 있다. 법원은 1990년에 이러한 주석이 법 본문(corpus juridique)의 일부를 구성한다고 보아 취소소송의 대상이 된다고 판시한 바 있다.[201]

(2) 상환소송

상환소송(contentieux indemnitaire)에 관한 법리는 독립행정청의 등장으로 인해 새로이 정립된 것이 아니라 종전의 이론이 그대로 적용된다고 할 것이다. 예컨대 1960. 2. 2.에 내려진 Kampmann 결정에 따르면 은행통제위원회(Commission de contrôle des banques)에 상환의무를 부담시키기 위하여는 해당 위원회에 중과실(faute lourde)이 필요하다는 것이 법원의 입장이다.[202] 이후 이러한 법리는 의회의 입법을 통하여 확인되고 있다.[203] 따라서 독립행정청의 행위에도 위 Kampmann 결정의 법리가 적용되는 것으로 볼 수 있을 것이다.

라. 소결론 – 이중적 관할의 개선을 중심으로
(1) 행정법원과 사법법원 관할차이의 통합 경향과 그 한계

프랑스에 있어서 독립행정청에 대한 사법적 통제에서 가장 논란이 되는 것은 이원적 관할구조에 따른 복잡성과 상호모순 문제이다. 물론 이러한 비판을 인식하고 있는 양 법원이 일종의 통합(convergence) 경향을 보

---

201) CE 16 nov. 1990, n° 97585, S.A. "La Cinq", Lebon p. 329; AJDA 1991. 214, concl. B. Stirn; D. 1991. 374, note P. Huet ; RFDA 1991. 635, note D. Truchet.
202) CE, Sect., 2 février 1960
203) arrêt d'assemblée du 30 novembre 2001, Ministre c. Kechichian.

이기도 한다. 이러한 통합은 두 가지 형태로 전개되고 있다.

첫째로 절차적 측면에서의 동질화이다. 특히 유럽인권협약과 유럽 인권재판소의 규정에 따른 절차를 밟는 과정에서 전체 유럽에 적용되는 방식을 따를 필요가 발생하였고, 그 결과 행정법원이든 사법법원이든 일관성(cohérence)이 있는 절차가 이루어지고 있는 것이다.204)

둘째로 실체적 측면에서의 동질화이다. 프랑스 행정법원과 사법법원 간에 서로를 견제하고 배척하는 것에서 벗어나 상호 법리를 차용하는 (emprunt réciproque) 사례가 점차 늘어나고 있다. 일례로서 1988. 7. 13. 이래 파리항소법원은 증권위원회의 책임과 관련하여 꽁세유데따의 해결방식을 그의 Société Pierre et Cristal 관련 결정에서 수용한 바 있다.205) 다른 한편으로 행정법원 역시 사법법원에 의한 공법적 해석방식을 그대로 인용하는 예가 발생하고 있다.206)

이와 같은 노력에도 불구하고 행정법원과 사법법원간 견해차이가 발생할 가능성은 구조적으로 상존하는 것이 현실이다. 또한 구체적인 사안에 있어서 어디에 관할이 있는지를 두고 계속 혼선이 빚어지고 있으므로 위와 같은 동질화의 정도는 아직 만족스러운 수준으로 보기는 어렵다고 하겠다.

(2) 개선방향

일찍이 금융시장청의 제재위원장(président de la commission des sanctions)은 의회 증언에서 이중관할(dualité de juridiction)은 그 역사성 이외에는 별다른 정당성의 근거를 찾기 어렵다고 그 문제점을 지적한 바 있다.207) 물론 행정법원과 사법법원의 정보공유 노력으로 그 문제점을 다소 완화할 수 있겠지만 이러한 노력이 견해의 차이와 법적 불안정성을

---

204) Jean Massot, p.911.
205) Jean Massot, p.911.
206) Jean Massot, p.911.
207) René Dosière et Christian Vanneste, p.58.

제거할 수는 없다. 이에 따라서 프랑스 의회에서는 각 법률을 통하여 관할을 통합하려는 시도를 하고 있다. 즉 하원의 독립행정청에 관한 2010년 보고서는 권고사항 중의 하나로서 독립행정청의 개별적인 행위에 대한 구제를 위한 관할의 통합(Unifier les compétences des juridictions pour les recours contre les actes individuels des AAI)을 제시하고 있다.208) 이에 따르면 독립행정청의 근거 법률에 그들의 개별행위에 대한 구제수단에 관한 관할권(compétence juridictionnelle)을 정의함으로써 관할을 행정법원 또는 사법법원 중 하나로 통일하는 방안이 제시되고 있다.209) 만약 모든 독립행정청 근거법률에 이와 같은 조항이 규정된다면 적어도 관할에 있어서는 혼선 및 불일치를 제거할 수 있을 것이다. 다만 모든 근거법률에 이러한 조항을 신설하는데 따른 번잡함이 문제될 여지는 있다.

3. 행정부에 의한 통제

가. 개관: 행정조직으로부터의 독립 vs 행정부에 의한 통제

독립행정청에 대하여 행정부에 의한 통제를 인정할 것인가? 원래 '독립'행정청은 그 개념 자체에서 계서적인 행정조직으로부터의 독립을 전제하고 있다. 나아가 국가정보자유위원회 같은 경우 설립근거 법률 자체에서 "국가정보자유위원회는 어떠한 기관으로부터도 지시를 받지 않는다(la CNIL ne reçoit d'instruction d'aucune autorité)"라는 명문의 조항을 두고 있기도 하다. 이렇듯 계서구조에서 독립행정청에 대한 예외를 인정하려는 입법자의 의사에도 불구하고 행정부에 의한 통제를 인정하는 것에는 논리적인 난점이 있다. 따라서 만약 명확한 근거 조항이 없다면 행정부의 독립행정청에 대한 간섭(interférence ministérielle)은 부적법한 것으

---

208) René Dosière et Christian Vanneste, p.59.
209) en l'unifiant soit au sein de l'ordre administratif, soit au sein de l'ordre judiciaire. René Dosière et Christian Vanneste, p.59.

로 보아야 할 것이다.[210] 원래 전통적인 행정관청 즉 이른바 선출된 정통
성(légitimité électorale)을 갖춘 기관들이 제대로 기능하지 못하고 있기 때
문에 공정함에 기인한 정통성(légitimité d'impartialité)의 한 형태로서 독립
행정청이 출현하게 된 것이다.[211] 이와 같은 독립행정청의 발생 연원이
계속 설득력을 지니는 이상 행정부의 의한 통제를 폭넓게 허용함으로써
독립행정청을 전통적인 행정통제에 의한 질서로 편입하는 것은 타당하지
않다고 하겠다.

다만 그렇다고 하더라도 독립행정청의 행위 결과에 대한 책임을 상당
부분 행정부가 부담하게 되므로 이를 방관하기 어려운 점이 있다. 대통령
과 정부가 독립행정청에 대하여 직접적인 지시권을 행사하지 못하더라
도, 다양한 간접적인 통제수단을 갖고 있다. 즉 (ⅰ) 독립행정청 구성원의
지명권을 갖는 경우가 많고, (ⅱ) 독립행정청의 신설 및 폐지를 의회에
제안할 수 있으며, (ⅲ) 예산안을 편성하여 의회에 제출할 수 있고, (ⅳ)
법령상의 근거가 있고 또 이에 해당하는 사유가 발생할 경우 위원을 교
체할 수도 있는 것이다. 나아가 독립행정청에 보다 밀착하여 그 권한남용
등을 견제하기 위하여 의회가 독립행정청의 근거법률에 정부 커미셔너
(commissaire du gouvernement)의 관여권을 인정하는 경우도 있다. 또한
정부기관이 독립행정청의 잘못된 처분에 관하여 소송을 제기하는 방안도
생각할 수 있다. 이하에서는 이러한 정부 커미셔너 제도와 정부기관에 의
한 제소를 중심으로 살펴보기로 하겠다.

나. 정부 커미셔너 제도

프랑스 독립행정청 체제 하에서 관련 장관 또는 수상의 지명으로 각
독립행정청에 파견 나와 있는 행정공무원을 가리킨다. 본디 정부 커미셔
너는 기본적으로 독립행정청과 정부 사이에서 중개자(courroie) 역할을 수

---

210) Jean-Louis Autin, p.882.
211) Jean-Louis Autin, p.882.

행할 것을 요구받는다. 모든 독립행정청에 정부 커미셔너가 파견되어 있
는 것은 아니다. 예컨대 국가인권자문위원회, 대통령선거운동 규제위원회
등의 경우 정부 커미셔너 제도가 없는 반면, 국가정보자유위원회, 경쟁청
의 경우에는 법률에서 명문으로 정부 커미셔너 제도를 도입하고 있다. 정
부 커미셔너가 수행하는 역할은 다양한바 위 국가정보자유위원회의 예를
살펴본다. 정보과학, 파일 및 자유에 관한 법률 제18조에 의하면, 수상은
국가정보자유위원회에 정부 커미셔너를 지명하여 파견할 수 있는바, 정
부 커미셔너는 전체회의이든 분과회의이든(en formation plénière ou en
formation restreinte) 위원회의 모든 심의에 참여할 수 있다.212) 또한 위원
회의 모든 의견 및 결정은 정부 커미셔너에게도 보내져야 한다. 정부 커
미셔너는 제재결정을 제외하고 다른 의견 및 결정에 관하여는 10일 이내
에 재고를 요청(provoquer une seconde délibération)할 수 있다.

　이와 같은 정부 커미셔너의 역할에 관하여 부정적인 견해도 제기되고
있다. 즉 독립행정청 중의 다수는 의회의 청문증언을 통해 이와 같은 정
부 커미셔너의 존재가 부적절한 간섭으로 이어질 가능성에 대하여 우려
를 표한바 있다.213) 이러한 회의론의 입장에서는 굳이 정부 커미셔너가
없다 하더라도 독립행정청과 행정부와의 관계가 완전히 단절되지는 않는
다는 점을 강조한다. 국가인권자문위원회 등 정부 커미셔너가 없는 경우
에도 법안심의 등에 있어서 정부와의 협력관계에 문제가 발생하는 것은
아니다. 무엇보다 2007. 7. 26. 데크레 제8조는 독립행정청의 업무 수행시
에 수상의 대리인(représentants du Premier ministre) 및 관련 장관들

---

212) 다만 적법성(légitimité) 문제가 발생할 수 있으므로 통상 회의안건(ordre du
　　jour)이 기업 또는 사적영역에 관한 경우에만 정부 커미셔너의 참여가 이루어진
　　다. 만약 독립행정청의 회의안건이 행정부(des administrations)에 대한 제재사
　　안이라면, 해당 행정부 소속 공무원 이외에 정부 커미셔너까지 참석하게 되면
　　이른바 이중방어(double défense)로서 형평에 맞지 않게 된다.
213) 선거회계 및 정치자금 국가위원회, 정치활동의 재정투명성위원회, 여론조사위원
　　회, 국가인권자문위원회, 도청통제국가위원회, 국방기밀자문위원회 등. Charles
　　de La Verpillière, p.24.

(ministres intéressés)의 참여를 규정하고 있기도 하다.214)

이에 대한 반론은 정부 커미셔너로 하여금 독립행정청 내에서 중개자 역할을 할 수 있도록 보장함으로써, 각종 회의 및 결정시 정부의 입장을 보다 폭넓게 이해할 수 있게 되며 관련 다른 위원들의 궁금증을 효과적으로 해소할 수 있다는 긍정적 측면을 강조하고 있다.215)

물론 정부 커미셔너에 비토권을 주는 등 그 간섭의 정도를 높이는 것은 독립행정청의 존재의의를 몰각시키는 것이므로 허용되지 않는다고 할 것이다.216) 그러나 현행법이 규정하는 정도, 즉 재고를 요청하고 의견을 개진하는 수준의 참여는 행정부 내부에서의 조율과 일관성 측면에서 긍정적인 효과가 있는 것으로 보인다.

다. 정부기관에 의한 쟁송

일찍이 헌법위원회는 각 부 장관(ministre)이 독립행정청의 행위에 대하여 소송에서 반대의 뜻을 표할 가능성을 언급한 바 있다.217) 이 판결에서 헌법위원회는 국가통신자유위원회가 그 권한을 행사함에 있어서 모든 다른 행정관청(autorité administrative)과 마찬가지로 정부(Gouvernement)에 의한 적법성 통제의 대상이 된다고 보았다. 독립행정청의 위법행위에 대한 손해배상책임은 결국 국가가 부담하게 되는 것이므로 각 행정부가 관련 독립행정청의 행위를 다툴 필요가 발생한다. 물론 행정부가 독립행정청의 행위를 직접 취소하는 것은 그 독립성에 대한 중대한 침해가 될 것이므로 허용될 수 없다. 하지만 법원에 대하여 독립행정청과 다른 입장을 표명함으로써 실질적으로 독립행정청을 견제할 수 있을 것이다. 나아가 행정부가 당사자적격이 있는 독립행정청을 상대로 권한남용행위의 취소를 구하는 소송을 제기할 수 있다는 것이 프랑스의 다수설, 판례 입장

---

214) Charles de La Verpillière, p.24.
215) Charles de La Verpillière, p.26.
216) Jean-Louis Autin, p.883.
217) Cons. const., décision n° 86-217 DC du 18 septembre 1986.

이라는 점은 앞서 살펴본 바와 같다. 이러한 행정부의 쟁송에 관한 권리 역시 독립행정청을 통제하는 수단이 될 수 있을 것이다.

4. 검토

프랑스에서 독립행정청의 책임성을 확보하려는 구체적인 노력은 입법부, 사법부, 행정부로부터의 직, 간접적 통제를 통하여 나타나고 있다. 사법부의 의한 통제의 경우 독립행정청의 각종 처분 등이 사법심사의 대상이 되어야 한다는 점에 별 이견이 없고, 다만 구체적인 통제기관을 사법법원으로 할 것인지 행정법원으로 할 것인지에 논의가 집중되고 있다. 다만 사법부에 의한 통제는 처분 등의 상대방이 쟁송을 제기한 경우에만 비로소 현실화한다는 점에서 소극적, 수동적이라는 한계가 있다. 행정부에 의한 통제의 경우에는 앞서 살펴본 독립성과의 관계에서 더욱 조심스러운 점이 있다. 즉 행정부에 의한 구체적, 개별적 통제는 곧 행정부에의 예속을 의미하게 되므로, 독립행정청의 독립성을 허울에 그치게 할 우려가 크다. 이 점을 인식한 탓인지 프랑스에서도 정부 커미셔너 제도 등 약간의 보완책을 두고 있을 뿐 행정부에 의한 독립행정청의 직접적 통제의 길을 열어두지는 않는다.

따라서 프랑스 독립행정청의 책임성 확보는 주로 입법부에 의한 통제를 통해 이루어진다고 하겠다. 독립행정청은 의회와 정부의 협의에 의해 증가 또는 폐지될 수 있고, 의회는 독립행정청의 위원 임명절차에 관여할 수 있으므로 국민의 대표기관인 의회와 독립행정청의 연결이 유지된다. 독립행정청의 운영시 정기적인 평가위원회에 의한 평가와 의회에 대한 보고를 중심으로 사후적, 일반적 통제가 구현되고 있다. 구체적, 개별적 감독을 허용할 경우, 앞서 제2장에서 논의된바와 같이 독립행정청이 입법부의 기관화할 우려가 있다는 점에서 볼 때 이 같은 간접적 통제방식은 설득력을 갖는다. 이같은 일련의 통제장치는 독립행정청의 민주적 정당성과 책임성 관점에서 독립행정청의 존재를 정당화시키는 요소가 된다. 나아가 독립행정청의 설립 초기부터 입법부와의 사이에 독립행정청을 통해 수행할 업무의 목표치를 명확히 규정할 필요가 있다는 입법론도 제기되고 있다. 이처럼 비록 행정부의 소속으로 행정업무를 수행하기는 하지만 행정계서질서로부터 벗어나 있는 독립행정기관의 책임성 확보를 위하여 의회의 사후적, 후견적인 견제 및 감독을 시스템화하는 것은, 권력분립의 원칙, 독립행정기관의 독립성을 훼손하지 않고도 그 민주적인 정당성을 확보할 수 있다는 점에서도 타당한 것이라고 하겠다.

제4절 소결론

　이상 독립행정기관으로서의 프랑스 독립행정청을 둘러싼 헌법상 쟁점
을 살펴보았다. 먼저 프랑스 헌법과의 충돌 문제와 관련하여, 독립행정청
이 행정권의 정부 귀속을 정하는 헌법 제20조 제2항, 정부의 의회에 대한
책임을 규정한 헌법 제20조 제3항에 위반된다는 비판론은 이제 극복된
것으로 보인다. 다른 나라에서와 마찬가지로 프랑스에서도 독립행정청은
기능적 권력분립을 실현하기 위한 수단으로서 그 합헌성을 인정받고 있다.
　다음으로 제2장에서 논의한 독립행정기관의 신설여부와 관련하여, 프
랑스의 독립행정청의 업무를 살펴보면 독립행정청 신설에 관한 입법부의
재량이 폭넓게 사용되고 있는 것으로 보인다.

〈그림 4〉 프랑스 독립행정청 신설여부 판단

		업무의 비전형성과 중립성의 정도		입법/ 사법 영역
		약함	강함	
행정계서질서 로부터의 탈피정도	약함 (일반 행정기관)	적절함(A)	권력분립 위반은 아니지만 부적절함(D)	
	강함 (독립행정기관)	권력분립 위반은 아니지만 부적절함(B)	적절함(C)	
	매우강함 (제4부 등)	권력분립 위반		

　<그림 4>는 앞서 제2장에서 언급한 그림 2를 프랑스 독립행정청에 관
한 논의를 위해 다시 표시한 것이다. 프랑스에서도 제4부에 해당할 정도
로 행정부로부터의 강한 독립성이 인정되는 독립행정기관은 권력분립원
칙 위반으로 인정될 것이다. 독립행정청은 이러한 정도에는 이르지 않고

위 횡선으로 표시된 영역에 존재한다. 가장 바람직하기로는 그 중 (C)의 영역에 독립행정청을 신설하는 것이다. (B)의 경우 권력분립원칙에 위배되지는 않지만 업무 특성상 굳이 독립행정청을 도입할 필요가 없었던 부분이다. 실제 위 (B), (C)의 경계선이 명확하지는 않지만, 현재 38개의 독립행정청 중 일부에 관하여는 제2장에서 제시된 신설기준 즉, 업무의 비전형성과 중립성 요건을 갖추지 못했다는 의문이 있다. 일례로 연구 및 고등교육 평가위원회(AERES), 보건고등청(HAS) 등이 업무의 비전형성과 중립성 요건을 갖추었는지는 의문이다. 다만 (i) 독립행정청의 현황에서 보았듯이, 큰 행정조직을 지향하는 프랑스 행정체계 하에서 독립행정청 전체의 외형 및 위 논란의 소지가 있는 독립행정청의 외형이 전체 행정조직에서 차지하는 비중이 그리 크지 않기 때문에, 예산낭비에 관한 비판이 크지 않을 수 있다. 또한 (ii) 독립행정청의 신설, 권한 확장시에 별도의 평가기관에 따른 영향평가를 받도록 제도화하고 있기 때문에, 이같은 절차적 통제장치를 통해 남설을 제한하고 있다고 볼 수 있다. 만약 행정의 비효율성 및 예산낭비의 우려가 크지 않다면 (B) 영역에서의 독립행정청 신설 부작용은 심각한 것이 아니다.

독립행정청의 신설을 전제로, 그 구체적인 구성 및 운영에 있어서는 독립성과 책임성의 조화가 문제된다. 이 글에서는 (a) 독립성에 관한 쟁점을 조직상의 독립성과 기능상의 독립성을 중심으로, (b) 책임성에 관한 쟁점을 입법부, 사법부, 행정부에 의한 통제를 중심으로 살펴보았다. 지금까지의 논의를 종합해 볼 때, 독립행정청의 독립성은 주로 그 위원선임에 있어서의 다양성, 전문성, 중립성의 보장을 통해 이루어지고 있다. 이는 곧 선임권을 다양한 기관에 부여하고 위원 자격을 강화하는 방식에 의한다. 독립행정청에 각종 사법적, 입법적 권한을 부여한 것도 이같은 독립성을 뒷받침하기 위한 것으로 보인다. 반면 책임성의 보장은 그 운영에 있어서의 의회에 의한 사후적, 후견적 감독을 중핵으로 한다. 또한 독립행정청의 사법적, 입법적 권한 행사시 실체적, 절차적 통제장치를 부과하는 것도 결국 자의적인 권한 행사를 방지함으로써 독립행정청의 책임성을 확보하기 위한 수단이라고 하겠다. 예컨대 제재권의 행사는 절차적 정당성 보장과 비례성 원칙 등 헌법상 원칙에 부합하여야 한다. 또한 소추기능과 결정기능을 분리함으로써 판단기준이 되는 법규명령 제정권이 있는 자에게 위법행위 조사기능과 판단기능이 융합되는 것을 방지하고 있는 점은 주목할 만하다.

제4장
우리나라에의 시사점

제1절 총설

I. 독립행정기관의 의의와 논의방향

1. 독립행정기관의 의의

독립행정기관의 개념을 검토하기에 앞서 우리 헌법상 '행정'의 개념 및 그 실행 구조를 간단히 짚고 넘어갈 필요가 있다. 우리 헌법 제66조 제4항은 "행정권은 대통령을 수반으로 하는 정부에 속한다"라고 하고 있으며, 제96조는 "행정 각부의 설치, 조직과 직무범위는 법률로 정한다"고 하고 있다. 우리 헌법상 국가행정사무는 대통령을 정점으로 한 행정조직에 귀속된다.[1] 구체적으로, 대통령이 직접 처리하는 사무 이외에 국가행정사무의 주된 부분에 대하여는 대통령의 직, 간접적인 관여 하에 행정부가 처리하는 형태로 사무분담이 이루어져 있다.[2] 다만 위 헌법 제66조 제4항의 행정권은 실질적인 의미로 해석된다. 즉 입법, 사법 이외의 일체의 국가목적을 현실적, 구체적으로 실현하기 위하여 행해지는 전체로서의 통일성을 갖는 계속적 사회 활동이라고 할 것이다.[3]

이러한 헌법질서를 전제로 할 때 독립행정기관이란 무엇을 의미하는가? 이에 대하여는 다양한 견해가 제기되고 있다. 일설은 "정부조직법이

---

1) 헌재 1994. 4. 28. 89헌마221은 "우리나라의 행정권은 헌법상 대통령에게 귀속되고.. 행정권 행사에 대한 최후의 결정권자는 대통령이라고 해석하는 것이 타당하다"라고 판시한바 있다.
2) 유진식, 대통령, 권력분립, 그리고 국가행정조직법, 공법연구 제31집 제2호 (2002), 208면.
3) 이광윤, 정부조직법제에 관한 연구, 법제처연구보고서 (2006), 196면.

아닌 다른 법률에 의하여 설치와 독립성이 부여되고 있으나 법인격이 없으며 부처에 소속되지 않은 행정청"으로 보고 있고,[4] "입법부로부터 고유한 규제권한을 위임받고 행정부로부터 독립적인 제도"로 이해하는 경우도 있다.[5] 어느 견해에 의하든 그 개념요소로서 (i) 독립성, (ii) 행정청이라는 요소를 근간으로 하는 점에서는 큰 차이가 없을 것이므로, 여기에서는 개념정의에 관한 상론을 피하고, 우리 실정법상 독립행정기관이 나타나는 유형을 살펴보기로 한다. 물론 법률에 의하여 선임되는 특별검사의 경우도 독립행정기관으로 볼 여지가 있다. 그러나 이러한 것은 예외적, 일시적인 것인바, 이하에서는 어느 정도의 계속성을 갖고 운영되는 독립행정기관을 중심으로 그 유형을 검토한다.

첫 번째로 헌법상 인정되는 독립행정기관으로서의 선거관리위원회(헌법 제114조 제7항)와 감사원(헌법 제100조)이다. 이들 기관의 경우 헌법 차원에서 그 기관의 업무와 설립근거가 명확하게 규정되어 있으므로 그 독립성이나 헌법합치 여부에 관하여 논란이 없다.[6]

둘째로 대통령(행정부) 또는 국회 등 어디에도 소속되지 않는 독립기관으로서 단행법률에 규정되어 있는 이른바 무소속 기관으로서의 독립행정기관이 있다. 여기에는 ① 국가인권위원회(국가인권위원회법 제3조), ② 진실·화해를 위한 과거사정리위원회(진실·화해를 위한 과거사정리 기본법 제3조)가 있다. 다만 같은 법 제25조에 의하면 위 위원회는 최초의 진실규명 조사개시 결정일 후 4년간 존속하고 2년에 한하여 그 기간을 연장할 수 있도록 되어 있는 한시적 기관으로서 2010. 12. 31.자로 그 활동을 종료하였다.

셋째로 정부조직법 제2조 제2항에 의하여 대통령 또는 국무총리 소속

---

4) 전훈, 독립행정청에 관한 소고, 415면; 이광윤, 독립행정청의 법적 성격, 195면.
5) 조소영, 476면
6) 그밖에 헌법에서는 국가안전보장회의(헌법 제91조), 민주평화통일자문회의(헌법 제92조), 국민경제자문회의(헌법 제93조), 국가교육과학기술자문회의(헌법 제127조)을 두고 있으나, 이들 기관은 대통령에 대한 자문기구이므로 독립행정기관으로 보기 어렵다.

의 중앙행정기관으로 설치되는 독립적 위원회가 있다. ① 공정거래위원회(독점규제 및 공정거래에 관한 법률 제35조), ② 방송통신위원회(방송통신위원회의 설치 및 운영에 관한 법률 제3조), ③ 금융위원회(금융위원회의 설치 등에 관한 법률 제3조), ④ 국민권익위원회(부패방지 및 국민권익위원회의 설치와 운영에 관한 법률 제11조), ⑤ 원자력안전위원회(원자력안전위원회의 설치 및 운영에 관한 법률 제3조)가 그것이다.7) 그 중 방송통신위원회는 대통령 소속으로 되어 있고, 나머지는 국무총리 소속이다.

넷째로 정부조직법 제5조, 행정위원회법 제5조 제1항에 따른 합의제 행정기관으로서의 행정위원회이다. 그 예로서 규제개혁위원회(행정규제기본법 제23조), 소청심사위원회(국가공무원법 제9조), 무역위원회(불공정 무역행위 조사 및 산업피해구조에 관한 법률 제27조), 복권위원회(복권 및 복권기금법 제13조), 전기위원회(전기사업법 제53조), 보훈심사위원회(국가유공자 등 예우 및 지원에 관한 법률 제74조의5) 등이 있다. 그 소속기관은 대통령(규제개혁위원회), 기획재정부(복권위원회), 행정안전부(소청심사위원회), 지식경제부(무역위원회, 전기위원회), 국가보훈처(보훈심사위원회) 등 다양하다. 위 정부조직법 제2조 제2항에 의한 독립적 위원회가 그 자체로 행정기관을 구성하는 것과 달리, 정부조직법 제5조, 행정위원회법 제5조 제1항에 의한 행정위원회는 소속된 행정기관의 소관 업무를 독립적으로 처리하기 위하여 그 행정기관에 부수하여 설치되는 것이므로8) 그 조직 및 독립성, 업무범위 등에서 차이가 있다. 또한 이러한 행정위원회는 독립적인 결정권이 있다는 점에서 단순한 자문역할만을 담당하는 자문위원회(행정위원회법 제5조 제2항)와 구분된다.

이상의 네 가지 기관의 형태 중 이하에서 다룰 것은 두 번째와 세 번

---

7) 이명박 정부 하에서는 국가과학기술위원회도 중앙행정기관으로 설치되었으나, 2013. 3. 정부조직개편에 의하여 폐지되었다.

8) 박정훈, 공정거래법의 공적 집행: 행정법적 체계정립과 분석을 중심으로, 공정거래와 법치 (권오승 편저), 법문사 (2004), 1004면.

째 유형이다. 첫 번째 선거관리위원회와 감사원에 대하여는 그 합헌성 내
지 헌법상 지위가 크게 문제되지 않는다. 어찌 보면 프랑스의 독립행정청
과 유사한 지위를 헌법상 부여받고 있다고 할 수 있고, 이를 들어 중앙선
거관리위원회만이 우리나라의 유일한 독립위원회라고 평가하는 입장도
있다.9) 그러나 위 두 기관의 법적 지위와 권한은 기존 문헌에서도 많은
검토가 이루어졌던 부분이므로 이하의 논의에서는 크게 다루지 않기로
한다. 두 번째부터 네 번째까지의 유형은 전부 합의제 행정기관, 즉 위원
회 형태를 갖추고 있다. 그 중 둘째 유형을 약칭하여 '무소속위원회'라고
부르기로 한다. 셋째 유형은 '중앙위원회'라고 호칭한다. 마지막의 경우
행정위원회법에 따라 '행정위원회'로 부르기로 한다. 그 중 네 번째 행정
위원회는 단지 행정부서의 소관사무 중 일부를 독립하여 수행하는 정도
에 불과하므로,10) 프랑스의 독립행정청이나 우리나라의 무소속위원회,
중앙위원회와 달리 기존 행정조직으로서의 색채가 강하다. 또한 비록 행
정위원회법에 의하여 규율되고 있기는 하지만 각 행정위원회별로 독립성
이나 권한의 차이가 커서 일원적으로 파악하기 어려운 점이 있다. 따라서
이하에서는 무소속위원회나 중앙위원회를 중심으로 분석하되, 행정위원
회는 비교의 목적에서 언급하는 형태로 논의해 나아가고자 한다.

2. 논의방향

이 논문은 우리나라의 무소속위원회와 중앙위원회에 그 초점을 맞추
고 있으므로 주된 분석의 대상은 합의제 기관으로서의 '위원회'가 된다.
구체적인 분석과 관련하여서는 앞서 살펴본 프랑스의 독립행정청과의 유
사성과 차이점이 집중적인 논의의 대상이 될 것이다.

이와 관련하여 구체적인 논의에 앞서 프랑스와 우리나라의 정부형태

---

9) 유진식, 대통령, 권력분립, 그리고 국가행정조직법, 공법연구 제31집 제2호 (2002),
   208-209면.
10) 김동련, 429면.

의 차이점을 특히 대통령의 지위를 중심으로 분명히 구분해 둘 필요가 있다. 주지하듯이 프랑스는 이른바 이원정부제(반대통령제)에 의한다. 이 원정부제의 특징은 대통령제적인 요소인 국민의 보통선거에 의한 대통령 선출과 내각제적인 요소인 의회의 대정부불신임권이 결합되어 있다는 점이다.[11] 국민들의 직선으로 선출된 대통령은 국가원수로서의 지위에서 외교, 안보, 국방에 관한 사항을 관장하는 한편 고위직 임명과 같은 행정권도 일부 행사하고 국민의회를 해산할 수 있다(프랑스 헌법 제12조). 대통령은 의회에 대하여 아무런 책임을 지지 않음으로써 대통령제의 독립성 및 안정성을 확보할 수 있다. 반면 수상은 행정 및 국내 정치에 관한 사안을 담당하면서 의회에 대하여 책임을 짐으로써(프랑스 헌법 제49조, 제50조), 의원내각제의 장점인 책임정치의 측면을 유지하고 있다.[12]

반면 우리나라의 대통령제는 국회의원과 장관과의 겸직 허용(헌법 제43조, 국회법 제29조 참조), 국회의 국무총리, 국무위원해임건의권(헌법 제63조) 등 의원내각제적인 요소도 있기는 하지만[13] 기본적으로 대통령이 막강한 권한을 행사하는 이른바 초대통령제(hyperpresidentialism)에 가깝다는 평가를 받고 있다.[14] 대통령은 국민들의 직선에 의해 선출된 국가원수이자 행정부의 수반이고, 국무총리를 임명하고 국무회의를 주재하며 비상대권을 갖는다. 또한 대통령은 헌법재판소장, 헌법재판소 재판관, 대법원장, 대법관 등 행정부 공무원 이외의 다른 국가공무원에 대하여도 임명권을 보유하고 있다(헌법 제78조 참조). 따라서 대통령을 수반으로 하는 행정부의 영향력 강화에 대한 우려와 함께 제왕적 대통령제의 타당성 및 지속가능성에 대한 의문이 제기되고 있는 형편이다.[15]

---

11) 성낙인, 헌법학, 918면.
12) 장영수/김수갑/차진아, 국가조직론, 법문사 (2010), 95면.
13) 우리나라 헌법상 의원내각제적 요소 및 이원정부제적 요소에 관하여는 성낙인, 헌법학, 933-934면 참조.
14) 정종섭, 헌법연구(3), 188면.
15) 정종섭, 한국에서의 대통령제정부와 지속가능성: 헌법정책론적 접근, 서울대학교 법학 제53권 제1호 (2012).

이렇게 볼 때 정부형태 측면에서 대통령과 수상간의 권력 분배가 어느 정도 이루어져 있는 프랑스와 달리 우리나라에 있어서는 대통령의 권한을 견제할 필요성이 더 높다고 할 수 있다. 독립행정기관과 관련하여도 이러한 정부형태상의 차이점을 감안하고 검토할 필요가 있을 것이다.

II. 연혁과 현황

1. 연혁

가. 개관

1948년에 대한민국 정부를 수립할 당시 11부 4처 이외에 고시위원회, 감찰위원회, 경제위원회의 세 위원회가 존재하였다.[16] 그 이후 위상 및 기능이 분명하지 않은 다양한 합의제 행정기관이 신설되었다가 사라지기를 반복했다.[17]

한편 무소속위원회 또는 중앙위원회로서의 행정기관은 1981. 3. 7. 설립된 방송위원회를 그 효시로 볼 것이다. 이는 1980. 12. 31. 제정된 언론기본법 제34조에 의하여 도입된 것으로서, 방송운영에 관한 기본적 사항을 심의하며(제1항), 9인의 위원 중 3명씩을 각기 국회의장과 대법원장의 추천을 받아 대통령이 임명하고(제2항), 위원은 직무상 어떠한 지시도 받지 않으며(제5항), 문화공보부장관은 위원회에서 통보된 사항을 특별한 사유가 없는 한 시행할 의무를 부담하였다(제6항). 위 방송위원회는 이후

---

16) 행정안전부, 행정안전통계연보 (2012), 24면.
17) 공안위원회(1960. 7. 1. 신설 1961. 5. 26. 폐지), 중앙경제위원회(1961. 7. 22. 신설, 1963. 12. 14. 폐지), 중화학공업추진위원회(1973. 5. 14. 설립 1980. 9. 16. 폐지), 전자통신개발추진위원회(1977. 11. 15. 신설, 1981. 12. 31. 자문위원회로 성격변경) 등. 위 행정안전통계연보, 24-27면.

방송통신위원회로 확대개편되었다.[18] 마찬가지로 1980. 12. 31.에 처음 제정된 독점규제 및 공정거래에 관한 법률(이하 '공정거래법'이라 한다) 제26조는 공정거래위원회를 규정하고 있었다. 그러나 그 당시만 하더라도 공정거래위원회는 경제기획원에 소속된 행정위원회에 불과하였다. 공정거래위원회가 경제기획원으로부터 분리되어 별도의 독립적인 중앙위원회가 된 것은 1994. 12. 23. 개정을 통해서였다. 그 이후 금융위기의 와중에서 1997. 12. 31. 금융감독기구의 설치 등에 관한 법률이 국회를 통과하여 1998. 4. 1. 금융감독위원회가 설립되었다. 2001. 5. 24. 국가인권위원회법이 제정됨에 따라 같은 해에 국가인권위원회가 출범하였다. 우리 법제에서 국민들의 민원에 대한 옴부즈만 역할을 하는 것으로 평가받고 있는 국민권익위원회는 그 연혁이 다소 복잡하다. 현재의 국민권익위원회는 (i) 국민고충처리위원회, (ii) 국가청렴위원회, (iii) 국무총리 행정심판위원회를 통합하여 2008. 2. 29. 출범하였다. 위 (i)의 고충처리와 관련하여서는 종전부터 민원상담실 등을 통해 이루어지던 국민의 민원처리가 1994년 국무총리 소속의 국민고충처리위원회에 집중되었는바,[19] 2005년 7월 그 소속이 대통령으로 변경되었다. (ii)의 부패방지와 관련하여서는 2001. 7. 대통령소속의 부패방지위원회가 설치되었다가 2005년 국가청렴위원회로 개편되었다. (iii) 행정심판제도는 헌법 제107조 제3항, 행정심판법에 근거하여 국무총리 행정심판위원회가 담당해 오던 것이었다. 그밖의 중앙위원회인 원자력안전위원회는 2011. 10. 26.에 각기 새로이 도입되었다.

한편 행정위원회에 대하여는 오랫동안 정부조직법 제5조가 그 기본법으로 활용되어 오다가 정부의 각종 위원회에 관한 포괄적이고 조직적인

---

18) 2008. 2. 29. 제정된 방송통신위원회의 설치 및 운영에 관한 법률 제3조 제1항은 "방송과 통신에 관한 업무를 수행하기 위하여 대통령 소속으로 방송통신위원회를 둔다"고 하였고 같은 조 제2항은 위 방송통신위원회를 정부조직법 제2조에 따른 중앙행정기관으로 규정하였다.

19) 상세는 정재황/김종철/이현수, 국민권익위원회의 역할 정립을 위한 법적 연구, 한국공법학회 연구용역보고서 (2009), 52면.

규율이 필요하다는 인식이 확산되어 감에 따라 일반법으로서 2008년에
행정위원회법이 도입되었다.

나. 연혁상의 특성 :
프랑스 독립행정청 등과 비교하여

독립행정기관 제도가 일찍부터 발전한 미국의 경우 그 발전에 대통령
과 의회간의 긴장관계가 많이 작용하였다. 즉 미국 수정헌법 제2조에 따
라 강력한 행정권을 갖는 대통령을 견제하기 위하여, 연방의회가 법률에
의해 대통령으로부터 독립적인 기관이나 위원회를 설립하여 준사법권을
포함한 규제권과 법규명령 제정권을 부여한 측면이 강했다. 프랑스와 한
국의 경우 행정서비스라는 관념이나 독립행정기관의 발전이 뒤늦게 이루
어졌다는 점에서 비슷한 점이 있다. 프랑스에 있어서 독립행정청의 시작
은 전통적 행정기관이나 법원에 의한 권리구제의 미진함에 기인한 바가
크다. 따라서 그 주도권을 오히려 의회가 아닌 대통령이나 정치권에서 갖
고 있었다는 점에서 미국과 구별된다.

이 점에서는 우리나라도 미국보다는 프랑스와 유사한 점이 있다. 초기
에 나타나는 방송위원회, 공정거래위원회, 금융감독위원회 등은 다분히
전문적이고 특수한 분야의 행정수요를 충족시키려는 측면이 강했다. 그
러나 특히 국민들의 민주화 열망이 강해지면서 등장하기 시작한 독립행
정기관들은 정치적인 어젠다를 충족시키기 위한 방편으로 시작된 측면이
강하다. 그 예로서 각종 옴부즈만 형태의 위원회들을 들 수 있다.[20] 여기
에는 널리 국가인권위원회, 국민권익위원회 등이 포함된다. 통상적인 행
정, 사법절차에 의하여 구제받지 못하는 국민들의 다양한 민원 및 권리침

---

20) 정종섭 외, 국가프로젝트로서의 법치국가: 거시적 구조에 대한 연구보고서(법무
부 연구용역 보고서) (2010), 112면은 정부조직 바깥에 넓은 의미의 옴부즈만 제
도가 많이 등장함으로써 통상적인 정치과정에서 온전히 소화되지 못한 국민들의
정치적 수요가 일정부분 수용된 측면이 있다고 본다.

해를 구제하는 순기능과 함께 기존 국가기관 및 독립기관 상호간의 업무 중복의 역기능에 대하여도 논란이 발생한바 있다.

주로 행정위원회에 관련하여 나타난 현상이기는 하지만, 노무현 정부 시기에는 이른바 '위원회 공화국' 현상에 관한 비판이 제기된바 있다. 의회로부터의 지지와 국민으로부터의 지지라는 대통령의 입법적 영향력을 결정짓는 중요한 두 자원 모두를 갖지 못한 노무현 대통령은 부처간 얽혀 있거나 중복된 업무를 효과적으로 조정하기 위해 사용하는 전형적인 수단인 위원회 제도를 적극적으로 활용하였다. 노무현 정부에 있어서 위원회 제도는 그 상징적인 기능으로 인해 간접적인 방법으로 대중에게 호소하는 전략인 동시에 행정관료를 통제하기 위한 또 다른 국가기구의 창설의 성격을 갖고 있었다.[21] 이에 대하여 고위 정무직 비율의 급격한 증대, 예산지출의 확대, 기존 행정조직 및 관료제와의 기능중복 등을 근거로 한 비판이 제기되었음은 주지의 사실이다.[22] 또한 그 취지에도 불구하고 한국 특유의 연고주의적 소집단주의가 나타나고 정치적인 의도에 의해 움직이게 되었다는 비판도 제기되어 왔다.[23]

여기에서도 나타나듯이 우리나라의 독립행정기관은 대통령 또는 정치권의 주도 하에, 민주화 과정에서 확산된 국민들의 다양한 요구를 충족시키는 방편으로 또는 정치적 합의가 어려운 사회적 사안에 대한 우회 방편으로 활용된 측면이 강하다. 프랑스와 비교할 때 의회의 주도 하에 독립적 기관이 확산되지는 않았다는 점에서는 유사하다. 하지만 위 설립연혁을 고려할 때 위원회들이 대통령 및 정치적 영향력에 노출되어 있는 정도는 우리나라가 더 심할 것으로 보인다. 따라서 대통령, 행정부 및 정치권으로부터의 독립성, 의회에의 책임성을 중시할 필요가 더 크다고 하겠다.

---

21) 추소정, 40면.
22) 김근세/박현신, 한국 행정위원회의 역사적 변화 분석, 한국행정연구 제16권 제2호 (2007), 44면.
23) 정종섭 외, 국가프로젝트로서의 법치국가: 거시적 구조에 대한 연구보고서(법무부 연구용역 보고서) (2010), 112면.

2. 현황

앞서 언급한 바와 같이 현재 무소속위원회는 국가인권위원회 뿐이다. 중앙위원회로는 대통령 소속의 방송통신위원회, 국무총리 소속의 공정거래위원회, 금융위원회, 국민권익위원회, 원자력안전위원회 등 5개의 위원회가 있다.

위 무소속위원회, 중앙위원회를 프랑스의 분류에 따라 기본권 보호기관과 경제활동 규제기관으로 구분하면 어떻게 될까? 생각건대 국가인권위원회와 국민권익위원회가 기본권 보호기관에 속함에는 별다른 의문이 없을 것이다. 방송통신위원회, 공정거래위원회, 금융위원회는 경제활동 규제기관의 전형이라고 할 것이고, 원자력안전위원회 역시 넓은 의미의 경제활동 규제기관에 포함될 수 있다. 반면 구 진실·화해를 위한 과거사정리위원회는 프랑스에서 비슷한 유형의 것을 찾기 어렵다.

아울러 행정위원회 및 자문위원회(이하 행정위원회법에 의한 행정위원회 및 자문위원회를 함께 가리켜 "정부위원회"라 한다)의 현황도 잠깐 짚고 넘어가고자 한다. 2011. 6. 30. 현재 행정안전부에 의하여 행정위원회로 분류된 것은 모두 34개이다. 반면 자문위원회는 465개에 달하는 것으로 분류되고 있다. 다만 정부조직법 및 행정위원회법상의 구분, 즉 행정위원회는 독자성을 갖고 의사결정을 하는 반면 자문위원회는 결정권한 없이 자문기능만을 수행한다는 점이 실제 위원회의 운영실무상 뚜렷하게 나타나지 않는 경우도 있다. 특히 부처 소속의 행정위원회는 부처 장관의 자문위원회적인 성격으로 운영되는 사례도 있다고 한다.[24] 한편 이같은 정부위원회의 운영 성과에 대하여 공무원들은 부정적인 평가가 많은 것으로 나타나고 있다.[25] 행정위원회를 소속별로 분류해 보면 대통령에 소

---

24) 서원석·박경원·김윤수, 정부조직체제 발전방안, 행정자치부연구용역보고서 (2002), 151면.

25) 공무원들은 해당부처와 정부위원회간 책임과 권한 배분에 대하여 긍정적인 평가(14.7%)보다 부정적인 평가(33.6%)가 많았다. 또한 정부위원회들이 효율적으로

[표 3: 정부위원회의 변천]26)

(2011. 6.30 현재)

연도 Year	합계 Total	대통령 President	국무총리 Prime Minister	각부처 Government Agencies	독립형 Independence	행정 Administration	자문 Advisory
1999	319	16	28	275		29	290
2000	352	18	31	303		32	320
2001	366	18	32	316		33	333
2002	364	18	34	312		35	329
2003	368	17	35	316		35	333
2004	358	23	44	291		42	316
2005	381	25	47	309		42	339
2006	403	28	50	322	3	44	359
2007	416	28	52	333	3	44	372
2008	573	17	67	487	2	39	534
2009	441	22	57	360	2	42	399
2010	431	20	53	356	2	40	391
2011	499	18	56	425		34	465

속된 것이 1개(규제위원회)이고 국무총리에 소속된 것이 13개이며, 그밖의 것은 모두 각 부처에 소속되어 있다. 국무총리에 소속된 행정위원회는 대부분 이른바 과거사의 진상을 규명하고 명예를 회복하는 것과 관련된 업무를 담당하고 있는 것은 우리나라에 특유한 현상이다. 중앙행정기관 중 감사원, 국가정보원, 외교통상부, 법무부의 검찰청, 과학기술부의 기상청, 재정경제부의 조달청에는 별도의 행정위원회가 소속되어 있지 않다. 이렇듯 위원회가 없는 기관은 주로 권력의 핵심기관이거나 민간의 전문가가 관여하기가 힘든 순수한 정부영역이다.27) 행정위원회와 자문위원회

운영되고 있는가에 대한 평가에서도 부정적인 평가(35.7%)가 긍정적인 평가(14.7%)에 비해 현저히 높게 나타났다. 최무현, 정부위원회 인적특성과 정책 효과성: 대표성과 전문성에 대한 공무원의 인식을 중심으로, 행정논총 제46권 제2호 (2008), 38면.
26) 행정안전부, 행정안전통계연보, 2012, 60면 참조.
27) 서원석 외, 153면.

를 포괄하여 과거 10여년간 그 수의 증감을 도표로 나타내 보면 다음과
같다. 앞에서 언급하였듯이 노무현 정부 말기에 위원회의 신설이 두드러
졌음을 알 수 있다.

Ⅲ. 법적 지위와 헌법상 쟁점

1. 법적 지위

  통상 헌법상 기관이란 헌법에 의해 그 존재와 지위 및 권한이 직접 규
정되어 있는 국가 기관을 가리킨다.[28] 앞서 살펴본 선거관리위원회와 감
사원이 이에 해당한다. 이에 대하여 법률상 기관은 '헌법에 존재와 지위
또는 권한이 직접 규정되어 있지는 않지만 법률에 의해 설치되어 국가기
능의 일부를 담당하는 기관'이라고 할 수 있다.[29] 이러한 관점에서 보면
무소속위원회, 중앙위원회는 모두 법률상 기관이라고 할 수 있다. 헌법재
판소는 법률에 의하여 설치된 기관의 경우 헌법 제111조 제1항 제4호 소
정의 헌법에 의하여 설치된 국가기관이라고 할 수 없고, 따라서 그 권한
을 둘러싼 분쟁은 헌법문제가 아니라 단순한 법률문제에 불과하므로 헌
법상 권한쟁의심판의 당사자 능력이 인정되지 않는다고 본다.[30] 무소속
위원회, 중앙위원회는 모두 법률상 기관이지만 구체적인 법적 지위에는
다소간 차이가 있다. 이하 차례대로 살펴보기로 한다.

---

28) 문성식, 국가인권위원회의 독립성에 관한 연구, 고려대학교 법학석사학위논문
   (2012), 27-28면은 헌법상 기관 중에서 "단순히 헌법에 의해 직접 언급되고 있을
   뿐만 아니라 그 존재와 지위 및 권한이 헌법에 의해 직접 규정되며, 그 존재와
   활동을 통해 국가질서형성의 핵심부분에 참여하는 기관"을 헌법기관이라고 따로
   분류하고 있다.
29) 문성식, 28면.
30) 헌재 2010.10.28. 2009헌라6.

가. 무소속위원회

종래 진실·화해를 위한 과거사정리 기본법에 따라 설립되었던 '진실·화해를 위한 과거사정리위원회'가 그 존속기간을 마치고 해산됨에 따라 현재 대통령, 국무총리 등 아무 곳에도 소속을 갖지 않는 무소속위원회로는 국가인권위원회가 유일하게 남게 되었다. 원래 국가인권위원회의 도입당시부터 무소속위원회에 대한 위헌시비 등을 우려하여 그 법적인 형식을 특수법인 또는 민간기구로 해야 한다는 견해도 유력하게 제기되었으나, 논란 끝에 현재와 같이 합의제 국가기관으로 설립되었다.31) 국가인권위원회법 제3조 제2항은 "위원회는 그 권한에 속하는 업무를 독립하여 수행한다"라고 규정하는바, 다른 중앙위원회들과는 달리 별도로 소속을 명시하지 않은 것은 곧 무소속 독립기관을 뜻하는 것이라고 할 것이다. 역사적으로도 위 과거사정리위원회 이외에 초기의 방송위원회, 특별검사 등 무소속 독립기관은 종종 존재해왔다.32)

국가인권위원회는 행정부처에 소속되지 않지만, 헌법재판소는 이를 중앙행정기관으로 보고 있다. 그리하여 타부처와 권한 갈등이 발생한 경우, 헌법재판소에 의한 권한쟁의심판이 아니라 대통령, 국무총리의 개입 또는 국가인권위원장과 국무위원들간 국무회의에서의 토론을 통해 위 갈등을 해결하여야 한다고 본다.33) 다만 국가인권위원회는 정부조직법 제2조,

---

31) 조재현, 정부형태에 관한 헌법개정논의, 연세대학교 법학연구 제18권 제4호 (2008), 74면. 헌재 2010.10.28. 2009헌라6에 의하면, 법인의 형식을 취할 경우 명목만 독립적이지 실제는 주무감독관청인 법무부의 산하기관이 될 위험성이 크고, 우리나라의 현실에 비추어 볼 때 민간법인이 국가기구들의 인권침해행위를 감시한다는 것은 실효성이 보장되지 않는다는 반론이 강했던 탓에 국가기관으로 설립된 것이라고 한다.

32) 박찬운, 96면.

33) 헌재 2010.10.28. 2009헌라6의 다수의견. 반면 이 결정의 반대의견은 정부조직법상 합의제 행정기관을 포함한 정부의 부분기관 사이의 권한에 관한 다툼은 정부조직법상의 상하 위계질서나 국무회의, 대통령에 의한 조정 등을 통하여 자체적으로 해결될 가능성이 있지만, 다른 헌법기관으로부터 조직적, 업무적으로 독립

제5조와 무관하게 설치된 것으로 볼 것이다.

기능적으로 볼 때 국가인권위원회는 보충적 인권보호기구라고 할 수 있다. 즉 국가인권위원회는 기존의 각종 국가기관의 모든 관할 영역에 개입하여 감시, 감독하거나 기존 국가작용을 대체하는 것은 아니다. 오히려 기존 인권보장체제에 보충적인 역할을 수행하는 기구로서, 기존 국가질서에 의한 기본권 보호에 있어서의 틈새 또는 흠결을 보완하고, 기존 국가기관이 할 수 없었던 여러 인권보호활동을 수행하는 기관이라고 할 것이다.[34] 또한 실질적으로 비정부조직적 속성을 가진다는 견해도 유력하게 전개되고 있다. 이에 따르면 국가인권위원회는 국가기관으로서의 정체성을 지니지만 비정부기관의 속성으로 기대해 볼 수 있는 탈권위주의적 속성을 동시에 지니는 것으로 평가받고 있다.[35]

나. 중앙위원회

과거에는 (구) 방송위원회의 법적 지위 등과 관련하여 (ⅰ) 독립된 민간기구설, (ⅱ) 정부조직법 제5조에 따른 합의제 행정기관설, (ⅲ) 독립적 국가기관설이 논의된바 있으나,[36] 이제 위 중앙위원회들이 국가기관이라는 점에 대하여는 별다른 이견이 없다. 또한 앞서 언급한 바와 같이 일반적인 행정위원회에 관한 법리가 적용되지 않으므로, 정부조직법 제5조에 따른 합의제 행정기관이라고 볼 수도 없다.[37] 그렇다면 국가기관 중 구체

되어 있는 국가인권위원회의 경우, 상하관계에 의한 권한질서에 의하여 권한쟁의를 해결하는 것이 불가능하다고 본다.

34) 이관희, 국가인권위원회의 현황과 발전방향: 특히 경찰권과의 관계를 중심으로, 공법연구 제31집 제3호 (2003), 246-248면.

35) 김창국 전 국가인권위원장은 국가인권위원회의 정체성을 GO(정부조직)와 NGO (비정부조직)의 중간 성격으로 규정했다고 한다. 조성은, 조직 정체성의 사회적 구성: 국가인권위원회 사례를 중심으로, 한국행정학회 춘계학술대회발표문 (2009), 7면.

36) 고민수, 독립행정위원회의 헌법적 정당성: 방송위원회의 법적 지위의 체계정당성을 중심으로, 한국행정학회 추계학술대회 발표문 (2005), 31-32면.

적으로 어디에 위치할 것인가? 이와 관련하여 위 중앙위원회가 중앙행정기관인지 여부가 문제된다.

중앙행정기관이란 "국가의 행정사무를 담당하기 위하여 설치된 행정기관으로서 그 관할권의 범위가 전국에 미치는 행정기관"이라고 정의된다.[38] 중앙행정기관에 대하여는 정부조직법 제1장의 총칙 규정이 적용되는 점에서 지방행정기관과 차이가 있다. 정부조직법 제2조 제2항은 원칙적으로 부, 처, 청을 중앙행정기관으로 정하고 있다. 과거 공정거래위원회 등의 경우 법문상 명시적으로 중앙행정기관으로 규정한 반면 금융감독위원회에 대하여는 법적 성격을 별도로 규정하지 않은 탓에 각 중앙위원회를 달리 취급해야 하는 것인지에 관하여 논란이 발생한 바 있다. 현재 국민권익위원회의 경우 그 법적 지위를 정하는 조항이 없다. 논란의 해결을 위하여 각 중앙위원회의 설립법률에 그 법적 성격을 중앙행정기관으로 명시하는 방법이 많이 이용되었다.[39] 이러한 해결방식에 대하여, 정부조직법 제2조 제2항의 중앙행정기관의 범주에 '위원회'를 추가함으로써 중앙행정기관으로서의 위원회에 관한 일반적인 규정을 두는 것이 타당하다는 견해도 제기되고 있다.[40]

이렇듯 별도의 입법적 조치가 없는 국민권익위원회의 경우 이를 중앙행정기관으로 볼 것인지가 문제된다. 이같이 국무총리에 소속된 독립적 위원회의 법적 지위를 다른 중앙위원회와 특별히 구분할 이유가 없으므로 중앙행정기관으로 보는 것이 타당할 것이다.

입법론적으로는 중앙위원회를 대통령 또는 국무총리에 소속된 중앙행

---

37) 강현호, 금융감독원의 법적 성격, 공법연구 제31집 제3호 (2003), 129면은 (구) 금융감독위원회, (구) 방송위원회 등은 정부조직법 제5조에 따른 합의제 행정기관이 아니라고 하면서 그 근거로서 국무총리의 계층적 감독을 받지 않는다는 점을 들고 있다.
38) 행정기관의 조직 및 정원에 관한 통칙 제2조 참조. 다만 그 관할권의 범위가 전국에 미치더라도 다른 행정기관에 부속하여 이를 지원하는 행정기관은 제외된다.
39) 금융위원회의 설치 등에 관한 법률 제3조 제2항 등.
40) 유진식, 금융감독행정과 행정조직법, 공법연구 제32조 제2호 (2003), 465면.

정기관으로 할 필요가 있는지 의문이 제기될 수 있다. 앞서 본 프랑스의 독립행정청은 이같은 소속기관이 없다. 예컨대 방송과 통신에 관한 규제 업무를 담당하는 기구 중 프랑스의 시청각최고위원회는 특별한 정부부처에 소속된 것이 아닌 반면, 우리나라의 방송통신위원회는 대통령에 소속되어 있다. 그러나 독립행정기관이 직제상 다른 대통령 또는 국무총리에 소속되어 있다고 하더라도 그 구성상, 직무상 독립성이 보장된다면 직무 수행에 별다른 문제는 없다. 예컨대 감사원의 경우 조직상으로 대통령에 소속되어 있으나 직무상으로는 완전한 독립성을 보장받고 있다(헌법 제97조, 감사원법 제2조, 제8조). 또한 우리나라 헌법이 행정권을 대통령을 수반으로 하는 정부에 행정권을 전속시키고 있다는 점을 고려한다면(헌법 제66조 제4항), 특정기관에 소속되는 것이 오히려 헌법에 부합한다고 하겠다.

다. 소결론 : 프랑스 독립행정청과의 비교

우리나라의 경우 독립행정기관 중 특별한 중앙행정기관에 소속되어 있지 않은 경우로 국가인권위원회가 유일한데 반해, 프랑스의 독립행정청은 대부분 특별한 중앙행정기관에 소속되어 있지 않다. 즉 우리나라의 위원회 유형 중 위 무소속위원회에 가깝다. 이러한 차이점은 프랑스 헌법 제20조와 비교할 때[41] 우리 헌법상 대통령 및 정부의 통제를 받지 않는 독립행정기관에 대하여는 민주적 정당성의 문제가 발생한 소지가 더 크기 때문인 것으로 보인다. 즉 우리 헌법은 명시적으로 행정권을 대통령(정부)에게 전속시키고 있고(제66조 제4항), 국무총리에게 행정에 관한 통할권을 인정하고 있으며(제86조 제2항), 단순히 권력을 분립시키는데 그치지 않고 이를 민주적 통제 시스템에 연계시키고 있고,[42] 공무원에 대

---

41) 프랑스 헌법 제20조의 내용은 다음과 같이 행정권을 정부에 전속시키는 표현은 아니다. ① 정부는 국가의 정책을 결정하고 지도한다.② 정부는 행정 및 군사를 관리한다.③ 정부는 제49조·제50조에서 정한 요건 및 절차에 따라 의회에 대하여 책임을 진다.

하여는 별도로 정치적 중립성을 보장하고 있다(제7조). 따라서 무소속위원회의 설치가 헌법에 부합하는지에 대한 논란이 있을 수 있는바, 이에 관하여는 항을 바꾸어 함께 검토하기로 한다.

2. 위헌성 논의

가. 문제의 제기

독립행정기관이 권력분립의 원칙에 반하는지에 관한 제2장에서의 논의의 기본적 접근은 우리나라에서도 마찬가지로 적용된다. 즉 우리 법체제상으로도 각종 독립적인 위원회가 대통령을 정점으로 하는 행정 위계질서로부터 벗어나 행정작용을 담당하면서 준입법, 준사법권을 행사하는 것에 대한 문제제기가 있다.43) 앞서 제2장에서는 권력분립이 추구하는 목적과 기능적 권력분립의 관점을 들어서 탄력적인 해석을 받아들인바 있다. 우리 헌법이 보장하고 있는 가치를 보다 효과적으로 보장하기 위한 수단으로서 전통적인 행정조직이 적절하지 않은 경우, 새로운 도구로서의 독립행정기관을 활용하는 것은 허용되어야 하는 것이다. 이는 곧 행정의 민주화 및 전문성, 공공성을 실현하는 길이 될 수 있을 것이다.44) 다만 우리나라의 경우 위 일반적인 권력분립을 둘러싼 쟁점 이외에 우리나

---

42) 김혜진, 110면은 그 예로서 헌법 제65조에 의한 대통령 등에 대한 탄핵소추, 제86조에 의한 국무총리 임명동의, 제63조에 의한 국무총리 등의 해임건의권 등 국회의 권한을 들고 있다.

43) 헌재 2004. 10. 28. 99헌바91에서 금융위원회의 입법적 권한의 합헌성 여부가 문제된바 있다. 헌법재판소는 "행정기능을 담당하는 국가기관이 동시에 입법권을 행사하는 것은 권력분립의 원칙에 반한다고 보여질 수 있으나, 외부적인 효력을 갖는 법률관계에 대한 형성은 원칙적으로 국회의 기능범위에 속하지만 행정기관이 국회의 입법에 의하여 내려진 근본적인 결정을 행정적으로 구체화하기 위하여 필요한 범위 내에서 행정입법권을 갖는다고 보는 것이 기능분립으로 이해되는 권력분립의 원칙에 오히려 충실할 수 있다"고 판시한바 있다.

44) 김유환, 138-141면.

라 법제에 특유한 논란이 추가적으로 발생하고 있다. 즉 헌법에 특별히 열거되지 않은 모든 행정기관은 국무총리의 통할 하에 두어야 하므로(헌법 제86조 제2항) 무소속 또는 대통령 소속의 위원회는 위헌이라는 견해 등이 문제된다. 이하에서는 우리 법제상 발생하는 위헌론을 중심으로 검토하기로 하겠다.

나. 견해의 대립

무소속위원회와 중앙위원회의 설치를 위헌이라고 보는 입장은 다양한 논거를 제시하고 있다. 먼저 정부조직법이 명시적으로 허용하고 있는 범위를 벗어나 별도의 단행법을 통해 독립적인 위원회를 설치하는 것은 대통령, 국무총리, 국무위원, 직업공무원으로 연결되는 행정조직을 무시하고 헌법에 위배된다고 본다.[45] 특히 무소속의 위원회에 대하여는 국가행정조직법의 법원(法源)인 헌법과 정부조직법의 규정에 의하여 3권력분립이 엄격하게 되어 있는 우리나라에 있어서 미국의 독립규제위원회와 같은 대통령의 통제밖에 있는 위원회의 설치는 불가능하다는 비판이 제기된다.[46] 무소속은 아니라 할지라도 대통령 직속으로 독립행정기관을 두는 것에 대하여도 우리 헌법의 통치구조에 정면으로 반한다는 비판이 강하다.[47] 헌법상 열거된 이외에 모든 행정기관은 원칙적으로 국무총리의 통할 하에 두는 것이 헌법의 정신이고, 국정의 기본계획과 정부의 권한에 속하는 중요정책은 반드시 국무회의에서 심의하도록 헌법에서 규정하고 있는바, 행정기관의 성격을 갖는 독립적 위원회를 두려면 반드시 헌법적 근거 하에 정부조직법의 운영원리에 따라야 한다는 것이다.[48] 대통령 직속의 독립적 위원회는 국정에 관한 실질적 심의기관인 국무회의를 형해

---

45) 박정훈, 공정거래법의 공적 집행: 행정법적 체계정립과 분석을 중심으로, 공정거래와 법치 (권오승 편저), 법문사 (2004), 1005면.
46) 유진식, 금융감독행정과 행정조직법, 공법연구 제32집 제2호 (2003), 465면.
47) 이석연, 정부조직법 사문화되고 있다, 매일경제 2004. 7. 22.
48) 김호정, 514면.

화하여 헌법에 의한 정상적인 국정운영을 위협하게 된다는 비판이다.[49]

이에 대하여 합헌성을 주장하는 견해는 헌법에 명시적인 근거조항이 없다는 것과 기관의 설치에 관한 헌법적 근거가 없다는 점은 다른 관점에서 논의되어야 한다고 본다. 입법기술상으로도 헌법에 국가질서를 구성하는 모든 국가조직을 규정할 수는 없기 때문이다. 예컨대 우리 헌법에는 선거관리위원회, 감사원에 관한 규정만 있을 뿐 국가인권위원회에 관한 규정이 없는바, 그럼에도 불구하고 다수설은 국가인권위원회 설치는 헌법 제10조 제2문이 규정하는 국가의 기본권 보장의무를 구체화한 것으로서 합헌적이라고 본다.[50] 이렇듯 헌법이 보장하는 기본적 가치에 근거하여 입법된 독립적인 행정기관을, 그것이 행정기관임에도 불구하고 헌법상 행정조직에 부속하지 않는다는 이유만으로 위헌으로 보는 것은 타당하지 않다는 것이다.

다. 판례

이에 관련한 헌법재판소의 판례로서 (구) 국가안전기획부의 설치의 합헌성이 문제되었던 사안이 있다. 당시 청구인은 "국무총리의 통할을 받지 아니하는 행정기구는 헌법에 특별한 규정이 있는 경우이거나 대통령의 '비서' 및 '경호' 업무를 제외하고는 우리 헌법상 존재할 수 없다. 국가안전기획부가 국가기관의 내부적인 사항, 정보의 수집과 분석 판단의 자문적인 사항만 취급한다면 대통령 소속 또는 그와 맥락을 같이하는 국가안

---

49) 김상겸, 292면. 예컨대 국가인권위원회의 설치에 대해서 헌법의 명시적인 근거규정이 없으므로 헌법상 근거가 없다고 주장하는 견해(박영범, 52면)도 비슷한 입장이라고 할 것이다.

50) 임지봉, 정부의 인권위 인권 감축시도에 대한 권한쟁의심판의 실체법적 쟁점, 세계헌법연구 제15권 제2호 (2009), 449면; 박찬운, 100면; 이성환, 인권법의 과제와 인권위원회의 위상, 헌법학연구 제6권 제4호 (2000) 참조. 한편 헌재 2010. 10. 28. 2009헌라6의 소수의견도 국가인권위원회는 그 권한 및 존립의 근거가 헌법에서 유래하여 헌법적 위상을 갖는다고 볼 수 있는 독립적 국가기관이라고 한다.

전보장회의(헌법 제91조) 산하기구로 할 수 있으나 국민에 대하여 공권력
(범죄수사 등 집행권력)을 행사하는 경우라면 행정부 조직을 규정한 헌법
제4장 제2절 제3관 규정의 제한을 받아야 할 것이다. 그런데 정부조직법
제14조 제1항에서 "국가안전보장에 관련되는……및 범죄수사에 관한 사
무를 담당하게 하기 위하여 대통령 소속하에 국가안전기획부"를 두도록
하고 있고, 이에 의거한 국가안전기획부법 제4조와 제6조에서 국가안전
기획부가 국무총리 통할권에서 벗어나도록 규정하고 있는바 이러한 법률
의 조항들은 위헌의 행정기구의 조직을 규정하는 것으로서 헌법 제86조
제2항과 제94조에 위반된다"고 주장하였다. 이에 대하여 헌법재판소는
"헌법 제86조 제2항은 그 위치와 내용으로 보아 국무총리의 헌법상 주된
지위가 대통령의 보좌기관이라는 것과 그 보좌기관의 지위에서 행정에
관하여 대통령의 명을 받아 행정각부를 통할할 수 있다는 것을 규정할
뿐, 국가의 공권력을 집행하는 행정부의 조직은 헌법상 예외적으로 열거
되어 있거나 그 성질상 대통령의 직속기관으로 설치할 수 있는 것을 제
외하고는 모두 국무총리의 통할을 받아야 하며 그 통할을 받지 않는 행
정기관은 법률에 의하더라도 이를 설치할 수 없음을 의미한다고 볼 수
없을 뿐만 아니라, 헌법 제94조, 제95조 등의 규정취지에 비추어 정부의
구성단위로서 그 권한에 속하는 사항을 집행하는 모든 중앙정부기관이
곧 헌법 제86조 제2항 소정의 '행정각부'라고 볼 수도 없다. 입법권자는
헌법 제96조에 의하여 법률로써 행정을 담당하는 행정기관을 설치함에
있어 그 기관이 관장하는 사무의 성질에 따라 국무총리가 대통령의 명을
받아 통할할 수 있는 기관으로 설치할 수도 있고 또는 대통령이 직접 통
할하는 기관으로 설치할 수도 있다 할 것이므로 헌법 제86조 제2항에서
말하는 국무총리의 통할을 받는 행정각부는 입법권자가 헌법 제96조의
위임을 받은 정부조직법 제29조에 의하여 설치되는 행정각부만을 의미한
다고 할 것이다"라고 판시한바 있다.[51] 이에 따르면 기존 행정조직의 위

---

51) 헌재 1994. 4. 28. 89헌마221.

계질서를 벗어나는 독립행정기관을 법률에 의해 창설하는 것이 그 자체로 위헌은 아니라고 할 수 있다.

라. 검토

먼저 국무총리나 행정각부에 소속된 중앙위원회의 경우 우리 헌법의 통치구조상 크게 문제될 것이 없다. 다음으로 대통령 직속으로 되어 있는 중앙위원회의 경우 앞서 본 헌법재판소의 89헌마221 결정에 의하여 위헌 논란이 불식되었다고 하겠다. 위 결정에 따르면 대통령 직속의 행정기관을 설치하기 위해서는, (i) 설치, 조직, 직무범위 등에 관하여 법률의 형식에 의하여야 하고, (ii) 그 내용에 있어서도 목적, 기능 등이 헌법에 적합하여야 하며, (iii) 모든 권한이 기본권적 가치실현을 위하여 행사되도록 제도화하는 한편, (iv) 권한의 남용 내지 악용이 최대한 억제되도록 합리적이고 효율적인 통제장치가 있어야 한다.

마지막으로 남은 것은 대통령, 국무총리, 행정각부에 속하지 않는 무소속위원회의 합헌성 여부이다. 위 헌법재판소 판례는 행정기관을 설치함에 있어 대통령의 명을 받아 국무총리의 통할을 받는 기관의 형태 또는 대통령이 직접 통할하는 형태가 모두 가능하다는 점을 밝힌 것으로서, 대통령 및 행정부로부터 독립된 위원회가 헌법상 가능한 것인지에 대하여는 명시적으로 판단하지 않았다. 학설로서는 (i) 미국과 달리 우리 헌법은 국무총리에 대한 국회의 통제를 규정하고 있으므로 독립행정기관을 창설하는 것은 고도의 전문성과 공정성을 요구하는 예외적인 경우로 한정해야 한다는 견해,52) (ii) 무소속위원회, 중앙위원회의 경우 헌법 제66조 제4항의 행정권이나 정부의 개념에 포섭되지 않으므로 위헌 문제가 발생하지 않는다고 보는 견해53) 등이 제기되고 있다. 나아가 현재의 중앙위원회를 무소속위원회로 바꾸는 등 오히려 무소속위원회를 확장하여야

---

52) 김혜진, 112-115면.
53) 이광윤, 독립행정청의 법적 성격, 196면.

한다는 입법론이 제기되기도 한다.[54] 이는 실제로 중앙위원회의 '소속'이 큰 의미를 갖지 않고, 업무성질상 외부로부터의 독립성이 중요하다는 점에 착안한 것으로 보인다.[55] 그러나 대통령 및 행정부 어디에도 소속되지 않는 무소속위원회는 헌법에 반한다고 하겠다. 앞서 언급한 바와 같이 프랑스 헌법 제20조와 달리 우리 헌법상 행정권은 대통령(정부)에 전속되어 있다. 또한 위 '소속'의 의미를 후술하듯 소할(所轄)로 이해한다면 이는 인사, 예산을 통한 간접적인 통제를 뜻하는 것이므로, 이같은 간접 통제가 중앙위원회의 독립성과 배치되는 것도 아니다. 오히려 이러한 간접적인 통제장치마저 없는 무소속위원회가 널리 확대되는 경우 책임성 결여 문제가 심각하게 발생할 수 있는 것이다.

따라서 현재 무소속위원회로 되어 있는 국가인권위원회에는 위헌적 요소가 있다. 향후 개헌을 통해 감사원, 선거관리위원회에 준하는 헌법상 독립행정기관화하지 않는 이상 대통령 소속의 중앙위원회로 그 지위를 변경하는 것이 타당하다고 하겠다.

---

54) 이광윤, 독립행정청의 법적 성격, 203면; 김두식, 이명박 정부하의 국가인권위원회, 위기인가 기회인가? 법과 사회 제39권 (2010), 60면
55) 이광윤, 독립행정청의 법적 성격, 203면.

제2절 독립행정기관의 구성 및 기능 원리

I. 독립행정기관의 신설 여부 및 기관형태의 결정

1. 독립행정기관의 신설 여부

가. 현상의 분석

앞서 제2장에서 독립행정기관의 신설을 위해서는 특히 업무의 비전형성 및 중립성이 중요한 잣대가 된다는 점을 밝힌바 있다. 앞서 살펴본 '업무 성격에 따른 독립행정기관 신설여부 판단<그림 2>'의 틀을 우리 실정에 맞게 재구성하면 다음과 같다.

〈그림 5〉 우리나라의 독립행정기관 신설여부 판단

		업무의 비전형성과 중립성의 정도			입법/사법영역
		약함	보통	강함	
행정계서질서로부터의 탈피정도	약함 (일반 행정기관)	적절함	무방함	권력분립 위반은 아니지만 부적절함(D)	
	보통 (행정위원회 신설)	무방함	적절함		
	강함 (중앙위원회신설)	권력분립 위반은 아니지만 부적절함 (B)		적절함(C)	
	매우 강함 (제4부 등)	권력분립 위반			

앞서 본 <그림 2>와 달리 위 그림은 우리나라의 행정위원회를 별도로

반영하고 있다. 정부조직법 제5조, 행정위원회법 제5조 제1항에 따라 설치되는 행정위원회는 행정계서질서로부터의 일부 독립성이 인정되기는 하지만 소속 행정기관에 부수하여 설치된다는 점에서 그 독립성은 중앙위원회에 비해 매우 낮다. 위원 이외에 자체 사무국 및 전담직원, 파견직원을 보유하는 중앙위원회와 달리 대부분의 행정위원회는 위원들만으로 구성된다. 위 그림에서 빗금으로 처리된 부분은 전통적인 행정영역으로서 원래 일반행정기관이 담당하여도 무방한 업무영역이다. 다만 신중한 판단이 필요하거나 전문적 식견이 필요한 경우 등에는 행정위원회를 경유하여 판단이 이루어질 수 있다. 행정업무를 행정부로부터 독립된 제4부, 의회의 기관, 민간기구에 맡기는 경우, 또는 입법적, 사법적 영역 업무를 행정부가 처리하는 경우 권력분립의 원칙에 반하는 문제가 생기는 것은 앞서 본 그림 2의 경우와 동일하다.

  문제되는 것은 그 이외의 영역인 B, C, D 부분이다. 우리나라의 무소속위원회 및 중앙위원회는 C의 영역에 존재할 것을 표방한다. 즉 '그 업무 특성상 일반 행정기관이 수행하기에 적절하지 않은 것을 행정계서질서로부터 독립된 독립행정기관이 담당하고 있다'는 것이다. 여기에서 원래 논점이 되는 것은 다음 두 가지 측면이다. 첫째, 실제로는 업무의 비전형성 및 중립성이 강하지 않음에도 불구하고 중앙위원회, 무소속위원회로 설치된 것인지 여부이다(B의 영역). 둘째 업무 비전형성 및 중립성이 강하여 중앙위원회로 설치되어야 마땅함에도 일반행정기관이나 행정위원회에서 담당하고 있는 경우이다(D의 영역). 다만 후자의 문제를 논하기 위해 다기한 행정분야의 업무를 일일이 분석하는 것은 이 논문의 범위를 뛰어넘는 것이므로 여기에서는 첫째 문제에 집중하기로 한다.

  우리나라의 무소속위원회와 중앙위원회의 업무는 앞서 논한 '비전형성' 및 '중립성'을 갖추고 있는가? 예컨대 방송통신위원회의 경우 방송, 통신에 관한 사항, 전파 연구 및 관리에 관한 사항을 소관사무로 하여 방송·통신 기본계획에 관한 사항, 주파수의 효율적 사용에 관한 사항, 방송·통신 관련 기술정책의 수립에 관한 사항, 방송·통신서비스의 고도화 및 보편적 서비스에 관한 사항 등에 관한 심의·의결 기능을 행한다. 이는 전형적인 행정업무와 달리 기술적, 전문적 특성이 강하다. 또한 방송 및 통신에 정치적 편향성이 나타나는 경우 여론을 오도할 위험이 크기 때문에 정치적인 중립성을 필요로 하는 업무이기도 하다. 이러한 점에서 방송통신위원회의 업무는 비전형성 및 중립성이 강하고 중앙위원회의 대상 업무로 함이 마땅한 것으로 보인다. 이러한 점은 대기업집단 등을 규율하는 공정거래위원회, 금융시장을 총괄하는 금융위원회, 부패방지 및 국민들에 대한 탄력적 권익구제를 목적으로 하는 국민권익위원회의 경우에도 마찬가지이다. 국가인권위원회의 경우에도 국제적 인권업무 등 비전형적 업무를 담당하고 있을 뿐 아니라 정치적인 독립성이 긴요하기 때문에 이를 대통령 또는 국무총리 소속의 중앙위원회로 한다면 그 설치필요성에 관한 논란은 발생하지 않을 것이다.

다만 원자력안전관리와 이에 따른 연구·개발에 관한 사항을 담당하는 원자력안전위원회의 경우 업무의 비전형성은 인정받을 수 있겠으나, 정치적 중립성을 요하는 정도는 크지 않은 것으로 보인다. 이는 2013. 3. 정부조직이 개편되기 전 과학기술기본계획의 수립 및 시행에 관한 사항, 정부가 추진하는 연구개발사업 예산의 배분·조정 및 그 사업의 평가에 관한 사항을 담당하였던 국가과학기술위원회의 경우도 마찬가지이다. 위 그림에서 B 영역에 중앙위원회를 설치하는 것이 부적절한 이유는 정치적 제스처에 따른 기관신설이 불필요한 예산 낭비로 이어질 가능성이 있기 때문이다. 만약 지원 사무조직 등이 크지 않아 이러한 낭비가 없고, 오히려 대통령 및 정부의 권한을 제한하는 기능을 수행하는 것이라면 긍정적으로 볼 여지가 있으나, 과연 원자력안전위원회, 구 국가과학기술위원회가 여기에 해당하는 것인지에 대하여는 의문이 있다.

나. 일관된 신설기준 도입의 필요성

현재 행정위원회에 대하여는 행정위원회법 제5조 제1항이 그 신설 요

건을 정하고 있을 뿐이다. 이에 따르면 ① 업무의 내용이 전문적인 지식
이나 경험이 있는 사람의 의견을 들어 결정할 필요가 있을 것, ② 업무의
성질상 특히 신중한 절차를 거쳐 처리할 필요가 있을 것, ③ 기존 행정기
관의 업무와 중복되지 아니하고 독자성이 있을 것, ④ 업무가 계속성·상
시성이 있을 것 등 네 요건이 충족된 경우에 비로소 행정위원회를 설치
할 수 있다.[1] 또한 행정위원회법 제7조 제1항에 의하면 기존 행정조직
또는 행정위원회와 그 성격 또는 기능이 중복되는 위원회를 설치하지 못
하도록 되어 있다.

반면 무소속위원회와 중앙위원회는 이러한 기준을 적용받지도 않고
(행정위원회법 제3조 제2항), 다른 어떠한 일반기준이 없는 형편이다. 이
에 따라 남설의 위험성이 더 높다. 물론 무소속위원회와 중앙위원회는 통
상적인 행정위원회보다 중요한 업무를 담당하게 되고 이에 따라 신설 단
계에서 국민적 관심과 국회에서의 집중적인 논의의 대상이 되는 것도 사
실이다. 그러나 오히려 이러한 정치적 고려로 인하여, 기존 행정조직에
의하여 충분히 다룰 수 있으며 업무의 특수성도 인정되지 않는 사안을
대중적인 해결방안으로서의 독립적 위원회를 통해 다루려는 유혹에 빠질
수 있는 것이다. 각종 독립적 위원회의 남설은 결국 정부 전체의 효율성
을 떨어뜨리고 국민의 부담증가로 이어지게 된다.

따라서 입법론적으로는 중앙위원회의 설치시에도 이 글의 제2장에서
논의된 신설기준, 즉 '업무의 비전형성'과 '중립성'을 토대로 일관된 기준
을 적용할 필요가 있다고 생각된다. 위 요소 중 업무의 비전형성을 판단
함에 있어서는 행정위원회법이 제시하는 전문성, 신중성 이외에 프랑스
의 독립행정청에서 논의되는 새로운 기본권 침해유형에 대한 대응, 경제
주체들의 활동에 대한 적절한 규제 관점을 고려할 필요도 있을 것이다.
즉 업무성격 자체에서 비전형적인 행정업무 영역이고 따라서 기존의 행
정조직으로서 이에 대처하는 것이 곤란할 경우에 한하여 중앙위원회의

---

1) 자문위원회의 경우 ①, ② 요건만을 충족하면 족하다.

신설이 정당화될 수 있을 것이다. 이러한 신설규제를 제도적으로 확보하기 위해서는 향후 두 가지 입법적 보완책을 생각해볼 수 있다. 첫 번째로 신설과정의 절차 통제이다. 앞서 언급한 바와 같이, 프랑스에서는 독립행정청의 신설 및 업무 확장 이전에 반드시 별도의 평가기관으로 하여금 그 신설 또는 확장에 따른 재정적인 비용, 편익과 고용에 미칠 영향을 평가하도록 하고 있다. 영국 재무성의 2010년 개혁방안은 독립기관의 창설과 함께 반드시 종래의 법령 및 기관을 정비할 것을 명시하도록 하고 있다.[2] 이러한 절차적 통제의 과정에서 위 업무의 비전형성과 중립성 요건을 다시 한번 검토할 기회가 제공될 수 있을 것이다. 두 번째로 정기적인 폐지 여부의 재심사이다. 앞서 언급한 바와 같이 영국 재무성의 개혁방안은 독립기관의 창설조항과 함께 반드시 일몰조항(sunset clause)을 두도록 하고 있고,[3] 2011년 공공기관법(Public Bodies Acts 2012)은 각 부 장관에서 독립적 기관들의 통폐합권을 부여하고 있다. 반면 우리나라에는 중앙위원회의 정기적인 심사에 관한 일반적인 조항은 없다. 행정위원회를 규율하는 행정위원회법도 재심사에 대하여는 매우 느슨하다. 원칙적으로 존속기한을 정하여야 하고 존속기한이 없는 경우에도 2년마다 존속여부를 심사받아야 하는 자문위원회와 달리, 일단 신설된 행정위원회에 관하여는 ① 일몰조항도 '한시적으로 운영할 필요가 있는' 경우에 추가되는 것이며, ② 정기적인 존속여부의 심사조항도 적용받지 않는다. 중앙위원회, 행정위원회 공히 원칙적으로 존속기한을 정하도록 하고 일정주기로 그 존속여부를 심사받도록 하는 것이 타당할 것이다. 시대의 변천에 따라 원래의 설립목적을 달성하기 어려워지는 경우도 충분히 발생할 수 있기 때문이다.

---

[2] HM Treasury, Reforming Arms Length Bodies (2010), p.13.
[3] HM Treasury, Reforming Arms Length Bodies (2010), p.13.

2. 독립행정기관의 형태

독립행정기관의 형태와 관련하여 먼저 문제되는 것은 어떠한 경우에 헌법상 기관으로 하고, 어떠한 경우에 중앙위원회로 할 것인지에 대한 판단기준의 문제이다. 프랑스에서는 2008년 헌법개정을 통해 권리보호관을 헌법상의 독립행정청으로 신설하면서 그 타당성에 관한 논란이 벌어진바 있다. 그 당시 이러한 헌법화를 정당화하는 논거는 의회의 간섭 내지 왜곡을 최소화하는 한편 중요한 업무수행에 관하여 강하고 안정적인 기반을 제공한다는 데에 있었다. 이러한 관점에서 볼 때, 기존의 선거관리위원회, 감사원 이외에도 근본적인 헌법질서에 관한 업무를 담당하면서 그 독립성을 헌법적 차원에서 보장할 가치가 있는 경우에는 헌법상 독립행정기관으로 하는 방안을 적극적으로 검토할 수 있다고 본다. 다음으로 독립행정기관을 합의제 위원회 형태로 할 것인지 독임제 단독관청으로 할 것인지의 여부이다. 우리나라의 무소속위원회, 중앙위원회의 경우 그 명칭이 암시하듯 예외없이 위원회 형태를 취하고 있다. 앞서 프랑스 독립행정청에 관한 논의에서 언급하였듯이 독립성을 위한 당연한 전제로서 합의제적 구성을 요구한다는 입장이 있기는 하다. 하지만 신속한 결정 및 구제가 필요한 일부 분야에서는 독임제 관청의 도입을 긍정적으로 검토할 수 있을 것이다. 프랑스의 권리보호관, 에너지중재관, 영화중재관이 그 예이다. 이들은 모두 국민의 기본권 보호와 관련되어 있다는 점에서 공통점이 있다. 한편 독립적 기관의 구성원 숫자를 줄일수록 더 높은 수준의 후보자를 고를 수 있을 것이라는 분석도 제기되고 있다.[4] 우리나라의 상당수 행정위원회가 실질적으로는 위원장 중심의 독임제 형태로 운영된다는 점을 고려할 때[5] 명실상부한 독임제 기관의 도입이 불가능한 것도 아니다. 우리나라에서도 금융 옴부즈만, 소비자보호 옴부즈만 등 시

---

4) Marshall J. Breger & Gary J. Edles, p.1198.
5) 서원석 외, 169-170면.

민 권익의 신속하고 탄력적인 구제가 요청되는 분야에 있어서는 획일적인 위원회제를 탈피할 필요가 있다고 하겠다.

II. 독립행정기관의 독립성

이 글은 앞서 독립행정기관의 필수적 요소로서 독립성을 제시한바 있다. 이에 따라 이하에서는 우리나라 독립행정기관의 구성 및 운영원리로서의 독립성이 실제 어떻게 적용되고 있는지를 살펴보고자 한다. 프랑스 독립행정청에 관한 논의와 마찬가지로 조직상의 독립성과 기능상의 독립성으로 양분하여 설명한다.

1. 조직상의 독립성

가. 실체형성의 일반법리

조직상의 독립성에는 선임의 방식, 구성원의 신분보장, 예산의 독립성 등이 포함되지만, 주로 논란이 되는 것은 선임권 소재를 포함한 선임의 방식이다. 여기에서는 무소속위원회 및 중앙위원회 뿐 아니라 비교의 목적상 헌법상 독립기관인 선거관리위원회, 감사원도 함께 검토하기로 한다. 먼저 개괄적인 차이점을 표로 분석하면 다음과 같다.

⟨표 4⟩ 한국 주요 독립행정기관의 구성

기관명	설치근거	소속	위원	임기	위원장/원장	위원 신분보장	예산 등
감사원	헌법 제97조 감사원법	대통령	원장 포함 7명 (원장제청으로 대통령 임명)	4년 (1차 연임 가능)	국회동의 얻어 대통령 임명	아래사유에만 면직 (감사원법 제8조) ① 탄핵, 금고이상: 당연퇴직 ② 심신쇠약: 감사위원회의 의결	직원임면, 조직 및 예산편성시 독립성 존중 (감사원법 제2조)

						후 원장 제청하면 대통령이 퇴직을 명함.	
중앙선관위	헌법 제114조 선거관리위원회법	-	원장 포함 9인 (대통령, 국회, 대법원장이 각 3인씩 선임)	6년	위원들간 호선	탄핵, 금고이상인 경우에만 파면 가능 (헌법 제114조 제5항).	중앙선관위 경비는 독립하여 국가예산에 계상 (선관위법 제18조)
인권위	국가인권위원회법 제3조		위원장 1명, 상임위원 3명 포함 11명 (국회 4명, 대통령 4명, 대법원장 3명 선임)	3년 (1차 연임 가능)	대통령 임명 (청문회)	아래사유에만 면직 (법 제8조) ① 금고이상 형 ② 신체, 정신장애: 2/3 위원회 찬성으로 퇴직결의.	예산관련 업무시 위원장은 중앙관서의 장으로 간주 (법 제6조 제5항)
방통위	방송통신위원회의 설치 및 운영에 관한 법률 제3조	대통령	위원장 1명, 부위원장 1명 포함 5인의 상임위원 (대통령 임명. 그 중 3인은 국회추천받음)	3년 (1차 연임 가능)	대통령이 임명 (청문회)	아래사유에만 면직 (법 제8조) ① 장기간 심신장애 ② 법 제10조 결격사유 ③ 직무상 의무위반 ④ 소관직무관련 부당이득	전문위원회, 방송통신심의위원회 근거조항(법 제15, 18조)
원자력위	원자력안전위원회의 설치 및 운영에 관한 법률 제3조	국무총리	위원장 1명 포함 9명 (대통령이 임명, 위촉)	3년 (1차 연임 가능)	대통령이 임명 (총리 제청)	아래 사유에만 면직 (법 제8조) ① 장기간 심신장애 ② 법 제10조의 결격사유 ③ 직무상 의무위반 ④ 소관직무 관련 부당이득	전문위원회 근거조항 (법 제15조)
공정위	독점규제 및 공정거래에 관한 법률 제35조	국무총리	위원장 1명, 부위원장 1명을 포함한 9인 (대통령이 임명)	3년 (1차 연임 가능)	대통령이 임명 (총리 제청, 청문회)	아래 사유에만 면직 (법 제40조) ① 금고이상 ② 장기간의 심신쇠약	한국공정거래조정원 근거조항 (법 제48조의2)
금융위	금융위원회의 설치 등에 관한 법률 제3조	국무총리	다음의 9명 (당연직 아닌 경우 대통령이 임명) ① 위원장 ② 부위원장 ③ 기재부장관 ④ 금감원장 ⑤ 예보사장 ⑥ 한은부총재 ⑦ 위원장 추천위원 2인 ⑧ 상공회의소 추천위원 1인	3년 (1차 연임 가능)	대통령이 임명 (총리 제청, 청문회)	아래 사유에만 면직 (법 제10조) ① 법 제8조의 결격사유 ② 심신장애 ③ 직무상 의무위반	증권선물위원회, 금융감독원 근거조항 (법 제19조, 제24조)

권익위	부패방지 및 국민권익위원회의 설치와 운영에 관한 법률 제11조	국무총리	위원장 1명, 부위원장 3명, 상임위원 3명을 포함한 15명의 위원 (대통령이 임명. 다만 비상임위원 중 3인씩은 각기 국회, 대법원장의 추천 의함)	3년 (1차 연임 가능)	대통령이 임명 (총리 제청)	아래 사유에만 면직/해촉 (법 16조 제3항) ① 법 제15조 제1항의 결격사유 ② 심신장애 (위원 2/3의결 필요) ③ 겸직금지 의무위반	전문위원, 시민고충처리위원회 (법 제22, 32조,

위 분석에 의하면 헌법상 기관인 감사원과 중앙선거관리위원회는 그 조직상의 독립성이 매우 강하게 보장되고 있음을 알 수 있다. 첫째로 위원의 임기에서도 무소속위원회, 중앙위원회가 3년으로 하되 1차에 한해 연임할 수 있도록 한 것에 반하여, 감사위원은 임기를 4년으로 하며 1차에 한해 연임할 수 있고, 중앙선거관리위원은 6년으로 되어 있다. 둘째로 위원장의 선임방식에도 차이가 있다. 무소속위원회, 중앙위원회의 위원장은 총리의 제청 또는 국회의 청문회를 거쳐 대통령이 임명하지만, 감사원장의 선임에는 국회의 동의가 필요하고 중앙선거관리위원장은 위원들간의 호선제로 되어 있다. 셋째로 예산편성에 있어서도 중앙선거관리위원회의 경비는 독립하여 국가예산에 계상하도록 되어 있고, 감사원은 예산편성시 독립성을 존중받도록 별도로 규정되어 있는 반면에, 무소속위원회, 중앙위원회에 관하여는 이러한 명문의 조항이 없다. 다만 공통점도 많이 발견된다. 첫째, 위원들의 구성을 다양화하려는 노력이다. 헌법상 기관인 중앙선거관리위원회의 경우 대통령, 국회, 대법원장이 각기 3인씩의 위원을 선임하는 것처럼, 국가인권위원회에 있어서도 대통령이 4인, 국회가 4인, 대법원장이 3인의 위원을 각기 선임한다. 또한 국가권익위원회 비상임위원의 경우 국회, 대법원장으로부터 각기 3인씩의 추천을 받아 임명되고, 방송통신위원회의 상임위원 중 3인은 국회의 추천을 받아 임명된다. 둘째로 위원들의 신분도 비교적 두텁게 보장되고 있다. 대체로 금고이상의 형벌을 받거나 심신장애 등 업무수행이 어려운 경우를 제외하고는 위원의 의사에 반하여 면직을 할 수 없도록 되어 있다(물론 구체적인 절차에 있

어서는 부적절사유에 관해 위원회 차원의 결의가 필요한지 등에 있어 차이가 있음).

위 조직상의 독립성을 앞서 살펴본 프랑스 독립행정청과 비교해 본다. 위원들의 신분보장에 관한 점이나, 직접적인 임명권은 일반적으로 대통령에게 부여된다는 점은 우리나라와 크게 다르지 않다. 가장 큰 차이점은 위원들의 구성방식이다. 앞서 보았듯이 헌법상의 기관이든 무소속위원회, 중앙위원회이든 우리나라에 있어서의 구성원 다양화는 곧 그 (실질적인) 선임권자를 대통령으로부터 국회, 대법원으로 확장하는 것을 뜻한다. 반면 프랑스의 경우 시청각최고위원회, 에너지 위원회처럼 이러한 방식으로 다양화하는 경우도 있지만, 많은 경우에 위 추천권자 또는 지명권자를 다른 기관으로까지 확대하고 있다. 예컨대 금융시장청의 경우 그 위원 16명을 지명할 수 있는 기관은 법원, 의회 이외에도 프랑스 은행장, 국립회계원, 경제사회환경위원장, 경제부(상장회사 대표자, 종업원주주 대표자에 관하여) 등 다양하다. 또한 반도핑청의 경우에도 9명의 위원 중에는 국립약학아카데미원장, 과학아카데미원장, 국립의료아카데미 원장, 프랑스 국립올림픽스포츠 위원장 등이 지명한 위원이 포함된다.

두 번째로 위 구성원의 다양화와 관련성을 갖는 것으로서 위원의 총수에서도 프랑스와 한국은 상당한 차이를 보인다. 우리나라의 경우 기본권 보호기관이라고 할 수 있는 국가인권위원회와 국민권익위원회는 그 위원이 11명, 15명으로 상당히 많은 편이지만, 나머지 경제활동 규제기관의 위원은 대체로 10명을 넘지 않는다. 반면 프랑스의 경우 대표적인 경제활동 규제기관이라 할 수 있는 금융시장청, 경쟁청의 경우에도 위원의 숫자가 16, 17명에 달하고 있다.

마지막으로 프랑스의 경우 우리나라와 달리 입법부, 사법부의 구성원이 동시에 독립행정청의 위원이 될 수 있도록 되어 있다. 이 문제는 권력분립 이론과 관련하여 별도의 상세한 분석이 필요하므로 항을 바꾸어 설명하기로 한다.

나. 위원 겸직의 문제

(1) 수평적 겸직의 경우

먼저 국회의원, 법관이 독립행정기관의 위원이 될 수 있는지가 문제된다. 앞서 경쟁청, 국가정보자유위원회의 예에서 보듯이 프랑스의 독립행정청에는 현직의 입법부, 사법부 구성원이 포함되는 경우가 드물지 않다. 이는 권력분립의 원칙상 허용되는 것인지와 설사 허용된다 하더라도 권장할만한 것인지의 문제이다.

법관이 다른 입법부 또는 행정부의 일원이 되는 것은 법령상 엄격하게 금지된다. 즉 법원조직법 제49조는 법관이 재직 중 국회 또는 지방의회의 의원이 되거나 행정부서의 공무원이 되는 일을 금지하고 있다. 따라서 무소속위원회 또는 중앙위원회의 위원이 되는 것 역시 당연히 금지된다. 국회의원의 경우 헌법 제43조는 "국회의원은 법률이 정하는 직을 겸할 수 없다"고 하고 있는바, 이에 관한 국회법 제29조에 의하면 국무위원과 기타 정치운동이 허용되는 공무원은 겸직할 수 있는 것으로 규정되어 있다.[6] 독립행정기관의 위원인 경우 위 국무위원 등에 해당하지 않을 뿐 아니라 국회법 제29조 제1항의 소정의 겸직금지대상인 공무원에 해당한다고 할 것이므로, 결국 국회의원은 그 위원을 겸직할 수 없다고 볼 것이다.

독립행정청이 준입법적, 준사법적 권한을 행사할 수 있고, 전문화된 업무에 입법부, 사법부의 시각을 반영할 수 있다는 점에서 이같은 겸직을 긍정적으로 볼 여지도 있을 것이다. 그러나 다음의 점을 고려할 때 프랑스식의 겸직 제도를 향후 입법적으로라도 수용할 필요성은 크지 않고 오히려 위헌의 소지가 있다고 생각된다.

먼저 국회의원과 독립행정기관 위원의 겸직을 본다. 우리나라에서 국회의원이 장관 등을 겸직할 수 있어 의원내각제적 요소가 반영되어 있는 것은 사실이나, 이러한 겸임의 허용에 대한 비판의 목소리가 높은 작금의

---

6) 상세한 설명은 장용근, 선출직 공직자의 겸직금지규정에 대한 헌법적 검토, 홍익법학 제13권 제1호 (2012), 268면 참조.

상태를 고려할 때,[7] 겸직을 독립행정기관의 위원에까지 확대할 이유는 없다. 이러한 겸임의 허용은 결국 국민의 대표자인 국회의원도 대통령에 종속될 수 있다는 것으로 비추어질 공산이 크다.[8] 헌법재판소도 입법과 행정간의 권력분립을 강조하면서 "법률의 집행이나 적용을 맡고 있는 공직자가 동시에 법률의 제정에 관여하는 현상, 즉 집행공직자가 의원겸직을 통하여 행정의 통제자가 되어 자신을 스스로 통제하는 것을 허용하지 않고 이로써 이해충돌의 위험성을 방지하자는 것이다"라는 점을 겸직금지의 취지로 설명하고 있다.[9]

다음으로 법관과 독립행정기관 위원의 겸직 역시 금지되어야 할 것이다. 독립적 '행정'기관도 일응 행정을 담당하는 것인데 사법부가 독립행정기관의 행위를 판단하는 데에서 더 나아가 독립행정기관의 일원이 되는 것은 자칫 독립성 및 공정성의 근간을 흔들 수 있기 때문이다. 위 헌법재판소의 논지인 '법률의 집행 또는 적용을 맡은 공직자가 법률의 제정에 관여하는 현상'의 문제점은 이 경우에도 유효하게 지적될 수 있을 것이다.

(2) 수직적 겸직의 경우

대통령 또는 국무총리가 독립행정기관의 구성원이 될 수 있는가? 여기에서의 쟁점은 입법부, 사법부의 구성원이 무소속위원회, 중앙위원회의 위원이 되는 수평적 겸직과 달리 같은 행정부 내에서 수직적인 겸직이 문제되는 것이다.[10] 실지로 대통령이 대통령 소속 위원회의 의장이 될 수

---

7) 정종섭, 헌법연구(3), 197면; 조재현, 250면.

8) 정종섭, 헌법연구(3), 197면.

9) 헌재 2004. 12. 16. 2002헌마333. 이 결정은 입법기관의 의원직과 집행기관의 공직을 동시에 맡을 수 없게 하는 겸직금지의 또다른 근거로서 권력 분립 이외에 공직자의 정치적 중립성을 들고 있다.

10) 원래 프랑스에서 수평적 권력분립(devision horizontale du pouvoir)은 통상적인 정부 내의 권력분립을, 수직적 권력분립(devision verticale du pouvoir)은 연방국가 또는 지방자치단체와의 관계에서 발생하는 권력분립을 각각 가리키는 용어로

있는지의 문제가 논란이 된 바 있다고 한다.11)

일견 같은 행정부 내에서의 겸직이므로 별다른 문제가 없는 것으로 보일 수 있다. 그러나 권력 분립의 실질적인 기능의 분배를 뜻하는바, 이같은 상하겸직은 기능의 중복을 초래하고 결국 권력분립의 목적 중 하나인 효율적인 정부를 저해한다고 생각된다. 또한 앞서 살펴본 독립행정청의 구성원리인 독립성과 책임성의 조화에 반하여 그 독립성을 심하게 침해하게 될 것이다. 대통령이나 국무총리가 주재하거나 위원으로 참석하는 위원회는 원래부터 독립적인 행정기관으로 구성할 필요가 없었던 것이고 단순히 자문위원회로 운영하면 족하다. 국가안전보장자문회의, 국민경제자문회의, 민주평화통일자문회의, 국가교육과학기술자문회의 등의 경우 대통령이 의장으로 되어 있는바, 이들은 단순히 자문기능만을 수행할 뿐 독립적인 의사결정권은 없는 기구들이다. 대외적으로 독립기관을 표방하면서도 실질적으로는 대통령 또는 국무총리의 의지를 관철하는 수단으로 기능할 뿐이라면, 이러한 기관은 단지 행정책임을 모면할 목적으로 운영되는 것으로서 독립행정기관으로서의 존재의의를 상실한 것이라고 하겠다.

2. 기능상의 독립성

앞서 언급한 대로 기능상의 독립성에는 대외 통제로부터의 자유, 사무처리 및 내부규제의 자율성 등이 포함된다. 먼저 법적 지위 측면에서 볼 때, 프랑스의 일부 독립행정청과 달리 우리나라의 무소속위원회와 중앙위원회에 독립된 법인격이 부여되어 있지 않다. 무소속위원회와 중앙위원회는 중앙행정기관으로 인정될 뿐이므로, 타부처와 권한 갈등이 생긴 경우 헌법재판소에 의한 권한쟁의 심판의 대상이 되지 않는다.12) 다만 그

쓰이기도 하지만{Louis Favoreu et al. Droit constitutionnel (12e éd.), Dalloz (2009)}, 여기에서의 수평적 겸직, 수직적 겸직은 이러한 용례와는 다른 의미를 갖는다.

11) 장용근, 261면.

업무처리와 관련하여 수범자와의 사이에 분쟁이 발생한 경우에는 중앙행
정기관으로서 당사자적격을 갖게 된다.[13]

　이하 주로 다룰 부분은 우리나라의 무소속위원회, 중앙위원회가 행사
하는 입법적, 사법적인 권한이다. 원래 무소속위원회, 중앙위원회는 각자
고유의 행정업무를 담당한다. 예컨대 공정거래위원회는 각종 반경쟁행위
의 규제 등을 그 업무로 하고(공정거래법 제36조), 방송통신위원회는 방
송, 통신, 전파 연구 및 관리 등을 그 업무로 하는(방송통신위원회의 설치
및 운영에 관한 법률 제11조) 식이다. 이같은 고유 행정업무를 수행함에
있어서는 사무처리상의 독립성이 법률상 명문으로 보장되어 있는 경우가
많고, 이에 관하여는 별다른 반론이 없다. 논란이 되는 부분은 오히려 사
무처리상의 독립성을 뒷받침하기 위해 부여되는 입법적, 사법적 권한의
적정성과 한계의 문제이다.

가. 독립행정기관의 입법적 권한

　프랑스에서의 독립행정청의 입법적 권한 논의는 의회가 법률에 의해
독립행정청에 법규명령권을 부여함으로써 수상의 법규명령권을 침해할
수 있는지의 문제, 즉 입법부와 행정부간의 권력분립 쟁점을 중심으로 전
개된바 있다. 우리나라에서 무소속위원회와 중앙위원회의 입법권의 논의
는 이와는 약간 각도를 달리한다. 즉 권력분립의 측면보다는 위임입법의
범위와 한계에 초점이 맞추어지고 있다. 이하 상세히 검토해 본다.

(1) 행정입법권

　주지하듯이 법규명령이란 행정기관이 헌법에 근거하여 국민의 권리,
의무에 관한 사항을 규정하는 것으로서 대국민적인 구속력을 갖는다.[14]

---

12) 헌재 2010.10.28. 2009헌라6의 다수의견.
13) 김동희, 행정법 Ⅱ, 박영사 (2011), 735면 참조.
14) 성낙인, 헌법학, 1100면 참조.

헌법이 인정하는 법규명령의 형식으로는 대통령령(제75조), 총리령과 부령(제95조), 국회규칙(제64조 제1항), 대법원규칙(제108조), 헌법재판소규칙(제113조 제2항), 중앙선거관리위원회규칙(제114조 제6항)이 있다. 위 범주에 속하지 않은 채 일반 국민의 권리, 의무와 직접 관계없는 사항을 규율하도록 되어 있는 행정규칙과 달리 법규명령에 관하여는 (ⅰ) 국민의 권리, 의무 또는 일상생활에 밀접한 관련이 있는 때에는 행정절차법 제41조에 따른 입법예고 등 절차를 밟아야 하고, (ⅱ) 법제처의 심사를 거치며, (ⅲ) 반드시 공포하여야만 효력이 발생하는 등 보다 엄격한 절차적 통제가 이루어진다.15)

무소속위원회이든 중앙위원회이든 헌법상 법규명령을 발할 권한은 부여되어 있지 않지만, 개별법령에서는 자체적으로 규칙을 발할 수 있도록 하는 경우가 많다. 예컨대 국가인권위원회의 경우 위원회의 운영에 필요한 사항을 위원회 규칙으로 정할 수 있고(국가인권위원회법 제18조), 공정거래위원회는 공정거래위원회의 운영 등에 관하여 필요한 사항은 공정거래위원회의 규칙으로 정할 수 있으며(공정거래법 제48조 제2항), 금융위원회는 금융위원회의 운영에 필요한 사항을 금융위원회의 규칙으로 정한다(금융위원회의 설치 등에 관한 법률 제16조). 이러한 경우 위원회 규칙은 순수하게 내부적인 조직에 관하여 규정될 수도 있으나, 특히 규제기관인 경우 규제의 기준, 요건 등 국민의 권리, 의무와 밀접하게 관련된 법규사항이 포함되는 경우도 많다. 즉 규제의 근거가 되는 법률에서는 불확정개념 또는 일반조항만이 정해지고 구체적인 실행요건은 행정규칙의 형식인 고시, 훈령, 예규, 통첩에 의하는 경우가 많은 것이다. 이렇듯 법률에서 실질적인 법규사항을 대통령령 등 법규명령에 위임하지 않고 위 무소속위원회 또는 중앙위원회가 제정하는 행정규칙에 위임한 것이 헌법에 합치되는지가 논란이 된바 있다.

이와 유사한 쟁점은 무소속위원회, 중앙위원회 이외의 행정기관에도

---

15) 헌재 2004. 10. 28. 99헌바91

발생한다. 즉 실질적으로 법규사항이 행정규칙에 위임되는 현상은 다른 행정각부 또는 외청의 경우에도 나타나고 있다.[16] 다만 무소속위원회, 중앙위원회는 그 독립성이 강조되다 보니 법률에서 직접 행정규칙권을 부여하는 경우가 많고, 이에 따라 규제권을 행사하는 위원회들인 경우 대통령령 등의 위임 없이 자체 훈령 등에 실질적인 법규사항을 포함시키는 현상이 나타나고 있다.

위 쟁점에 관하여 헌법재판소는 "헌법이 인정하고 있는 위임입법의 형식은 예시적인 것으로 보아야 할 것이고, 그것은 법률이 행정규칙에 위임하더라도 그 행정규칙은 위임된 사항만을 규율할 수 있으므로, 국회입법의 원칙과 상치되지도 않는다. 다만, 형식의 선택에 있어서 규율의 밀도와 규율영역의 특성이 개별적으로 고찰되어야 할 것이다. 그에 따라 입법자에게 상세한 규율이 불가능한 것으로 보이는 영역이라면 행정부에게 필요한 보충을 할 책임이 인정되고 극히 전문적인 식견에 좌우되는 영역에서는 행정기관에 의한 구체화의 우위가 불가피하게 있을 수 있다. 그러한 영역에서 행정규칙에 대한 위임입법이 제한적으로 인정될 수 있는 것이다"라고 하여 일정 영역에 해당하는 경우 법률에서 곧바로 행정규칙으로 법규사항을 위임할 수 있다고 보았다.[17] 나아가 "재산권 등과 같은 기본권을 제한하는 작용을 하는 법률이 입법위임을 할 때에는 대통령령, 총리령, 부령 등 법규명령에 위임함이 바람직하고, 금융감독위원회의 고시와 같은 형식으로 입법위임을 할 때에는 적어도 행정규제기본법 제4조 제2항 단서에서 정한 바와 같이[18] 법령이 전문적, 기술적 사항이나 경미

---

16) 대법원 2008. 3. 27. 선고 2006두3742, 3759 판결은 구 택지개발촉진법 및 시행령에 따라 건설교통부장관이 정한 '택지개발업무처리지침'의 대외적인 법규명령 효력을 인정한 사안이고, 대법원 1987. 9. 29.선고 86누484 판결은 구 소득세법 및 시행령에 따라 발령된 국세청 훈령이 '재산세사무처리규정'의 법규명령 효력을 인정한 사안이다.

17) 헌재 2004. 10. 28. 99헌바91.

18) 행정규제기본법 제4조 제2항은 "규제는 법률에 직접 규정하되, 규제의 세부적인 내용은 법률 또는 상위법령(上位法令)에서 구체적으로 범위를 정하여 위임한 바

한 사항으로서 업무의 성질상 위임이 불가피한 사항에 한정된다 할 것이고, 그러한 사항이라 하더라도 포괄위임금지의 원칙상 법률의 위임은 반드시 구체적, 개별적으로 한정된 사항에 대하여 행하여져야 할 것이다"라고 판시하고 있다. 대법원도 기본적으로 이같은 법령보충적 행정규칙의 효력을 인정하면서 이러한 경우의 행정규칙은 "행정기관에 법령의 구체적 내용을 보충할 권한을 부여한 법령 규정의 효력에 의하여 그 내용을 보충하는 기능을 갖게 되고, 따라서 이와 같은 행정규칙은 당해 법령의 위임 한계를 벗어나지 않는 한 그것들과 결합하여 대외적인 구속력이 있는 법규명령으로서의 효력을 가진다"라고 본다.[19]

결국 우리나라 판례와 다수설의 입장은 무소속위원회, 중앙위원회이든 아니면 다른 행정기관이든 적어도 법규명령의 구체적 위임을 받은 경우 제한적으로 법령보충적 행정규칙의 개념을 인정하고 있다.[20] 무소속위원회, 중앙위원회의 경우 법률의 근거가 있는 경우에는 "전문적, 기술적 사항이나 경미한 사항으로서 업무의 성질상 위임이 불가피한 사항에 대하여 구체적, 개별적으로 한정되는 이상" 곧바로 법규명령적 성격의 고시, 훈령 등을 발할 수 있다는 것이다. 이같은 권한은 무소속위원회, 중앙위원회가 굳이 대통령령, 총리령, 부령의 위임을 받을 필요가 없다는 점에서 그 독립성을 강화시키는 측면이 있다.

(2) 입법 제안권

앞서 프랑스의 독립행정청들이 활발하게 대외적으로 입법적 대안을

에 따라 대통령령·총리령·부령 또는 조례·규칙으로 정할 수 있다. 다만, 법령에서 전문적·기술적 사항이나 경미한 사항으로서 업무의 성질상 위임이 불가피한 사항에 관하여 구체적으로 범위를 정하여 위임한 경우에는 고시 등으로 정할 수 있다"고 한다. 다만 위 조문에 대하여는 헌법상 위임입법의 한계를 일탈한 것이라는 위헌론이 제기되고 있다. 김기진, 행정입법에 대한 입법정비의 필요성에 관한 연구, 연세대학교 법학연구 제19권 제2호 (2009), 148면.
19) 대법원 2008. 3. 27. 선고 2006두3742, 3759 판결.
20) 김기진, 138면.

제시하고 의견을 공표하는 것과 달리, 우리나라의 무소속위원회, 중앙위원회의 입법제안 활동은 강조되지 않고 있다. 물론 국가인권위원회는 인권에 관한 법령, 제도, 정책, 관행의 조사와 연구 및 그 개선에 필요한 사항에 관한 권고 및 의견의 표명을 그 업무 중의 하나로 하고 있다(국가인권위원회법 제19조 제1호). 또한 국민권익위원회도 공공기관의 장에게 부패방지를 위한 제도의 개선을 권고할 수 있고(부패방지 및 국민권익위원회의 설치와 운영에 관한 법률 제27조 제1항), 고충민원을 조사, 처리하는 과정에서 법령 그밖의 제도나 정책 등의 개선이 필요하다고 인정되는 경우 관계 행정기관 등의 장에게 이에 대한 합리적인 개선을 권고하거나 의견을 표명할 수는 있다(같은 법 제47조). 그러나 다른 위원회들은 이같은 권한이 없다. 특히 금융위원회, 공정거래위원회, 방송통신위원회 등 중요한 규제업무를 맡고 있는 경우 제도적 개선사항을 법률에 의해 반영하는 것은 규제의 효율성을 증진시키는 차원에서도 필요하다고 하겠다.

나. 독립행정기관의 사법적 권한

(1) 제재권

규제기관으로서의 독립적 위원회에 대하여는 법률에 의해 명시적으로 제재권이 부여되어 있는 경우가 많다. 공정거래위원회, 방송통신위원회, 금융위원회가 대표적이다. 반면 기본권보호를 중심으로 하는 경우(국가인권위원회, 국민권익위원회)와 전문적 의사결정에 방점이 있는 경우(원자력안전위원회)의 경우에는 권고적 권한은 별론으로 하고 이같은 제재권한이 부여되어 있지 않다.

제재의 구체적인 내용은 인허가의 취소, 업무의 정지, 시정조치, 임직원에 대한 직무정지 등, 프로그램의 정정, 수정 또는 중지, 이행강제금등 각 위원회별로 다양한 유형을 갖추고 있으나, 위 제재권을 행사하는 세 위원회에 공통되면서도 가장 대표적인 제재는 과징금이라고 할 수 있다. 공정거래위원회, 금융위원회, 방송통신위원회는 각기 공정거래법, 자본시장법, 방송법 등에 근거하여 규제대상자들에 대하여 과징금 처분을 내릴 수 있다. 헌법재판소는 앞서 본 프랑스의 실무례와 마찬가지로 과징금 제재와 형사제재를 병과할 수 있다고 본다.[21] 다만 프랑스의 경우 금전적 제재인 경우 양 제재의 합계가 하나의 제재의 상한을 초과할 수는 없다고 보는데 반해, 헌법재판소는 국가형벌권 행사로서의 처벌과 과징금은 기본 성격이 다르다고 보아 약간 다른 입장을 취하고 있다.[22]

헌법적 관점에서 위 제재권이 문제되는 것은 이같은 사법적 권한을 행정기관이 행사함에 따른 권력분립 위반의 문제이다. 헌법재판소에서 공정거래위원회에 과징금을 부과할 권한을 부여한 공정거래법의 위헌성 여부가 다투어진바 있다.[23] 다수의견은 이를 헌법상 권력분립 또는 적법절차 조항에 위반되지 않는 합헌적인 조항으로 보았다. 그 근거에 관하여 다음 몇 가지를 들고 있다. 첫째로 다양한 불공정 경제행위가 시장에 미치는 부정적 효과 등에 관한 사실수집과 평가는 이에 대한 전문적 지식과 경험을 갖춘 기관이 담당하는 것이 보다 바람직하다는 정책적 결단이 있었다는 점이다. 둘째로 공정거래위원회는 합의제 행정기관으로서 그 구성에 있어 일정한 정도의 독립성이 보장되어 있다는 점이다. 셋째로 과징금 부과절차에서는 통지, 의견진술의 기회 부여 등을 통하여 당사자의 절차적 참여권이 인정된다는 점이다. 마지막으로 공정거래위원회의 결정에 대하여는 행정소송을 통한 사법적 사후심사가 보장되어 있다는 점이다.

이 글은 독립행정기관에 권력분립의 원칙을 적용할 때에는 기능적 권

---

21) 헌재 2003. 7. 24. 2001헌가25.
22) 즉 위 헌법재판소 결정은 "구 독점규제및공정거래에관한법률 제24조의2에 의한 부당내부거래에 대한 과징금은 그 취지와 기능, 부과의 주체와 절차 등을 종합할 때 부당내부거래 억지라는 행정목적을 실현하기 위하여 그 위반행위에 대하여 제재를 가하는 행정상의 제재금으로서의 기본적 성격에 부당이득환수적 요소도 부가되어 있는 것이라 할 것이고, 이를 두고 헌법 제13조 제1항에서 금지하는 국가형벌권 행사로서의 '처벌'에 해당한다고는 할 수 없으므로, 공정거래법에서 형사처벌과 아울러 과징금의 병과를 예정하고 있더라도 이중처벌금지원칙에 위반된다고 볼 수 없다"고 한다.
23) 헌재 2003. 7. 24. 2001헌가25.

력분립론에 의하면서 그 독립성과 책임성의 조화를 고려하여야 한다는
입장이다. 이러한 관점에서 위 쟁점을 분석하기로 한다. 앞서 살펴보았듯
이 기능적 권력분립의 입장에 서게 되면 행정부도 필요한 경우 일정한
요건 하에 입법권과 사법권을 행사하는 것이 불가능한 것은 아니다. 다만
이러한 기능을 수행하려면 그에 걸맞는 절차와 자격을 갖추어야 하고, 특
히 사법적 판단에서 가장 중요한 요소는 판단기관의 독립성이라고 할 수
있다. 이러한 접근은 앞서 본 프랑스 독립행정청의 제재권의 행사과정에
서도 나타난다. 즉 프랑스의 경우 독립행정청에 의한 제재는 재판에 준하
는 것이므로 이에 관한 엄격한 절차적 보장(fortes garanties procédurales)
이 이루어져야 하고, 특히 소추기능(fonctions de poursuite)과 결정기능
(fonctions de jugement)이 분리되는 대심적 구조를 택해야 한다.24) 반면
우리나라에서 제재권을 행사하는 위원회들의 현실은 어떠한가? 방송통신
위원회, 금융위원회는 말할 것 없고, 오랜기간 제재심의절차에 관하여 연
구하고 발전시켜온 공정거래위원회의 경우에도 위원들의 독립성 및 사건
처리의 공정성은 충분히 확보되어 있지 않다. 가장 중요한 심의의 기본
구조에 있어서도 비록 심사관이 별도로 지정되어 피심인(被審人)을 소추
하는 형식을 취하기는 하지만, 중간의 사건 보고가 이루어지는 등 소추기
능과 결정기능의 분리가 제대로 이루어지지 않고 있다.

　　위 헌법재판소의 다수의견이 제시한 근거 중 첫째, 셋째, 넷째 의견은
설득력이 있지만, 위 둘째 논거인 공정거래위원회의 독립성에 관하여는
논란의 소지가 있다. 위 결정의 소수의견이 지적하였듯이,25) 향후 조사기

---

24) 국내 학자 중에서도 독립행정기관의 제재권 행사시 심판관, 소추관, 피심인의 3
　　자적 구도가 도입되어야 한다는 견해가 제기되고 있다. 유진식, 금융감독행정과
　　행정조직법, 공법연구 제32집 제2호 (2003), 468-470면.
25) 위 결정에서 한대현, 권성, 주선회 재판관은 소수의견을 통하여 "공정거래위원회
　　는 행정적 전문성과 사법절차적 엄격성을 함께 가져야 하며 그 규제절차는 당연
　　히 '준사법절차'로서의 내용을 가져야 하고, 특히 과징금은 당해 기업에게 사활
　　적 이해를 가진 제재가 될 수 있을 뿐만 아니라 경제 전반에도 중요한 영향을
　　미칠 수 있는 것임을 생각할 때, 그 부과절차는 적법절차의 원칙상 적어도 재판

관과 심판기관을 엄격히 분리하고 및 심판관의 전문성 및 독립성을 강화하는 등 입법적 개선이 필요하다고 생각된다.

(2) 기타 사법적 권한

무소속위원회와 중앙위원회는 그밖의 다양한 사법적 권한들을 부여받고 있다. 즉 위법사실이 발생한 경우 이에 관한 조사권, 합의, 시정권고 내지 조정권한, 수사, 감사 또는 징계의뢰권 등이 그것이다. 다만 무소속위원회와 중앙위원회는 그 자체로 사법기관은 아니기 때문에 강제수사에 나서거나 분쟁의 구속력 있는 해결은 할 수 없고, 기본적으로 임의적 방식에 의해 보충적 역할을 수행하는 것이다. 그러한 점에서 볼 때 프랑스의 독립행정청에 부여되어 있는 각종 조사권과 분쟁의 대체적 해결권과 유사한 맥락에 서 있는 것이라고 하겠다.

III. 독립행정기관의 책임성

1. 입법부에 의한 통제

우리나라에서 무소속위원회, 중앙위원회에 대한 의회의 통제는 통상적인 행정기관에 대한 그것과 크게 다르지 않다. 무소속위원회와 중앙위원회의 설치 및 존속의 여부와 그 권한범위, 운영방식에 관한 사항은 법률에 의하여 규정되는바, 의회는 이러한 법률의 개폐를 통하여 시원적인 통제권을 갖는다. 국가인권위원회, 국민권익위원회, 방송통신위원회의 예에

절차에 상응하게 조사기관과 심판기관이 분리되어야 하고, 심판관의 전문성과 독립성이 보장되어야 하며, 증거조사와 변론이 충분히 보장되어야 하고, 심판관의 신분이 철저하게 보장되어야만 할 것인데도, 현행 제도는 이러한 점에서 매우 미흡하므로 적법절차의 원칙에 위배된다"고 하였다.

서 보듯이, 국회는 위원회 구성원의 선임 또는 추천권을 갖기도 한다, 또한 예산배정을 통하여 간접적 통제권을 행사할 수 있다. 그밖에 국정감사 및 국정조사권(헌법 제61조), 인사청문회(국회법 제65조의2 제2항)의 대상이기도 하다.[26]

　물론 여당이 다수당인 경우 2008년경의 국가인권위원회의 위상에 관한 논란에서 보듯이[27] 이러한 의회의 법률개정 권한이 무소속위원회, 중앙위원회의 중립성, 공정성에 영향을 미칠 가능성을 배제할 수 없다. 그러나 이는 매우 예외적인 경우이고 일반적으로는 독립행정기관의 '책임성' 확보를 위해서는 국회의 통제를 강화할 필요가 있다고 생각된다. 프랑스의 경우 독립행정청의 경우 그 독립성을 보장해주는 대신에 의회에 의한 사후적인 통제장치를 마련해 두고 있다. 즉 2008년 개정된 헌법 제24조는 의회에 공공정책에 대한 평가 임무를 부여하였고, 이에 따라 국민의회는 공공정책 평가통제위원회를 설립하여 최근에도 독립행정청 전반에 관한 평가작업을 실시한바 있다. 물론 위 평가통제위원회가 독립행정청만을 상시평가의 대상으로 하는 것은 아니지만, 이같은 주기적인 점검은 권한에 따른 책임을 확보한다는 측면에서도 필요한 것이다. 또한 프랑스 독립행정청은 많은 경우에 연간보고서를 작성하여 의회에 제출하고 있다. 나아가 최근에는 독립행정청의 책임자와 의회사이에 업무관련 목표치를 미리 합의함으로써 방만한 운영을 억제하자는 입법론도 제기되고 있다.

　물론 우리나라에서는 무소속위원회, 중앙위원회의 독립성이 충분히 보장되기 보다는 일종의 행정조직의 일환으로 운영되는 경향이 남아 있다.

---

26) 다만 탄핵과 관련하여서는 방송통신위원회 위원장의 경우는 탄핵의 대상이 되지만(방송통신위원회의 설치 및 운영에 관한 법률 제6조 제5항), 공정거래위원장 등에 관하여는 이러한 조항이 없다. 탄핵제도의 목적과 기능에 비추어볼 때 공정거래위원장 등도 대상으로 포함시켜야 한다는 견해로서, 정종섭, 헌법학원론, 1072면.

27) 당시 여당은 국가인권위원회를 대통령소속의 중앙위원회로 변경하려다가 야당 및 시민단체의 반발로 그 계획을 철회한바 있다.

이러한 상태에서 일방적으로 국회에 의한 통제를 강화하면 오히려 업무의 효율성만 떨어뜨리는 결과를 초래할 수 있다. 향후 위 위원회들의 독립성을 강화하는 방향으로 나아가는 것이 바람직한바, 이에 상응하는 민주적 정당성 및 책임성을 확보할 때에 국회로부터의 통제를 먼저 고려함이 상당하다. 앞서 언급한 의회의 목표치 합의, 정기적인 보고 등이 여기에 해당할 수 있다. 국회에 의한 통제를 강화하는 경우, 장기적으로는 행정부로부터의 독립성을 확보하는 데에도 도움이 될 수 있을 것이다.[28]

2. 사법부에 의한 통제

프랑스의 경우 사법적 통제가 행정법원과 사법법원으로 이원화되어 있기 때문에 독립행정청의 행위에 대하여 어느 법원에 관할을 인정할 것인지가 다투어진바 있다. 반면 우리나라의 경우 무소속위원회이든 중앙위원회이든 그 결정은 행정행위로서 법원의 심사대상이 된다.[29] 이러한 행정소송은 특히 인허가권, 제재권을 갖고 있는 규제기관으로서의 공정거래위원회, 금융위원회, 방송통신위원회를 상대로 빈번히 제기된다.[30]

위 행정소송에 있어서는 통상적인 행정기관을 상대로 한 법리가 그대로 적용된다. 위 공정거래위원회 등은 처분청으로서 피고적격을 갖는

---

28) René Dosière et Christian Vanneste, p.19는 의회와의 긴밀한 관계없이 독립행정청의 독립성이 확장되기는 어렵다고 표현하고 있다("l'indépendance des AAI ne peut plus s'entendre sans une plus grande proximité avec le Parlement").

29) 행정소송법 제2조 제1항 제1호는 "'처분 등'이라 함은 행정청이 행하는 구체적 사실에 관한 법집행으로서의 공권력의 행사 또는 그 거부와 그 밖에 이에 준하는 행정작용(이하 "처분"이라 한다) 및 행정심판에 대한 재결을 말한다"라고 정의하고 있다. 공정거래위원회 등은 당연히 위 행정청에 해당한다.

30) 최근의 예로서 공정거래위원회의 시정명령 및 공표명령 취소소송사례(2012. 6. 28. 선고 2010두24371 판결), 금융위원회의 상호저축은행에 대한 영업인가취소처분에 대한 취소소송사례(대법원 2012. 3. 15. 선고 2008두4619), 방송통신위원회의 사업폐지 승인처분에 대한 효력정지 신청사례(대법원 2012. 2. 1. 자 2012무2결정) 등이 있다.

다.31) 또한 취소소송 등이 제기된 경우 일정한 요건 하에서 집행정지도 허용된다.32) 다만 공정거래위원회의 예에서 보듯이, 일부 중앙위원회의 경우 위원회의 처분에 대하여 일정기간 내에 이의를 제기하여 다시 판단받을 수 있도록 하는 재도의 고안을 별도로 규정하고 있는 경우도 있다. 앞서본 바와 같이 이처럼 중앙위원회의 처분에 대한 행정소송 등 불복제도가 정비되어 있는 것이 중앙위원회의 제재를 정당화시켜주는 근거로 원용되고 있기도 하다.33)

한편 독립행정기관이 발령하는 추상적 행정규칙에 관하여도 일반적인 행정규칙과 동일한 사법적 통제가 이루어진다. 즉 대내적인 효력만을 가지는 경우 특별한 사법심사의 대상이 되지 않지만, 법령보충적 행정규칙이나 행정의 자기구속의 원리에 따라 대외적 구속력이 인정되는 경우 헌법재판소에 의한 통제대상이 된다.34) 최근에는 행정규칙의 처분성을 인정하여 그에 대한 항고쟁송을 인정하려는 견해가 제기되고 있기도 하다.35)

3. 행정부에 의한 통제

독립행정기관에서의 독립성은 대통령을 정점으로 한 행정위계질서로부터의 독립성을 의미하므로, 행정부에 종속될 정도의 통제는 그 존재의 의 자체를 무너뜨리는 것이다. 특히 이 글처럼 대통령의 권능을 분리하는 측면에서의 독립행정기관의 의미를 강조하는 경우 대통령 및 기존 행정조직으로부터의 통제는 완화될 필요가 있다.

다만 '행정'을 담당하는 기관이기 때문에 이에 따른 불가피한 간접적

---

31) 처분청이 공정거래위원회, 토지수용위원회 등 합의제행정청인 경우에는 당해 합의제행정청이 피고가 된다. 김동희, 행정법 Ⅱ, 박영사 (2011), 735면.
32) 대법원 2012. 2. 1.자 2012무2 결정
33) 위 헌재 2003. 7. 24. 2001헌가25.
34) 헌재 2001. 5. 31. 99헌마413 참조.
35) 김동희, 행정법 Ⅰ, 박영사 (2012), 241면.

통제는 뒤따르게 된다. 가장 중요한 것은 그 설립 및 구성단계이다. 신설 및 폐지 여부가 종국적으로 법률에 의하여 결정되기는 하지만, 많은 경우에 이를 제안하는 것은 대통령 및 행정부이다. 또한 우리나라의 무소속위원회, 중앙위원회 구성에 있어서 대통령은 막강한 선임권을 갖는다. 다만 국가인권위원회에 있어서는 9인 위원 중 3인, 방송통신위원회에 있어서는 5인 위원 중 2인에 관하여만 선임권을 행사할 수 있지만 나머지 중앙위원회의 경우는 사정이 다르다. 즉 공정거래위원회, 원자력안전위원회의 위원은 전원 대통령이 임명하고, 국민권익위원회의 15인의 위원 중 9명을 대통령이 선임한다. 금융위원회의 경우에도 실질적으로는 대부분 대통령이 선임권을 행사하게 된다.36) 이러한 기존의 위원회 구성방법에는 문제가 있고, 선임단계에서부터 독립성을 보장할 수 있는 구조를 취할 필요가 있다는 것은 앞서 언급한 바와 같다.

  그 다음으로 운영단계이다. 여기에서는 대통령 또는 국무총리 등에의 '소속'이 대통령 등에게 어떠한 운영상의 통제권을 주는 것인지가 문제될 수 있다. 원래 대등하지 않은 두 행정기관간의 관계를 세분하여 보면 직속(直屬), 통할(統轄), 소할(所轄)의 세 단계로 나눌 수 있을 것이다. 직속이란 마치 동일한 조직 내에서처럼 계층성의 원리가 적용되는 경우이다. 상하의 구분이 뚜렷하고 상급행정청은 하급행정청의 의사결정 과정에까지 직접 개입할 수 있다. 통할이란 상급행정청이 인사권과 지휘감독권을 갖지만 개별적인 의사결정 과정에는 개입할 수 없는 것이다. 국무총리와 행정각부의 관계가 여기에 해당한다(헌법 제86조 제2항 "국무총리는.. 대통령의 명을 받아 행정각부를 통할한다"). 마지막으로 소할이란 상급행정청이 개별적인 지시권 뿐 아니라 일반적인 지휘감독권도 갖지 못하고, 다만 인사권을 통하여 하급행정청을 통제하는 것을 가리킨다.37) 무소속위

---

36) 금융위원회의 위원은 9명인바, 그 중 당연직(기재부장관, 금감원장, 예보사장, 한은부총재)위원의 경우도 대부분 대통령의 직간접 선임권 행사에 의해 임명되는 자리이다.

37) 유진식, 대통령직속기관의 설치와 직무범위: 헌재 1994. 4. 28. 89헌마221(각하,

원회는 도대체 소속이라는 것이 없으므로 위 통제의 범주가 문제되지 않는다. 다만 우리나라의 법제에서 이처럼 대통령의 통제범위 밖에 있는 행정기관이 존재할 수 있는지에 관하여 논란이 있음은 앞서 언급한 바와 같다. 중앙위원회의 경우 대통령 또는 국무총리에 '소속'되어 있는바 위 소속의 의미는 무엇인가?

앞서 살펴본 바와 같이 법률에 의해 직무상의 독립성이 강하게 보장되는 중앙위원회에 대하여 상급기관에 직속되어 있거나 통할을 받는다고 보기는 어렵다. 그러므로 소속기관과 각 독립행정기관과의 관계는 위 소할이라고 봄이 타당할 것이다.[38] 학설 중에는 위 '소속'의 의미에 관하여 위원장의 예우와 예산의 소속을 의미할 뿐이고 행정부의 수반으로서의 대통령(또는 총리)과 수직관계에 있지도 않다고 보는 입장도 있다.[39] 그러나 법률이 명시하고 있는 소속의 의미를 무력화시키는 이같은 해석이, 특히 행정권을 대통령(정부)에 귀속시키고 있는 우리 법제의 해석에 타당한 것인지 의문이다. 소속기관으로 명시되어 있는 대통령이나 국무총리는 개별적 또는 일반적인 지휘, 감독권을 갖지 못하지만 인사권, 예산권을 통한 간접적 통제 장치를 갖고 있다고 봄이 타당하다. 이는 독립성에 따른 책임성 원리의 반영이기도 하다. 예컨대 국무총리 소속의 중앙위원회의 경우, {위원장 선임시 국무총리가 관여할 여지가 없는 국가인권위원회(무소속위원회)와 달리} 그 위원장 임명시에 예외없이 국무총리의 제청이 선행되어야 하며, 예산 배정을 위하여는 국무총리실과 협의를 하여야 하는 것이다. 이러한 관점에서 무소속위원회와 중앙위원회는 구분되며, 무소속위원회의 인정에 신중을 기할 필요가 있음은 앞서 언급한 바와 같다.

합헌)을 소재로 하여, 공법연구 제30집 제1호 (2002), 440면.

38) 유진식, 대통령직속기관의 설치와 직무범위: 헌재 1994. 4. 28. 89헌마221(각하, 합헌)을 소재로 하여, 공법연구 제30집 제1호 (2002), 440면도 감사원, 공정거래위원회와 상급기관과의 관계를 소할로 본다.

39) 이광윤, 독립행정청의 법적 성격, 203면.

프랑스와 비교할 때, 프랑스는 독립행정청에 별도의 정부 커미셔너 제도를 두어서 정부와 독립행정청간 가교 역할을 맡기는 경우도 많다. 그러나 이는 독립행정청의 지나친 독주를 견제하는 차원의 것이므로, 이같은 위험성이 별로 없는 우리나라에서는 도입의 필요성이 크지 않다고 하겠다.

제3절 개선방안

무소속위원회, 중앙위원회의 설립근거 법률은 하나같이 그 업무처리에 있어서의 '독립성'을 명문으로 규정한다. 그러나 실제로 위 위원회들의 현실은 (행정위원회법에 따라 설치된) 행정위원회보다는 비전형적, 중립적 업무를 처리하고 있을지는 몰라도 독립적인 위원회라기보다는 기존 행정조직에 가까운 지위를 갖고 있는 것으로 보인다. 이 글은 무소속위원회는 위헌적이고, 상당한 조직과 체계를 갖추면서 일반적 행정위원회와 구분되는 중앙위원회를 신설하려면 업무특성상 비전형성과 중립성이 요구되는 상황이어야 한다는 입장에 서 있다. 이러한 신설기준에 따라 중앙위원회를 설치하기로 한 경우, 기능적 권력분립의 취지에 맞도록 그 구성 및 운영에 있어서 독립성과 책임성이 조화를 이루어야 한다. 특히 중앙위원회 위원을 구성하는 단계에 있어서는 독립성을 강하게 부여할 필요가 있고, 이를 전제로 구체적인 운영에 있어서는 국회에 대한 책임성을 더 강화할 필요가 있다고 생각한다.

이하에서는 본문의 논의 순서에 따라 독립행정기관 신설여부 및 기관형태의 결정, 실체형성, 운영의 세 부분으로 나누어 개선방안을 정리해본다.

I. 독립행정기관의 신설여부 및 기관형태의 결정

먼저 중앙위원회를 신설할 때에는 ① 업무의 비전형성, 즉 해당 업무

가 전통적인 행정업무에 포함되지 않는 비전형적인 사무일 것이라는 요
건과, ② 업무의 중립성, 즉 해당 업무가 정치적 중립성을 포함하여 불편
부당한 중립적인 판단을 필요로 하는 사무일 것이라는 요건이 충족되어
야 한다. 이러한 관점에서 볼 때 (ⅰ) 원자력안전위원회와 (ⅱ) 국가과학
기술위원회의 경우 업무의 비전형성은 인정받을 수 있겠으나, 중립성 요
건을 충족하지 못하는 것으로 보인다. 특별히 이해관계가 충돌한다든지
고도의 전문성이 필요한 때가 아니라면 기존의 행정조직에 흡수하는 방
안이나 기존 행정기관 소송의 행정위원회로 설치하는 방안을 고려할 수
있을 것이다. 업무의 비전형성 및 중립성이 인정되어 신설된다 하더라도
그 조직 및 존속기간은 최소화할 필요가 있다. 또한 향후 중앙위원회가
신설되는 경우 반드시 영향평가를 받도록 하고 정기적인 폐지 여부의 재
심사도 뒤따라야 할 것이다.

독립적 위원회의 법적 지위와 관련하여 무소속위원회는 위헌의 소지
가 크므로 향후 신설을 허용해서는 안 된다. 프랑스 개정헌법상 권리보호
관의 예에서 보듯이, 향후 개헌이 이루어지는 경우 그 독립성을 헌법상
보장할 가치가 있는 국가인권위원회 등은 헌법상 기관으로 격상시키는
것을 고려할 수는 있을 것이다.

지금까지 우리나라의 독립행정기관은 특별검사를 제외하고는 일률적
으로 합의제 위원회 형태였다. 프랑스의 권리보호관, 에너지중재관, 영화
중재관에서 보듯이 독임제 행정관청의 도입을 신중히 고려할 필요가 있
다. 주로 탄력적이고 신속한 구제가 중시되는 새로운 유형의 기본권 침해
사안과 관련하여, 옴부즈만 형태의 단독 관청 체제를 도입하는 것을 고려
할 수 있을 것이다.

II. 독립행정기관의 실체형성 : 독립성의 강화

독립행정기관으로서의 무소속위원회, 중앙위원회의 구성에 있어서의 가장 중요한 것은 그 독립성을 구현할 수 있도록 인선을 하는 것이다. 위 각 위원회는 일반 행정기관이 담당하기에 적절하지 않은 사무를 중립적이고 공정하게 처리하기 위해 설치되는 것이다. 만약 위원회에 다수의 관료가 배치되거나 행정기관의 의견에 힘을 실어주기 위하여 위원회 제도가 활용되는 것이라면, 그러한 위원회는 적어도 이 논문에서 다루는 독립행정기관으로서의 위원회로 보기는 어렵다. 독립행정기관이라면 정부관료들의 독단적 결정을 막는 이른바 대응관료제(counter bureaucracy) 역할을 어느 정도는 수행해야 하기 때문이다.[1]

1. 선임권자의 다양화

필자는 독립행정기관의 운영에 있어서는 국회 등에 대한 책임성 원리가 중요하지만, 위원회 구성에 있어서는 그 독립성을 최대한 존중하기 위한 방향으로 제도가 설계되어야 한다고 믿는다. 물론 각 기관의 성격에 따라 그 정도에 다소간의 강약 차이가 있을 수 있다. 프랑스의 이른바 기본권 보호기관으로서의 독립행정청에 해당하는 경우 기본권 침해가 문제되는 주체가 대부분 행정기관이기 때문에 특히 행정부로부터의 독립성이 매우 중시된다. 다만 경제활동 규제기관으로서의 독립행정청이라고 하더라도 위원의 구성에 있어서는 가급적 그 독립성이 최대한 발휘될 수 있는 구조를 취할 필요가 있다. 특히 대통령 및 행정부에게 과도한 지명권을 부여하면 독립성을 발휘하기가 실질적으로 어렵게 된다. 실증적으로

---

1) 최무현, 29면.

도 위원회가 균형적인 인적 구성을 가질수록 그 활동 결과가 긍정적이라는 분석도 있다.[2)]

　이러한 관점에서 볼 때, 우리나라의 기본권 보호기관이라고 할 수 있는 국가인권위원회와 국민권익위원회의 구성은 일응 합리적인 것으로 보인다. 프랑스의 국가정보자유위원회가 법원, 상하원의 다양한 구성원들로 구성된 것처럼, 국가인권위원회 및 국민권익위원회 위원들의 선임에는 대통령 뿐 아니라 국회, 대법원도 실질적으로 관여할 수 있도록 되어 있다. 다만 대통령, 국회, 대법원장의 선임권 비율이 국가인권위원회의 경우 4:4:3인데 비해, 국민권익위원회는 12:3:3으로 되어 있어서 대통령의 선임권 비중이 너무 높다. 이렇게 되면 아무래도 행정부에 의한 권익침해행위 등에 관하여 그 판단의 독립성을 의심받을 가능성이 있으므로 어느 정도의 균형이 필요하다고 본다. 경제활동 규제기관의 경우 대부분의 중앙위원회의 위원 선임권은 대통령에게 전속된다(공정거래위원회, 원자력안전위원회 등). 다만 독립성과 중립성이 중요시되는 방송통신위원회, 금융위원회의 경우 국회의 추천권을 인정하고(방송통신위원회 경우 위원 5명 중 3명을 국회에서 추천함), 기획재정부 장관, 한국은행 부총재, 예금보험공사 사장 등을 당연직 위원으로 하는 등(금융위원회의 경우임) 대통령의 임명권에 제약을 가하고 있다. 반면 공정거래위원회는 그 업무의 독립성 및 중요성에 비하여 그 위원 전원을 대통령이 임명하도록 되어 있어서 논란의 소지가 있다. 프랑스의 경쟁청 위원의 경우 꽁세유데따, 파기원 등의 법원측 인사들도 포함되고 소비자 분야, 생산분야 등 분야별로 전문가를 선정하여 임명하도록 되어 있어서 그 독립성 및 대표성을 보장할 수 있도록 되어 있다. 실제로 기업들의 경제활동에 막대한 영향력을 갖고 있으며, 업무수행의 전문성 및 공정성이 무엇보다도 중시되는 공정거래위원회의 위상에 비추어 볼 때 그 위원선임 방식에 있어서 대통령 및 행정부로부터의 독립성을 확보할 수 있는 방안을 고민할 필요가 있을 것이다.

---

2) 최무현, 28면.

2. 자격요건 및 제척, 기피, 회피 사유

독립행정기관의 인적구성에서 독립성을 확보할 수 있는 간접적 방안은 그 자격요건을 강화하고 명시하는 것이다. 행정위원회법 제6조 제1항 제4호는 행정위원회 설치 법령에서 명시될 것 중의 하나로 "위원의 결격사유, 제척, 기피, 회피"에 관한 사항을 들고 있다.

대부분의 무소속위원회, 중앙위원회, 행정위원회 관련 법령에는 위 자격요건 등을 예컨대 "판사, 검사 또는 변호사의 직에 15년 이상 있던 자"(공정거래법 제37조 제2항 제2호) 등 방식으로 구체적으로 명시하는 것으로 보인다. 다만 중앙위원회인 원자력안전위원회에 있어서 그 자격요건을 너무 추상적으로 규정한 예도 있다. 원자력안전위원회의 설치 및 운영에 관한 법률 제5조는 "위원은 원자력안전에 관한 식견과 경험이 풍부한 사람 중에서 임명하거나 위촉하되…"라고만 되어 있어서 자격요건이 불분명하다는 문제제기가 가능하다.

이처럼 위원의 자격 내지 제척 등에 관한 조항을 보완하여 그 결격사유 및 업무한계를 명확히 한다면, 결국 위원회 결정의 신뢰성을 높이고 그 지위의 독립성에도 이바지할 수 있을 것이다.

3. 그 밖의 쟁점

앞서 언급한 바와 같이 프랑스의 일부 독립행정청은 행정기관임에도 현직 상하원의원, 법관 등을 포함할 수도 있게 되어 있다. 이같은 겸직을 우리나라에서 허용하기는 어렵다고 생각된다(수평적 겸직의 금지). 대통령 또는 국무총리가 위원회 위원을 겸직하는 경우도 허용되기 어렵다(수직적 겸직의 금지). 이같은 겸직으로 인해 해당 위원회 뿐 아니라 겸직관련 기관의 공정성, 독립성까지 의심받게 될 수 있고, 우리 헌법재판소가 허용하지 않는 이해충돌이 발생할 가능성이 높기 때문이다.

또한 프랑스의 독립행정청 위원의 임기는 대체로 5-6년인데 반해 우리나라의 위원회는 대체로 3년 정도로 단기이다. 실제로 그 독립성 측면을 고려할 때 위원의 임기를 대통령과 같게 하거나 더 길게 해야 한다는 주장이 제기되고 있다.[3] 5-6년의 임기가 보장되는 경우 독립성 측면에서는 도움이 되겠지만, 일단 선임된 위원을 재평가할 기회가 없다는 점에서 단점이 있다. 아래에서 언급하는 위원회의 책임성 보장조치가 선행된다는 전제 하에 임기의 연장을 고려할 수 있을 것이다.

그밖에 위원의 수, 신분보장, 상임위원과 비상임위원의 비율 등에 관하여 다양한 논의가 제기되고 있으나, 앞의 선임권자의 문제에 비할 때 부차적이며, 우리 현실에 비추어 시급한 개정사안은 아닌 것으로 보인다.

III. 독립행정기관의 운영 : 책임성의 강화

앞서 살펴본 바와 같이 독립행정기관의 구성과 관련하여 독립성을 강하게 보장하는 반면, 독립행정기관의 운영에 있어서는 사후적인 통제를 중심으로 그 책임성을 강화할 필요가 있다고 하겠다. 책임성 강화는 주로 아래 두가지 측면에서 강조될 필요가 있다.

1. 권한에 대한 규제: 제재권을 중심으로

독립적 위원회의 여러 권한 중에서 가장 막강하면서 그 독립성을 뒷받침할 수 있는 것은 독자적인 제재권이다. 다만 기능적 권력분립 이론에 의하여 행정기관에 준사법권을 부여하더라도, 이는 사법절차에 준하는 공정성의 보장이 있는 것을 그 전제로 한다. 프랑스의 경우 독립행정청의

---

3) 서원석 외, 172면.

제재권은 임무를 수행하기 위하여 필요한 한도 내에서 엄격한 절차적 보장 하에서만 행사할 수 있도록 되어 있다. 특히 제재의 심의과정을 유럽인권협약 제6조 제1항의 법정(tribunal) 절차의 일종으로 보아 소추기능과 결정기능을 엄격하게 분리하고 있다.

우리나라에서도 중앙위원회가 형벌에 준하는 각종 과징금 등 행정제재를 내릴 때에는 소추기능과 결정기능을 분리하고, 보다 근원적으로 위원들의 독립성을 강하게 보장할 필요가 있다.

2. 통제방식의 다양화 : 입법부에 의한 통제를 중심으로

무소속위원회, 중앙위원회의 독립은 주로 대통령 및 행정부로부터의 독립이므로 대통령, 행정부에 의한 통제를 강화할 현실적인 필요성은 낮다. 독립행정청의 독립성 및 민주적 정당성의 차원에서 강조되어야 하는 것은 국회에 의한 감시 및 통제이다. 이러한 입법부에 의한 통제 필요성은 앞서 살펴본 구성상의 독립성이 강화되는 경우 더욱 높아지게 된다.

구체적으로 기존의 국정감사 등 이외에 무소속위원회, 중앙위원회를 아울러 전반적인 독립적 위원회에 관하여 국회의 정기적인 평가가 이루어질 필요가 있다. 이는 앞서본 독립행정기관의 신설 및 폐지의 결정과 연결되어 있는 것이기도 하다. 또한 일반에 공표되는 연간 보고서 이외에, 보다 포괄적이고 상세한 내용을 담은 보고서를 매년 국회에 제출함으로써 국회의 사후 모니터링 기능을 강화할 필요가 있다.

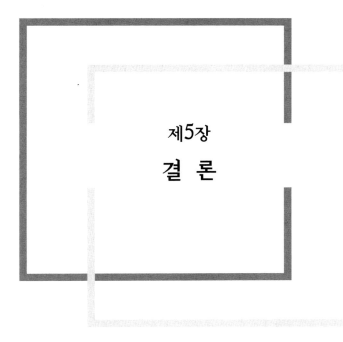

제5장

결 론

  이 글의 시작은 권력분립 이론과 정부형태론이었다. 이른바 제왕적 대통령제에 대한 비판이 증가하고 있는 현 상황에서 대통령 및 행정부로부터 독립되어 있는 행정기관의 존재는 대통령제의 리스크를 줄이는 방식이 될 수도 있다는 것이 처음 착안점이었다. 국내의 독립행정기관으로 이 글에서 주로 다룬 것은 ① 무소속위원회로서의 국가인권위원회와, ② 중앙위원회로서의 국민권익위원회, 공정거래위원회, 방송통신위원회, 금융위원회, 원자력안전위원회 등 6개의 위원회였다. 위 각 위원회들, 특히 경제활동의 규제기관인 공정거래위원회, 방송통신위원회, 금융위원회 등은 실제로 기존의 행정조직과 큰 차이가 없이 구성되고 운영된다. 예컨대 공정거래위원회의 위원 전원은 대통령에 의해 임명되고 위원의 신분도 강하게 보장되지 않는다. 프랑스의 경우 주요 규제적 위원회의 경우 독립행정청이 과도한 독자행동에 나서지 않도록 행정부와의 가교역할을 하는 정부 커미셔너를 두고 있는바, 우리나라에는 이같은 제도가 없는 점은 한편으로는 우리나라의 규제적 위원회의 독립성이 약하다는 것을 방증하고 있다. 또한 독립행정청이라는 별도의 범주를 설정하여 의회, 꽁세유데따 등이 관련 보고서를 발표하고 있는 프랑스와 달리, 위 무소속위원회, 중앙위원회가 그와는 업무의 중요성이나 독자성에서 비교될 수 없는 다른 일반 행정위원회와 함께 분석, 검토되고 있는 것 역시 위 무소속위원회, 중앙위원회의 지위가 열악함을 보여주고 있다. 이러한 운영은 명문으로 업무수행의 '독립성'을 규정하고 있는 위 무소속, 중앙위원회 설립근거 법률의 취지에도 반하는 것이다.

  이 글의 논지는 독립행정기관은 꼭 필요한 경우에만 신설되어야 하고, 일단 그 필요성이 인정되어 신설된 경우에는 우리 헌법의 체계 하에서 제대로 운영될 수 있도록 제도적 뒷받침을 해야 한다는 것이다. 이러한 경우에만 독립행정기관이 자신의 업무를 효율적으로 처리하면서 대통령제의 폐해를 보완하는 부수적 효과를 거둘 수 있는 것이다. 그 구체적인 논리를 펼쳐감에 있어서 먼저 권력분립론과 독립행정기관 제도의 조화를 위한 이론적 논의를 하고, 최근 독립행정청에 관한 논의가 활발한 프랑스의 사례를 검토한 다음 우리나라에의 시사점을 분석하는 방식에 의하였다.

　프랑스와 우리나라의 법리를 분석함에 있어서 대체로 비슷한 접근의 틀에 의하였다. 먼저 연원 및 현황 등 일반적인 사항을 살핀 다음 독립행정기관의 신설여부의 결정, 독립행정기관의 독립성, 독립행정기관의 책임성의 세 측면으로 크게 나누어 고찰하였다.

　위 신설여부의 판단과 관련하여서, 필자는 그 업무가 전통적, 전형적인 행정업무가 아니라는 의미의 '업무의 비전형성 요건', 그 업무가 불편부당한 중립적인 판단을 필요로 하는 것이라는 의미의 '업무의 중립성 요건'을 제시한바 있다. 권력분립의 취지 중에는 각 기관에 가장 적합한 기능을 분배한다는 효율성의 추구도 포함되어 있는바, 위 두 가지 신설요건은 이를 반영하는 의미도 있는 것이다. 이를 기준으로 볼 때, 프랑스의 독립행정청은 대체로 비전형적인 기본권 보장을 업무로 하는 기본권 보장 기관으로서의 독립행정청과 새로운 규제업무를 담당하는 경제활동 규제 기관으로서의 독립행정청이 존재하고 있다. 우리나라의 무소속위원회, 중앙위원회도 대부분 이 범주를 넘지 않으나, 원자력안전위원회, 국가과학기술위원회의 경우 과연 위 신설의 요건을 충족하고 있는지 의문이다.

　일단 독립행정기관을 도입하기로 하는 경우, 그 실체형성과 운영을 통틀어 고려되어야 하는 원리로서 필자는 독립성과 책임성의 조화를 제시하였다. 우리나라와 같이 독립성이 취약하면서도 '독립' 행정기관을 표방한다면 이는 대통령 및 행정부의 책임을 면하기 위한 도구로 악용될 수 있다. 전문적 분야에 관한 자체적 판단과 업무추진은 효율적인 업무추진을 위하여 필수적인 것이기도 하다. 반면 이같은 독립성만을 강조한다면 민주적 정당성이 전혀 없는 기관이 정부조직을 장악하는 위헌적 상황이 발생할 수도 있다. 위 조화의 구체적인 실천 방안으로써 여기에서 제시된 것은 특히 독립행정기관의 실체 형성 과정에서는 독립성을 강화하여 대통령 및 행정부의 선임관여의 여지를 축소하고, 실제 운영과정에서는 사후적인 통제, 그 중에서도 특히 의회에 대한 책임성을 강화하자는 것이었다. 프랑스의 경우와 비교할 때 우리나라 대통령의 중앙위원회 위원에 대한 선임권은 과도한 면이 있다. 이를 다원화하는 것은 독립행정기관의 독립성 확보 측면에서 뿐 아니라 대통령의 권한을 견제하는 측면에서도 필요하다고 생각된다. 같은 차원에서 독립행정기관의 운영에 있어서 통제의 주된 관점은 일상적인 업무지시가 아니라 사후적인 감독이어야 하고 그 주된 업무는 국회가 담당하는 것이 바람직한 것으로 보인다. 이러한 국회에 의한 감독은 궁극적으로는 독립행정기관의 독립성을 강화하는 데에도 일조할 수 있을 것이다.

참고문헌

1. 국내 문헌

[단행본]

권영성, 헌법학원론, 법문사 (2010)

김동희, 행정법 I, 박영사 (2012) ─, 행정법 II, 박영사 (2011)

김철수, 헌법학개론, 박영사 (2007)

박윤흔/정형근, 최신 행정법강의(상), 박영사 (2011)

박정훈, 행정법의 체계와 방법론, 박영사 (2006)

성낙인, 헌법학, 법문사 (2012)

_____, 프랑스 헌법학, 법문사 (1995)

장영수·김수갑·차진아, 국가조직론, 법문사 (2010)

정종섭, 헌법학원론 (제7판), 박영사 (2012)

_____, 헌법과 정치제도, 박영사 (2010)

_____, 헌법연구(3), 박영사 (2004)

_____, 헌법연구(5), 박영사 (2005)

허 영, 한국헌법론, 박영사 (2011)

_____, 헌법이론과 헌법(제5판), 박영사 (2011)

홍정선, 행정법원론(하), 박영사 (2009)

[논문]

강경근·이병조, 국가의 조직체계 관련 법령의 정비 연구, 법제처정책연구과제 (2009)

강승식, 미국에서의 독립규제위원회와 권력분립, 한양법학 제13집 (2003)

_____, 정부형태 평가기준으로서의 권력분립, 국민대학교 법학논총 제23권 제2호 (2011)

_____, 대통령제와 복수 행정부제 결합의 문제점과 그 한계, 미국헌법연구 제21권 제1호 (2010)

강현호, 금융감독원의 법적 성격, 공법연구 제31집 제3호 (2003)

계경문, 방송통신위원회의 법적 지위와 권한, 외법논집 제33권 제2호 (2009)

고민수, 독립행정위원회의 헌법적 정당성: 방송위원회의 법적 지위의 체계정당성을 중심으로, 한국행정학회 추계학술대회 발표문 (2005)

권용수 외, 정부위원회의 조직개편방향, 국회 입법조사처 연구용역보고서 (2007)

김귀영, 지방정부 위원회제도 개선방안, 지방행정연구 제23권 제2호 (2009)

김근세·박현신, 한국 행정위원회의 역사적 변화 분석, 한국행정연구 제16권 제2호 (2007)

김기진, 행정입법에 대한 입법정비의 필요성에 관한 연구, 연세대학교 법학연구 제19권 제2호 (2009)

김동련, 정부위원회 제도의 법리적 검토, 토지공법연구 제52집 (2011)

김두식, 이명박 정부하의 국가인권위원회, 위기인가 기회인가? 법과 사회 제39권 (2010)

김길양, 행정위원회 제도에 관한 연구, 부산대학교 법학석사 학위논문 (2005)

김명환, 강제상, 정부위원회 분류체계의 재정립을 통한 유형화, 사회과학연구 제35권 제1호 (2009)

김민전, 국회와 헌법개정, 담론201, 제10권 제3호 (2007)

김상겸, 권력분립과 정부형태에 관한 연구, 헌법학연구 제12권 제4호 (2006)

_____, 정부자문위원회에 관한 헌법적 연구, 헌법학연구 제11권 제2호 (2005)

김수정, 프랑스의 행정입법에 관한 연구: 행정작용으로서의 레글르망(règlement), 서울대학교 법학석사학위논문 (2004)

_____, 취소소송의 대상으로서의 행정입법: 프랑스에서의 논의를 중심으로, 행정법연구 제13호 (2005)

김유환, 행정위원회 제도에 관한 연구: 미국의 독립규제위원회에 관한 논의를 배경으로, 미국헌법연구 제5호 (1994)

김준석·고경훈, 미국 연방자문위원회 제도변화의 역동성, 한국행정논집 제21권 제1호 (2009)

김지연, 영국의 금융옴부즈만 제도에 관한 연구, 서울대학교 법학석사학위논문 (2008)

김해룡, 최근 옴부즈만 기구의 개편 논의에 대한 소견, 옴부즈만 관련법률안에 대한 공청회자료(국회정무위원회), 2005. 4. 19. (2005)

김혜진, 프랑스법상 독립행정청에 관한 연구: 개념과 조직, 권한을 중심으로,

서울대학교 법학석사학위논문 (2005)

김호정, 대통령 소속 위원회 운영과 행정조직법정주의, 외법논집 27집(2007)

노성민, 사회적 합의시스템으로서 위원회의 제도화에 관한 연구: 국민권익위
　　　원회를 중심으로, 현대사회와 행정 제20권 제2호 (2010).

문성식, 국가인권위원회의 독립성에 관한 연구, 고려대학교 법학석사학위논문
　　　(2012)

박영범, 국가인권위원회에 관한 법적 연구: 조사 및 권고작용을 중심으로, 서
　　　울시립대학교 법학박사학위논문 (2010)

박정훈, 공정거래법의 공적 집행: 행정법적 체계정립과 분석을 중심으로, 공정
　　　거래와 법치 (권오승 편저), 법문사 (2004)

박찬운, 국제인권법으로 본 국가인권위원회의 의의와 독립성, 법학논집 제26
　　　집 제3호, 한양대학교 법학연구소 (2009)

서원석/박경원/김윤수 (한국행정연구원), 정부조직체제 발전방안, 행정자치부
　　　연구용역보고서 (2002)

성낙인, 통일헌법의 기본원리 소고, 서울대학교 법학 제53권 제1호 (2012)

＿＿＿, 프랑스 재판기관의 다원성과 헌법재판기관, 공법연구 제39집 제3호
　　　(2011)

＿＿＿, 프랑스 법규범의 단계와 구조, 저스티스 제25권 제2호 (1992)

소병철, 법치주의 현실개선과 행정입법의 사법적 통제에 관한 연구, 서울시립
　　　대학교 법학박사학위논문 (2010)

오병권, 국가 행정기관의 영조물법인 전환에 관한 연구, 서울대학교 법학석사
　　　학위논문 (2009)

오준근, 국민의 권리구제 효율화를 위한 옴부즈만 관련 법제정비 방안, 공법연
　　　구 제33집 제3호 (2005)

유진식, 헌법개정과 독립위원회의 법적 지위, 공법연구 제38집 제2호 (2009)

＿＿＿, 금융감독행정과 행정조직법, 공법연구 제32집 제2호 (2003)

＿＿＿, 대통령직속기관의 설치와 직무범위: 헌재 1994. 4. 28. 89헌마221(각하,
　　　합헌)을 소재로 하여, 공법연구 제30집 제1호 (2002)

＿＿＿, 대통령, 권력분립, 그리고 국가행정조직법, 공법연구 제31집 제2호
　　　(2002)

윤명선, 권력분립원리에 관한 재조명, 미국헌법연구 제18권 제1호 (2007)

이계수, 인권, 자유 민주주의와 옴부즈만, 헌법학연구 제14권 제2호 (2008)

이관희, 국가인권위원회의 현황과 발전방향: 특히 경찰권과의 관계를 중심으

　　　　로, 공법연구 제31집 제3호 (2003)

이광윤, 정부조직법제에 관한 연구, 법제처연구보고서 (2006)

──────, 독립행정청의 법적 성격: 금융감독위원회를 중심으로, 행정법연구 제9
　　　　호(2003)

이기우, 옴부즈만으로서 국민고충처리제도의 개선방안, 옴부즈만 관련법률안
　　　　에 대한 공청회자료(국회정무위원회), 2005. 4. 19.

이부하, 권력분립에서 기능법설에 대한 평가, 헌법학연구 제12권 제1호 (2006)

이상명, 현행 정부형태의 문제점과 헌법개정에 관한 고찰, 한양법학 제22권 제
　　　　1집 (2011)

이선우, 국가행정옴부즈만의 의미와 기능, 옴부즈만 관련법률안에 대한 공청회
　　　　자료(국회정무위원회), 2005. 4. 19.

이성환, 인권법의 과제와 인권위원회의 위상, 헌법학연구 제6권 제4호 (2000)

이원우, 행정입법에 대한 사법적 통제방식의 쟁점, 행정법연구 제25호 (2012)

이현우, 프랑스법상 행정제재와 형벌의 관계에 관한 연구: 개념징표와 법적 통
　　　　제의 비교를 중심으로, 서울대 법학석사논문 (2004)

이현수, 프랑스 생명윤리법상 ≪ 생명 및 건강과학을 위한 국가윤리자문위원
　　　　회(CCNE) ≫의 법적 지위, 일감법학 제16호 (2009)

임지봉, 정부의 인권위 인권 감축시도에 대한 권한쟁의심판의 실체법적 쟁점,
　　　　세계헌법연구 제15권 제2호 (2009)

장영수, 권력분립의 역사적 전개에 관한 연구, 고려법학 제58호 (2010)

장용근, 선출직 공직자의 겸직금지규정에 대한 헌법적 검토, 홍익법학 제13권
　　　　제1호 (2012)

전　영, 프랑스 시청각최고위원회의 제재권에 관한 연구, 성균관법학 제24권
　　　　제1호 (2012)

전학선, 프랑스의 옴부즈만 제도에 관한 연구, 헌법학연구 제9권 제4호 (2003)

전　훈, 독립행정청에 관한 소고 : 프랑스 독립행정청(AAI) 이론을 중심으로,
　　　　토지공법연구 제49집 (2010)

──────, 프랑스 꽁세이데타(Conseil d'Etat)의 기능과 역할, 중앙법학 제12집 제
　　　　3호 (2010)

──────, 프랑스에서의 분쟁의 비사법적(non-juridictionnel) 해결, 공법학연구 제
　　　　6권 제2호 (2005)

정상호, 한국과 일본의 정부위원회 제도의 역할과 기능에 대한 비교연구, 한국
　　　　정치학회보 제37집 제5호 (2003)

정재황·김종철·이현수, 국민권익위원회의 역할 정립을 위한 법적 연구, 한국
　　공법학회 연구용역보고서 (2009)
정종섭, 한국에서의 대통령제정부와 지속가능성: 헌법정책론적 접근, 서울대학
　　교 법학 제53권 제1호 (2012)
정종섭 외, 국가프로젝트로서의 법치국가: 거시적 구조에 대한 연구보고서(법
　　무부 연구용역 보고서) (2010)
정하명, 미국 행정법상의 독립규제위원회의 법적 지위, 공법연구 제31집 제3호
　　(2003)
조성은, 조직 정체성의 사회적 구성: 국가인권위원회 사례를 중심으로, 한국행
　　정학회 춘계학술대회발표문 (2009)
조소영, 독립규제위원회의 전문성 제고를 위한 시스템에 관한 연구 : 방송통신
　　위원회의 기능과 역할을 중심으로, 공법학연구 제10권 제1호 (2009)
조재현, 정부형태에 관한 헌법개정논의, 연세대학교 법학연구 제18권 제4호
　　(2008)
주대성, 미국의 행정기관에 관한 연구: 지위와 권한을 중심으로, 서울대학교
　　법학석사학위논문 (2011)
차동욱, 행정입법에 대한 헌법적 통제, 한국정당학회보 제11권 제1호 (2012)
최무성, 조창현, 정부위원회 인적 특성과 정책 효과성: 대표성과 전문성에 대
　　한 공무원의 인식을 중심으로, 행정논총 제46권 제2호 (2008)
최무현, 정부위원회 인적특성과 정책 효과성: 대표성과 전문성에 대한 공무원
　　의 인식을 중심으로, 행정논총 제46권 제2호 (2008)
최병우, 현대적 권력분립론의 재구성: 거버넌스 이론에 기초한 권력분립의 새
　　로운 모델 모색, 고려대학교 법학석사학위논문 (2005)
추소정, 정부위원회의 기능에 대한 연구: 노무현 정부의 국정과제위원회를 중
　　심으로, 고려대학교 정치학석사학위논문 (2007)
하태수, 이명박 정권 출범 시기의 정부조직법 개정에 대한 분석, 한국공공관리
　　학보 제23권 제2호 (2009)
한종희 외, 해외 주요국의 위원회제도와 운영현황, 국회 입법조사회 연구용역
　　보고서 (2007)
홍대식, 공정거래법 집행자로서의 공정거래위원회의 역할과 과제: 행정입법에
　　대한 검토를 소재로, 서울대학교 법학 제52권 제2호 (2011)
홍성필 외, 아시아지역 옴부즈만 기관 비교연구 (2011)
홍완식, 의회형 옴부즈만 제도의 도입에 관한 검토 - 국회에 검토된 옴부즈만

관련 3개 법률안에 대한 비교, 검토, 의정연구 제11권 제1호 (2005)

[기타 자료]

행정안전부, 행정기관 소속 위원회의 설치·운영에 관한 법률 해설 및 관련지침 (2009. 7.)

행정안전부 조직실 경제조직과, 정부위원회 설치·운영 세부지침 (2010)

헌법연구 자문위원회, 헌법연구 자문위원회 결과보고서 (2009)

2. 외국문헌

[단행본]

Ardant, Philippe et Bertrand Mathieu, Institutions politiques et droit constitutionnel, (21e éd.), LGDJ (2009)

Barbé, Vanessa, Le rôle du parlement dans la protection des droits fondamentaux, LGDJ (2007)

Calandri, Laurence, Recherche sur la notion de régulation en droit administratif français, LGDJ (2008)

Carolan, Eoin, The new separation of powers: a theory for modern state, Oxford University Press (2009)

Chantebout, Bernard, Droit constitutionnel (26e éd.), Sirey (2009)

Durpré de Boulois, Xavier, Droits et libertés fondamentaux, PUF (2010)

Favoreu, Louis et al. Droit constitutionnel (12e éd.), Dalloz (2009)

Formery, Simon-Louis, La constitution commentée: Article par article (13e éd.), Hachette (2010)

Guinchard, Serge et al., Lexique des termes juridiques (18e éd.), Dalloz (2011)

Hamilton, Alexander, James Madison & John Jay, The Federalist Papers, Filiquarian Publishing, LLC. (2007)

Hamon, Francis et Michel Troper, Droit constitutionnel (31e éd.), LGDJ (2009)

Hervé de Charette (Éd.) (Pierre-Henri Cogac, Daniel Laetoulle, Jean-Jacques Daigre et Jacqueline Riffault), Le contrôle démocratique des autorités administratives indépendantes à caractère économique, Economica

(2002)

Levinet, Michel, Que sais-je?: Droit et libertés fondamentaux, PUF (2010)

_____, Théorie générale des droits et libertés (2e éd.), Bruylant(2008)

Morange, Jean, Manuel des droits de l'homme et libertés publiques, PUF (2007)

Oberdorff, Henri, Droits de l'homme et libertés fondamentales (2e éd.), LGDJ (2010)

Pactet, Pierre et Ferdinand Mélin-Soucramanien, Droit constitutionnel (28e éd.), Sirey (2009)

Rivero, Jean et Hugues Moutouh, Libertés publiques, Tome 1, 2, PUF (2003)

Robert, Jacques et Duffar Jean, Droits de l'homme et libertés fondamentales (8e éd.), Montchrestien (2009)

Wachsmann, Patrick, Libertés Publiques (5eéd.), Dalloz (2005)

福家俊朗/浜川 清/晴山一穗, 獨立行政法人ーその概要と問題點, 日本評論社 (2001)

山下健次/中村義孝/北村和生 編, フランスの人權保障: 制度と理論, 法律文化社 (2001)

植野妙實子 編著, フランス憲法と統治構造, 中央大學校出版部 (2011)

植野妙實子 編譯, フランス公法講演集, 中央大學校出版部 (1998)

中村睦男/高橋和之/辻村みよ子 編, 歐州統合とフランス憲法の變容, 有斐閣 (2003)

[논문]

Ackerman, Bruce, The New Separation of Powers, 113 Harv. L. Rev. 633 (2000)

Auby, Jean-Bernard, Les autorités administratives indépendantes: Remarques terminales, RFDA Sept.-Oct. 2010 n°5 (2010)

Autin, Jean-Louis, Le devenir des autorités administratives indépendantes, RFDA Sept.-Oct. 2010 n°5 (2010)

Avril, Pierre, Un nouveau droit parlementaire?, RDP No 1-2010 (2010)

Barnett, Kent H., Avoding Independent Agency Armageddon, 87 Notre Dame L. Rev. 1349 (2012)

Beck, Randy, Transtemporal Separation of Powers in the Law of Precedent, 87 Notre Dame L. Rev. 1349 (2012)

Belorgey, Jean-Michel, Protection non juridctionnelle des libertés et droits fondamentaux, in Thierry-S. Renoux (Dir.), Les notices : Protection des libertés et droits fondamentaux, La Docmentation Française (2007)

Berry, Christopher R. & Jacob E. Gersen, The Unbundled Executive, 75 U. Chi. L. Rev. 1385 (2008)

Breger, Marshall J. & Gary J. Edles, Established by Practice: The Theory and Operation of Independent Federal Agencies, 52 Admin. L. Rev. 1111 (2000)

Brimo, Sara, La responsabilité de l'etat du fait des activités de contrôle des autorités administratives indépendantes, Université Paris Ⅱ - Panthéon Assas Mémoire (2004)

Boudong, Julien, Le mauvais usage spectres. La séparation ≪rigide≫ des pouvoirs, RFDC 2009/02 no 78 (2009)

Camby, Jean-Pierre (Dir.), La procédure législative en France, Documents d'Études No1.12,La Documentation Française (2010)

Caporal, Stéphane, Droits de l'homme, droit fondamentaux : histoire et concepts, in Thierry-S. Renoux (Dir.), Les notices : Protection des libertés et droits fondamentaux, La Docmentation Française (2007)

Chabrot, Christophe, Ceci n'est pas une Ve République, RFDC 2010/02 no82 (2010)

Charles de La Verpillière, Rapport d'information par la Commission des lois constitutionnelles de la législation et de l'administration générale de la République n°3405 (11 mai 2011)

Chauvet, Clément, La personnalité contentieuse des autorités administratives indépendantes, Revue de Droit Public No° 2-2007 (2007)

Chevallier, Jacques, Le statut des autorités administratives indépendantes : harmonisation ou diversification ? RFDA Sept.-Oct. 2010 n°5 (2010)

Cohen-Branche, Marielle, La problématique de la répartition du contentieux entre les deux ordres au travers de l'exemple de l'Autorité des marchés financiers, RFDA Sept.-Oct. 2010 n°5 (2010)

Collet, Martin, La création des autorités administratives indépendantes: symptôme ou remède d'un État en crise?, Regards sur l'actualité: Les autorités administratives indépendantes, La documentation Française (2007)

Croley, Steven P., Regulation and Publice Interests: The Possibility of Good Regulatory Government, Princeton Univ. Press (2008)

Dautry, Philippe, Les autorités administratives indépendantes: un nouvel objet d'évaluation parlementaire, AJDA 16 mai 2011 (2011)

Depussay, Laurent, Hiérarchie des normes et hiérarchie des pouvoirs, RDP no2-2007(2007)Olivier Dord, Le Défenseur des droits ou la garantie rationatlsée des droits et libertés, AJDA, 16 mai 2011 (2011)

Dord, Olivier, Le Défenseur des droits ou la garantie rationalisée des droits et libertés, AJDA 16 mai 2011 (2011)

Dumortier, Gaëlle, Le contrôle de l'action des autorités administratives indépendantes, Regards sur l'actualité: Les autorités administratives indépendantes, La documentation Française (2007)

Ghevontian, Richard, La révision de la Constitution et le Président de la République: l'hyperprésidentialisation n'a pas eu lieu, RFDC 2009/01 no 77 (2009)

Gohin, Olivier, La récente réforme de la Constitution, Revue Politique et Parlementaire no 1048 (juillet/septembre 2008)

Grove, Tara Leigh, A (Modest) Separation of Powers Success Story, 87 Notre Dame L. Rev. 1349 (2012)

Idoux, Pascale, Autorités administratives indépendantes et garanties procédurales, RFDA Sept.-Oct. 2010 n°5 (2010)

Jozefowicz, Henri, La réforme des règlements des assemblées parlementaires : entre impératifs constitutionnels, amélioration du débat et ouverture au pluralisme, RFDC 2010/02 no82 (2010)

Lauritsen, Holger Ross, Democray and the Separation of Powers: A Rancièrean Approch, Distinktion: Scandinavian Journal of Social Theory 11:1 (2011)

Levade, Anne, La révision du 23 juillet 2008 : Temps et contretemps, RFDC 2009/02 no78 (2009)

_____, Les nouveaux équilibres de la VeRépublique, RFDC 2010/02 no82 (2010)

Levinson, Daryl J. & Richard Pildes, Separation of Parties, Not Powers, 119 Harv. L. Rev. 2311 (2006)

Lowi, Theodore J., Two Roads to Serfdom: Liberalism, Conservation and Administrative Power, 36 Am. U. L. Rev.(1987)

Maer, Lucinda, Quangos, House of Commons U.K. research paper SN/PC/05609 (2011) (available at http://www.parliament.uk/documents/commons/lib/research/briefings/snpc-05609.pdf)

Magill, M. Elizabeth, Beyond Powers and Branches in Separation of Powers Law, 150 U. Pa L. Rev. 603 (2001)

Maitre, Grégory, Autorités administratives indépendantes: l'état des lieux, Regards sur l'actualité: Les autorités administratives indépendantes, La documentation Française (2007)

Manning, John F., Separation of Powers as Ordinary Interpretation, 124 Harv. L. Rev. 1939 (2010)

Marie de Cazals, La saisine du Conseil économique, social et environnemental par voie de pétition citoyenne: gage d'une VeRépublique ≪plus démocratique≫, RFDC 2010/02 no82 (2010)

Marshall, William P., Break Up the Presidency? Governors, State Attorneys General, and Lessons from the Divided Executive, 115 Yale L.J. 2446 (2005)

Massot, Jean, La répartition du contentieux entre les deux ordres, RFDA 2010 Sept.-Oct. 5/2010 (2010)

Matutano, Edwin, Le rapport du médiateur de la République pour 2009: un bilan··· et une perspective toute tracée, La Semaine Juridique Administration et Collectivités territoriales no 24 (14 juin 2010)

Mazeaud, Pierre, La révision de la Constituion, RFDC 2009/01 no 77 (2009)

Ménard, Jean-Christophe, Le défenseur des droits: ≪Monstre bureaucratique≫, ≪Gadget constitutionnel≫ ou garantie effective des libertés? Petites Affiches La Loi No 214 (24 Octobre 2008)

Miller, Arthur S., Separation of Powers: An Ancient Doctrine under Modern Challenge, 28 Admin. L. Rev. 299 (1976)

Miller, Geoffrey P., Independent Agencies, 1986 Sup. Ct. Rev. 41 (1986)

Morange, Jean, Les droits de l'homme en France au début du XXIé siécle (2009), Syposium material by the Korea Legislation Research Institute

(17 juillet 2009)

Philippe, Xavier, Le propositions d'amélioration de la protection des droit fondamentaux, RFDC no hors-série (2008)

Pinon, Stéphane, Le Conseil économique, social et environnemental: entre évolution et révolution, Droit Administratif no 7, juillet 2010

____, L'encadrement des pouvoirs de nomination du Président: ≪l'essentiel≫ dans la révision du 23 juillet 2008

Piwnica, Emmanuel, La dévolution aux autorités administratives indépendantes d'un pouvoir de sanction, RFDA Sept.-Oct. 2010 $n^0$5 (2010)

Pildes, Richard H. & Coss R. Sunstein, Reinventing the Regulatory State, 62 U. Chi. L. Rev. 1 (1995)

Posner, Richard A. The Constitution as an Economic Document 56 Geo. Wash. L. Rev. 4 (1987)

Renoux, Thierry, Théorie des droits fondamentaux, hiérachie des normes et séparation des pouvoirs, in Thierry-S. Renoux (Dir.), Les notices : Protection des libertés et droits fondamentaux, La Docmentation Française (2007)

Rouyère, Aude, La constitutionnalisation des autorités administratives indépendantes : quelle signification? RFDA Sept.-Oct. 2010 $n^0$5 (2010)

Ruffle, Glen & Dan Lewis, The Essential Guide to EU Quangos 2009, Economic Research Council (2009)

Senatore, Audrey, Les sources internes et externes, in Thierry-S. Renoux (Dir.), Les notices : Protection des libertés et droits fondamentaux, La Docmentation Française (2007)

Strauss, Peter L., The Place of Agencies in Government: Separation of Powers and the Fourth Branch, 84 Colum. L. Rev. 573 (1984)

Truche, Pierre et Senatore, Audrey , Les mécanismes européens de protection des droits de l'homme, in Thierry-S. Renoux (Dir.), Les notices : Protection des libertés et droits fondamentaux, La Docmentation Française (2007)

Verdeaux, Cécile, Les autorités administratives indépendantes à caractère economique et financier sont-elles des juridictions? Université Paris II - Panthéon Assas Master Recherche (2008)

Verdussen, Marc, Regards comparatistes sur le rapport du comité Balladur,

RFDC nohors-série (2008)

Vergely, Daniel, L'équilibre des pouvoirs: une utopie constitutionnelle, RDP No5-2009 (2009)

Verpeaux, Michel et Benoît Plessix, L'adoption de la révisiion constitutionnelle, La Semaine Juridique Administration et Collectivités territoriales no31, 28 juillet 2008 (2008)

Vilain, Yoan, Légitimité démocratique et constitutionnalité des autorités de régulation indépendantes : Des incertitudes originelles à la confirmation jurisprudentielle de leur insertion dans le système polotico-administratif français, Le modèle des autorités de régulation indépendantes en France et en Allemagne, SLC (2011)

Wecht, David N., Breaking the Code of Judicial Deference: Judicial Review of Private Prisons, 96 Yale L. J. 815 (1987).

Ziller, Jacques, Les autorités administratives indépendantes entre droit interne et droit de l'Union européenne, RFDA 2010 Sept.-Oct. 5/2010 (2010)

古城 誠, 經濟權力と公的規制, 公法研究 第57号 (1995)

駒村圭吾, 內閣の行政權と行政委員會, Jurist增刊: 憲法の爭點(大石眞·石川健治 編), 有斐閣 (2008)

大林啓吾, 權力分立: 統治機構論の現代的意義, 法學セミナー 688号 (2012)

浜川 淸, 官僚制: 第4權力としての實相と改革課題, 公法研究 第57号 (1995)

石村 修, 內閣の行政權と獨立行政委員會, 別冊ジュリスト No.187: 憲法判例百選 Ⅱ (高橋和之·長谷部恭男·石川健治 共編, 第5版), 有斐閣 (2007)

赤坂幸一, 權力分立論, 法學セミナー 659号 (2009)

植野妙實子, フランスにおける權力分立の觀念, 法學新報 第115卷 第9/10号 (2009)

黃勝興, 權力分立論から逸脱した行政權肥大化への抑制, 國家と自由の法理: 大谷正義先生古稀記念論文集, 啓文社 (1996)

[기타 자료]

Alliot-Marie, Michèle, Projet de loi organique no610(Sénat), relatif au Défenseur des droits (9 Septembre 2009)

_____, Michèle, Projet de loi no611(Sénat), relatif au Défenseur des droits (9 Septembre 2009)

Dosière, René et Christian Vanneste, Rapport d'information n°2925 fait au nom du comité d'évaluation et de contrôle des politiques publiques sur les autorités administratives indépendantes TOME I (2010)

Gélard, Patrice, Rapport n°482, au nom de la commission des lois constitutionnelles, de législation, du suffrage universel, du Règlement et d'administration générale sur le projet de loi organique relatif au Défenseur des droits et sur le projet de loi relatif au Défenseur des droits, SÉNAT (2010. 5. 19.)

_____, Rapport no 3166 (Assemblée nationale) et no404(Sénat) sur les autorités administratives indépendantes (15 juin 2006)

Hyest, Jean-Jacques, Rapport no 387 (Sénat) au nom de la commission des Lois constitutionnelles, de législation, du suffrage universel, du Règlement et d'administration générale sur le projet de loi constitutionnelle, adopté par l'Assembleé nationale, de modernisation des institutions de la Ve République (11 juin 2008)

_____, Rapport no463 (Sénat) au nom de la commission des Lois constitutionnelles, de législation, du suffrage universel, du Règlement et d'administration générale sur le projet de loi constitutionnelle, adopté par modifications par l'Assembleé nationale, en deuxiéme lecture, de modernisation des institutions de la Ve République (10 juillet 2008)

_____, Rapport no463 (Sénat) au nom de la commission des Lois constitutionnelles, de législation, du suffrage universel, du Règlement et d'administration générale sur le bilan du cycle d'auditions (2007-2008) des autorités encharge de la protection du droit et des libertés fondamentales qui relèvent du champ de compétence de ladite commission (27 mai 2008)

_____, Rapport d'information no353 (Sénat) sur le bilan du cycle d'auditions (2007-2008) des autorités charge de la protection du droit et des libertés fondamentales qui relèvent du champ de compétence de ladite commission (27 mai 2008)

Josselin de Rohan, Avis no388 (Sénat) au nom de la commission des Affaires

étrangères, de la défense et des forces armées sur le projet de loi
constitutionnelle, adopté par l'Assemblée Nationale, de modernisation
des institutions de la Ve République (11 juin 2008)

Conseil d'État, Rapport Public 2001 (Études & Documents N° 52): Les autorités
administratives indépendantes (2001)

CSA, Rapport annuel, 2009/ 2010/ 2011 (available at http://www.csa.fr)

HM Treasury, Reforming Arms Length Bodies (2010)

Open Europe, The Rise of the EU Quangos (2012) (available at
www.openeurope.org.uk)

3. 웹싸이트

Conseil Constitutionnel : www.conseil-constitutionnel.fr

Association française de droit constitutionnel : www.droitconstitutionnel.org

Légifrance : www.legifrance.gouv.fr

Blog constitutionel : www.bfdc.org

Association des cours constitutionnelles : www.accpuf.org

Jus politicum (revue électronique depuis 2008) : www.juspoliticum.com

Assemblee : www.assemblee-nationale.fr

Conseil d'Etat : www.conseil-etat.fr

www.ladocumentationfrancaise.fr

www.elysee.fr

http://www.comite-constitutionnel.fr

찾아보기

차

자

카

파

하

김 소 연

서울대학교 법과대학 졸업
동대학원 박사학위 취득
前 인천지방법원, 서울서부지방법원 판사
現 헌법재판소 헌법연구관

독립행정기관에 관한 헌법학적 연구

초판 인쇄 ‖ 2013년 10월 21일
초판 발행 ‖ 2013년 10월 31일

저 자 ‖ 김 소 연
펴낸이 ‖ 한 정 희
펴낸곳 ‖ 경인문화사
주 소 ‖ 서울시 마포구 마포동 324-3
전 화 ‖ 718-4831
팩 스 ‖ 703-9711
출판등록 ‖ 1973년 11월 8일 제10-18호
홈페이지 ‖ http://kyungin.mkstudy.com
이메일 ‖ kyunginp@chol.com
ISBN : 978-89-499-0965-3 93360 값 20,000원
ⓒ 2013, Kyung-in Publishing Co, Printed in Korea
* 파본 및 훼손된 책은 교환해 드립니다.